本书系2022年度辽宁省普通高等教育本科教学改革研究项目
鞍山市外语教师教育合作共同体的理论建构与实践价值研究
鞍山师范学院博士科研启动基金课题
"一带一路"背景下辽宁省中学外语教学跨文化交际能力培养研究(2020b12)最终研究成果

中学俄语课堂教学跨文化交际能力培养研究

曹阳 著

知识产权出版社
全国百佳图书出版单位
—北京—

图书在版编目（CIP）数据

中学俄语课堂教学跨文化交际能力培养研究 / 曹阳著 . —北京：知识产权出版社，2024. 11. — ISBN 978-7-5130-9566-2

Ⅰ . G633.452

中国国家版本馆 CIP 数据核字第 2024K5Y718 号

内容提要

依据《基础教育俄语课程标准（2011 年版）》的培养目标及其子目标的内容要求，将中学俄语课堂教学的跨文化交际能力的培养作为研究内容，通过对现行俄语教材中目标语国家文化内容的选择、结构的分布、栏目的设计等找出目标语国家文化在教材中的体现，然后再回到俄语课堂教学实践中去，运用课堂观察和课堂实录等实证研究方法，对教师在教学中对学生跨文化交际能力的培养状况等进行调查分析，找出目前中学俄语课堂教学在跨文化交际能力培养方面存在的问题，在此基础上找到更有效的解决办法。

责任编辑：郑涵语   责任印制：孙婷婷

中学俄语课堂教学跨文化交际能力培养研究
ZHONGXUE EYU KETANG JIAOXUE KUAWENHUA JIAOJI NENGLI
PEIYANG YANJIU
曹 阳 著

出版发行：**知识产权出版社** 有限责任公司	网　　址：http：//www.ipph.cn
电　　话：010-82004826	http：//www.laichushu.com
社　　址：北京市海淀区气象路 50 号院	邮　　编：100081
责编电话：010-82000860 转 8569	责编邮箱：laichushu@cnipr.com
发行电话：010-82000860 转 8101	发行传真：010-82000893
印　　刷：北京中献拓方科技发展有限公司	经　　销：新华书店、各大网上书店及相关专业书店
开　　本：787mm×1092mm　1/16	印　　张：15.5
版　　次：2024 年 11 月第 1 版	印　　次：2024 年 11 月第 1 次印刷
字　　数：220 千字	定　　价：78.00 元

ISBN 978-7-5130-9566-2

出版权专有　侵权必究

如有印装质量问题，本社负责调换。

前　言

　　21 世纪以来，我国改革开放不断深入，与世界各国的交流日益扩大，各国间多层面、多领域的交往日益频繁，对不同领域人才的需求也日益增多。我国基础教育进入全面改革的新阶段，俄语课程的改革也不例外。十几年来，中学俄语课程改革的步伐一直没有停歇,无论是 21 世纪初《义务教育课程标准(实验稿)》的提出，还是《普通高中俄语课程标准（修订稿）》的修订，对中学俄语人才的总体培养目标，俄语知识、技能、学习策略、文化素养等子目标都提出了明确的要求。主张从语言知识、语言技能、情感态度、学习策略、文化素养五方面入手，培养学生的俄语综合语言运用能力。应该说，这对传统俄语教学只重视理解语言知识的教学理念，只关注语言本身结构体系的教学内容，以及只运用传统教学方法等问题提出了强烈的挑战。

　　随着俄语《基础教育俄语课程标准（2011 年版)》（以下简称《课程标准2011 版》）的逐步实施，中学俄语教师在经历多次培训之后，逐渐接受《课程标准（2011 版）》的课程理念、教学建议和对学生的评价方式。然而，当我们再一次走进吉林省、黑龙江省和内蒙古自治区部分中学俄语课堂的时候，现实与我们所期待的还有较大的差距。很多教师还在遵循传统的方式，更多教学内容和教学方法还受制于应试教育，这就使中学俄语教学改革有可能止步于此而不能完成国家俄语课程的总体培养目标。可见，理论上的接受和现实中的实施还有较远的路要走，教师教学理念的转变更不是一朝一夕之事。基于此，本书将中学俄语教学中跨文化交际能力的培养作为研究题目，旨在通过本课题的研究使更多中学俄语教师转变传统教学理念，跟上教育改革步伐，为国家培养更多合格俄语人才打好基础。

俄语作为中学学习的一门学科，它不仅要与其他学科一样，承担起对学生综合素质的全面培养，还要与时代发展同行，培养与社会需求相适应的合格人才，为未来高素质俄语人才的培养打好基础。这既是基础教育的课程性质所决定的，也是基础教育各学科为时代作出的贡献。大量事实证明，俄语教学确实不能以单纯的语言知识学习为目的，而应站在社会发展的高度，把握未来俄语人才的综合素质，把学生文化素养的提高，即目标语国家的跨文化交际能力的培养作为俄语教学的主要任务之一，将目标语国家文化知识的学习贯穿于俄语教学的各个环节，融合在课堂教学的各种教学活动中，使学生在学习俄语知识、形成俄语技能、掌握学习策略的过程中体验俄罗斯文化，感悟俄罗斯民族的思维方式和价值观体系，从而完成中学阶段对学生文化素质的培养。

本书在教学实践观察与反思的基础上，确定以文化素养为研究目的，跨文化交际能力的培养为研究的具体目标，依据《课程标准（2011 版）》的培养目标及子目标的内容要求，将中学俄语课堂教学的跨文化交际能力的培养作为研究内容，通过对现行俄语教材中目标语国家文化内容的选择、结构的分布、栏目的设计等找出目标语国家文化在教材中的体现，然后再回到俄语课堂教学实践中去，运用课堂观察和课堂实录等实证研究方法，在教学中对学生跨文化交际能力的培养状况等进行调查分析，找出目前中学俄语课堂教学在跨文化交际能力培养方面存在的问题，在此基础上找到更有效的培养方法。

绪论部分阐述了本书的选题背景、研究目的及意义、理论视角和研究内容，陈述了对研究方法的设想，以及本书的研究起点和理论依据。并在此基础上确定对中学教材中的跨文化交际能力培养的知识内容进行分析，提出评价建议。再通过深入中学俄语教学一线，运用大量实证研究对中学俄语教学跨文化交际能力的培养得出结论，最终提出具体可操作的教学建议。

第一章回顾了中西方学界在跨文化交际方面的研究，对跨文化交际、跨文化交际能力的研究领域、研究问题和研究成果进行了系统的梳理，从《课程标准（2011 版）》文化素养中的文化知识、文化理解和跨文化交际等内容中，提炼并确定了跨文化交际能力培养研究的核心概念。在此基础上概括分析目前我国中学跨文化交际能力培养的情况，并系统描述了《课程标准（2011 版）》对学生文化素养的目标要求和教学建议，为本书提供前期研究基础。

第二章基于不同时期国内外学者在语言学、社会语言学、心理语言学和语言文化学中提出的理论，重点从语言与思维的关系、语言与社会发展的关系、语言与民族文化的关系、民族文化与跨文化交际的关系等进行分析，提炼了语言的社会现实性、文化的民族传承性、交际过程中目标与国家文化的适应性等观点，以期对跨文化交际能力的培养提供一定的理论支持。

第三章依据语言学、语言文化学和跨文化交际学的理论和前期国内外学者对该领域的研究，从语言文化学的发展历程分析跨文化交际这一概念的演进过程、跨文化交际能力的概念，以及跨文化交际能力培养的知识基础—文化知识和跨文化交际能力的培养过程—文化理解进行了界定，为后续对教材分析和课堂教学的观察提供分析的依循标准。

第四章运用文本分析方法，对现行中学俄语教材中跨文化交际能力培养的文化知识的呈现与技能训练的栏目设计，分析目标语国家文化知识在教材中的体现状况，看其是否有利于对学生进行跨文化交际能力的培养；从《课程标准（2011 版）》中各年级对文化知识的掌握标准和目标要求，分析目标语国家文化知识内容及其在教材中的展开顺序。最终得出，俄罗斯国家文化知识在教材中的较好体现，足以支撑中学俄语课堂教学对学生进行跨文化交际能力的培养。

第五章为获得课堂上教师对学生跨文化交际能力培养的第一手资料，本书在《英语课堂教学观察系统》（NENU-2008-001）的基础上，根据研究内容，对部分内容进行修改和测试，制定出适于本书使用的课堂观察量表，集中对吉林省、黑龙江省和内蒙古自治区 6 所学校 21 位教师的 40 节课进行课堂观察和录音，并对录音进行了转写。在此基础上依据本书的研究理据，对现行中学俄语课堂教学践行《课程标准（2011 版）》的培养目标提出分析结果。最终得出，中学俄语课堂教学忽视对学生进行目标语国家文化知识的提炼和学习，难以完成《课程标准（2011 版）》对学生进行跨文化交际能力的培养。

第六章为使本书的研究结果更具有说服力，在课堂观察的基础上又进行了课堂实录分析。通过对两位教师课堂教学实录的个案分析，我们认为，中学俄语课堂教学对学生的跨文化交际能力的培养还有较大的提升空间，目前教学状况难以完成《课程标准（2011 版）》对学生跨文化交际能力的培养。

第七章在对教材文本和中学俄语课堂的实际观察和录音转写的基础上，对中学俄语课堂学生跨文化交际能力的培养提出课堂教学建议。

绪　论………………………………………………………………… 1
　　一、研究背景…………………………………………………… 1
　　二、研究目的与意义…………………………………………… 8
　　三、研究内容与问题…………………………………………… 10
　　四、研究方法…………………………………………………… 11
　　五、研究的总体思路…………………………………………… 14

第一章　跨文化交际能力培养的研究综述………………………… **15**
　　一、国外研究…………………………………………………… 15
　　二、国内研究…………………………………………………… 37
　　三、本章小结…………………………………………………… 44

第二章　跨文化交际能力培养的理论依据………………………… **45**
　　一、建构主义学习理论………………………………………… 45
　　二、人本主义学习理论………………………………………… 48
　　三、文化适应理论……………………………………………… 53
　　四、本章小结…………………………………………………… 59

第三章　跨文化交际能力及其相关概念界定 ·· **60**

　　一、文化素养 ··· 60

　　二、跨文化交际 ··· 65

　　三、跨文化交际能力 ·· 68

　　四、本章小结 ·· 71

第四章　跨文化交际知识在教材中的呈现分析 ·································· **73**

　　一、课程标准的课程目标中对文化知识掌握的基本标准 ················· 74

　　二、对中学俄语教材中俄罗斯文化知识编排的分析 ························· 79

　　三、对俄语教材俄罗斯文化知识编排的总体评价 ···························· 95

　　四、本章小结 ·· 100

第五章　中学俄语教学的课堂观察分析 ·· **102**

　　一、研究方法与设计 ··· 103

　　二、数据统计与分析 ··· 105

　　三、研究结论 ·· 126

　　四、本章小结 ·· 129

第六章　中学俄语教学的课堂实录与分析 ·· **131**

　　一、研究方法与设计 ··· 132

　　二、课堂实录样例分析 ··· 132

　　三、研究结论 ·· 183

　　四、本章小结 ·· 184

第七章　俄语跨文化交际能力培养的课堂教学建议‥‥‥‥‥‥‥**186**

　一、课堂教学建议的总体设计‥‥‥‥‥‥‥‥‥‥‥‥ 187

　二、词汇概念意义中文化知识的理解与运用‥‥‥‥‥‥ 192

　三、课堂活动中文化知识的综合运用‥‥‥‥‥‥‥‥‥ 200

　四、社会背景下文化知识的理解与运用‥‥‥‥‥‥‥‥ 208

　五、中俄文化知识的对比与运用‥‥‥‥‥‥‥‥‥‥‥ 213

　六、本章小结‥‥‥‥‥‥‥‥‥‥‥‥‥‥‥‥‥‥‥ 221

结论与建议‥‥‥‥‥‥‥‥‥‥‥‥‥‥‥‥‥‥‥‥‥**223**

参考文献‥‥‥‥‥‥‥‥‥‥‥‥‥‥‥‥‥‥‥‥‥‥**228**

绪　论

　　随着改革开放的不断深入和中国特色社会主义外交事业的不断发展，国家和社会对外语人才培养提出了新的更高的要求。在中俄国家战略合作不断深化发展的背景下，俄语教育作为外语教育的重要组成部分，其人才培养质量和规格受到了教育界的广泛关注和遇到了时代发展的挑战。但是，挑战与机遇并存，这也进一步推动了我国中学俄语课程改革和课堂教学质量的不断提升和优化。据此，开展中学俄语教学中跨文化交际能力的培养研究已成为不可忽视的问题，这既能够在社会对俄语人才培养提出新的要求的基础上重新审视我们的俄语教学和培养工作，又能够在俄语课程改革和教育教学过程中强化学生跨文化交际能力的培育，并通过促进课程和教学改革来适应素质教育的发展需要，以及新时代对俄语人才的培养要求。

一、研究背景

（一）国际交往背景下俄语人才培养的社会需求

　　随着中俄两国全面战略协作伙伴关系的确立，彼此间的交流合作迅速扩大。近年来，两国多层面、多领域的交往日益频繁。随着两国在政治、经济、文化、教育等诸多领域合作的不断加深，对高水平、高素质俄语人才的需求也在日益扩大。这说明，社会对俄语人才应具备的能力水平提出了更高的要求。社会不仅要求学校培养学生会语言，即掌握扎实的语言知识，形成熟练的言语技能；还要培养学生懂文化，即知晓俄罗斯文化，了解俄罗斯民族的思维模式与价值观体系；更要培养学生善交际，即在会语言、懂文化的基础上形成得体的跨文化交际能力。这样一来，语言（俄语）、文化（俄罗斯文化）、交际（跨文化交际）三者就形成了跨文化交际能力的核心，同时也构成了俄语教学的全部内容，而三者在教学中的有机融合就构成了俄语教学的最高目标。

我们知道，语言与文化是密不可分的，语言不能离开文化而存在。文化可以理解为社会在发展过程中人类所积累下来的物质文化和精神文化，也可以说，是人们所做的和所想的全部，而语言则是人的内心思想的具体表达方式。一方面，语言是文化的一个重要的组成部分，即语言作为人类发展过程中创造出来的一种精神财富，是文化的一部分；另一方面，语言是文化的载体，即一种语言承载了一个民族的文化，透过一个民族的语言，人们可以了解到该民族的风俗习惯、生活方式和思维特点，可以发现一个民族的历史传统、价值观念、宗教信仰、生活习惯。语言与文化相互影响、相互制约。语言是思维的工具，而文化的构成又离不开思维。所以，语言在一定程度上影响和制约着思维模式、思维范围和思维深度。当思维的发展受到语言形式的阻碍而不能满足人们的要求时，人们会自觉不自觉地改造思维的工具——语言，这时语言形式、语言结构和语义内涵等必然要发展到足以满足文化要求的水平。概括起来，语言与文化是孪生的一对，他们相互启发而永远不能分离，如果说语言是人的思维外壳，那么民族语言就是包括民族思想在内的民族文化形式，语言充满了民族文化精神，忠实地反映了一个民族的全部历史和文化、各种信仰和偏见。

作为人类交际工具的语言，它是一种社会现象，它与社会文化有着十分密切的联系。首先，语言伴随社会的形成而出现。自人类诞生第一天起，人们就需要与自然界做斗争，才能得以生存和繁衍。当人们进行信息交流的时候，作为交际工具的语言就产生了，可以说，语言是为了满足人类社会交际的需要而产生的。其次，由于人类有了语言，使社会交往变得更加频繁，信息交流更加便捷，从而也促进了社会文化的发展。而社会结构的变化、社会制度的变革、社会生产和科学技术的发展等又反过来促进语言的一些相应的变化，所以，语言是随着社会文化的发展而变化的。语言的这种变化主要体现在语言的社会交际功能和语言的结构系统两个方面，语言交际功能方面的变化主要表现在语言的方言分化和增多、语域的形成与扩大等方面。语言结构系统方面的变化则具体表现在旧的语言事实的消失和新的语言事实的出现，以及部分语言事实的改变等方面。正因为语言与社会文化是不可分离的，所以，掌握语言就必须以社会文化作为大背景。只有这样，我们输出的语言就不能脱离社会，即我们不仅要掌握语言的结构，还要了解语言的社会文化功能。这样，我们所表达的语言才能在社会交流中正确地、恰当得体地使用。

依据语言、文化、交际之间的关系和赖以产生的不同的社会环境，可以看出：语言作为母语和语言作为外语，其掌握的途径、内容的选择、教学内容的顺序等是有差异的。"幼年母语教学是在习得文化文本并在文化文本基础上生成新的文本的过程，而成年（青少年）外语教学是习得文化文本赖以生成的语言规则并在规则基础上生成文本，即母语教学是习得文化的同时习得语言，而外语教学则是习得语言的同时习得文化。"（Ю.М.Лотман）由于文化又决定了人的自我表达方式、感情流露方式、思维模式、行为方式、解决问题方式，所以，文化不仅促进语言的理解，也促进跨文化（多元文化背景下的）的交际。总之，俄语教学不能以单纯的语言技能训练为目的，而应该把学生文化素养的提高作为俄语教学的主要任务之一。大量事实证明，仅有纯语言能力，即具备造出一些意义正确、合乎语法规则的句子的能力，不足以保证人们在实际情景中进行有效的交际。要培养学生的俄语综合语言运用能力，使学生有效地掌握语言，必须把俄罗斯文化有机地融入语言教学中。

（二）认识世界，走向世界的人才发展需要

众所周知，俄语是世界上使用较多语言，是联合国六种工作语言之一，是国际交往中普遍使用的一种官方语言。可以说，俄语是世界范围内传播政治、经济、科学、技术、文化、艺术等信息的重要载体，也是当代拥有最多信息量的语言之一，它承载着重要的科技文化等信息。从俄罗斯国内来看，目前共出版各类期刊 2700 余种，报纸 4800 余种，年发行量分别是 3 亿多份和 80 亿份。从世界范围看，多种语言的科学、技术、政治、经济、文化、艺术的信息被译成俄语，这就意味着通过俄语可以索取世界上许多先进国家诸多方面的最新信息。

俄语作为一门语言，它不仅词汇丰富、结构严谨、意义确切，而且有足够的统一性和标准性，它有能力充当国际性的科技语言。据统计，在科技俄语中共有 1100 个国际术语成分，这些国际术语成分与创造诸如英语科技术语时作为成分所使用的动词、形容词、名词的词根在很大程度上是一致的，并且被收录在各类科技术语词典中。它进一步证实了现代俄语科技术语国际化的程度是很高的，这就非常有助于人们收集俄语以外的科学和技术信息。美国学者在题为《俄语作为科技语言的意义越来越大》的文章中指出："俄语是当今主要的科技语言，而且在可以预见的未来俄语仍将起到这个作用，这种长期的趋势引人瞩目。"

俄语作为俄罗斯文化的一个组成部分，是该民族在长期的物质生活实践中产生和发展起来的精神产品。因此，俄语不仅是俄罗斯政治、经济、社会、文化、科学、技术等信息的载体和传播工具，而且对俄罗斯文化有载蓄功能和传播功能，同时还有一定的塑造之力和制约之力。一方面，俄语可以容纳俄罗斯文化的各个方面；另一方面，俄罗斯文化的任何内容都可以在俄语中得到反映。

学习俄语可以走进俄罗斯人民的文化之中，深入了解俄罗斯人民的思维方式、价值观念和行为方式，为恰当、得体运用语言，成功进行交际打下基础；学习俄语可以帮助我们学习与阅读俄罗斯艺术宝库中各个时期著名作家的大量文学作品；学习俄语还可以帮助我们获取世界上最先进、最前沿的科技、文化信息。所以，从某种意义上说，学习俄语为学习者增加了一双了解世界、认识世界的"眼睛"，掌握了一条走向世界的"捷径"，学习者可以利用所学语言更多、更早、更直接、更深刻地了解世界上更新、更先进的东西，使自己的视野更宽广，知识源泉更丰富。与此同时，还可以利用所学俄语向世界传播中华民族的文化，使更多的人了解中国，了解中华民族悠久的历史和光辉灿烂的文化。可以说，"俄语是学习者了解世界、认识世界、走向世界的桥梁与纽带，也是俄语学习者开阔国际视野、提高文化素养、培养爱国主义精神的主要渠道"。

（三）素质教育理念下俄语课程的发展要求

进入 21 世纪以来，我国大中小学全面推行素质教育，中学俄语教育是整个基础教育的一个组成部分，它也应该通过俄语课程，培养学生的全面素质，促进德、智、体、美、劳诸方面的协调发展。简言之，就是培养学生的思想素质、道德素质、智能素质、文化素质和身心素质等。上述各素质相互联系，相互促进，构成人的基本素质整体，其培养过程渗透在各科教学过程中。在俄语教育中，学生的素质与他们的综合语言运用能力共同发展。文化素质对俄语学科来讲，体现的是目标语国家的文化知识、文化理解和跨文化交际。因此，文化素质的培养在《课程标准（2011 版）》中主要作为文化素养提出，并通过对学生文化素养的培养得以落实。应该说，文化素养的培养是素质教育理念下俄语综合语言运用能力必不可少的一部分，是俄语课程发展的需求。

《课程标准（2011 版）》以提高学生的综合素质为宗旨，充分体现了全面提高学生素质的教育理念。它主张从语言知识、语言技能、情感态度、学习策略及文化素养五方面入手，通过培养学生综合语言运用能力，达到综合提高学生全面素质的教育目的。就文化素养这一内容目标来看，它是帮助俄语学习者借助语言了解俄罗斯人，熟悉俄罗斯人的交往规则，达到恰当得体运用语言，成功进行交际的保证。作为一个民族的文化，它包括该民族所创造的所有物质财富和精神财富，而作为该民族的语言则是该民族在长期的物质生活实践中产生和发展起来的精神产物。语言可以容纳文化的各个方面，后人要通过学习语言才能掌握前人积累下来的文化。这就是说，语言的使用不能超越文化而独立存在。因此，学习俄语就必须了解目标语国家的文化，如不了解赖以生存的目标语国家文化就永远不能掌握好该语言。

《课程标准（2011 版）》以提高学生的素质为宗旨，它的制定充分体现了以提高学生综合素质为本的教育理念。它主张从语言知识、语言技能、情感态度、学习策略及文化素养五方面入手，培养学生的俄语综合语言运用能力。在俄语学习过程中，要突出学生的主体，通过轻松活泼、接近真实的主题活动，引导学生主动构建知识，训练技能，帮助学生掌握有效的学习策略，培养学生的创新意识，最终为学生的终身学习和发展打下良好的基础。

（四）中学俄语教学改革的要求

2010 年，国务院发布《国家中长期教育改革和发展规划纲要》（以下简《纲要》）。《纲要》明确指出了现阶段我国基础教育所面临的问题，提醒全国人民，要充分认识到："我国教育还不适应国家经济社会发展和人民群众接受良好教育的要求。教育观念相对落后，内容方法比较陈旧，中、小学素质教育推进困难，城乡、区域教育发展不平衡，贫困地区、民族地区教育发展滞后。因此，必须全面实施素质教育，推动教育事业在新的历史起点上科学发展。"《纲要》对素质教育理念下中学教师应具备的能力和素质提出了具体要求，它要求中学"教学要把育人为本作为教育工作的根本要求，要以学生为主体，以教师为主导，充分发挥学生的主动性，把促进学生成长成才作为学校一切工作的出发点和落脚点，要关心每个学生，促进每个学生主动地、生动活泼地发展。要尊重教育规律和学生身心发展规律，为每个学生提供适合的教育，培养造就数以亿计的高素质劳动者、数以千万计的专门人才和一大批拔尖创新人才"。

多年来，我国中学俄语课堂教学都是以传统的纯语言教学性质的外语教学模式为主导，俄语课堂教学基本上是围绕语言知识教学——词语分析、语法讲解、句型操练这条主线进行的，而对语言外部或非语言的交际文化因素重视不够。自 20 世纪 80 年代起，随着社会语言学、认知语言学、交际理论及相关交叉学科理论的发展，语言与文化、语言教学与文化教学关系等诸多问题愈来愈受到专家和学者的重视，并提出多种针对俄语教育的新观点。❶尤其在基础教育改革之后，随之颁布的《课程标准（2011 版）》中规定：中学"俄语课程的总体目标是培养学生的综合语言运用能力"，即语言知识、语言技能、情感态度、学习策略和文化素养的整体发展；"普通高中俄语课程总目标是进一步发展学生的'俄语综合语言运用能力'，为学生的终身发展和人生规划奠定基础。俄语综合语言运用能力建立在学生的语言知识、语言技能、情感态度、学习策略以及文化素养等方面整体发展的基础之上"。与以往《全日制中学俄语教学大纲》不同，《课程标准（2011 版）》提出了注重学生文化素养的培养。外语教学的最终目的是培养高素质的具有跨文化交际能力的外语人才，这已成为我国外语教育界的共识。但这一共识的形成并不意味着问题的解决。令人感到忧虑的是：《课程标准（2011 版）》实施十几年来，中学俄语教学并没有多大的改观。几年来笔者对黑龙江省、吉林省和内蒙古自治区的中学俄语教学情况进行了课堂跟踪研究，发现中学俄语教学理念普遍陈旧，一些俄语教师仍然采用传统的"语法翻译法"进行"对话"和"课文"教学，他们的教学理念仍然停留在俄语知识层面上，对文化素养中培养学生跨文化交际能力等的认识仍处于模糊状态，这显然背离了《课程标准（2011 版）》提出的"文化素养目标"。还有一

---

❶ 曹阳，高凤兰．"转型期"教师教育合作共同体的理论构建与实践价值 [J]．学术探索，2015（2）．

些俄语教师，多年来通过《课程标准（2011版）》的培训，虽对文化目标、跨文化交际能力等有所认识，但在教学中仍然把语言知识和文化看作互不联系的个体，他们甚至认为文化内容通过课外活动就可以解决，即语言和文化没有在课堂教学中得到较好融合。所以，在涉及如何在中学培养学生的跨文化交际能力等问题上，目前迫切需要构建切实可行的适合我国中学集语言、文化、交际于一体的跨文化交际能力培养的教学范式，这也是本文研究的主要动力。

二、研究目的与意义

（一）理论意义

本书在对国内外相关课程与教学理论的研究基础上，借鉴国外一些教育发达国家基础教育阶段的外语课程标准，以现行中学俄语教材为蓝本，以黑龙江省、吉林省及内蒙古自治区各中学教师的俄语教学为调查对象，对俄语课堂教学中如何培养学生的跨文化交际能力的知识基础——教材进行分析、课堂观察和课堂教学实录，并对研究结果进行分析、概括和总结。在此基础上提出影响俄语教学文化素养形成的成因，并根据俄语学科的特点构建有利于中学俄语学生文化素养形成的跨文化交际能力培养的教学建议，从而丰富了中学俄语教学跨文化交际能力培养研究的相关理论。本书的跨文化交际能力的培养研究依据现代课程与教学理论和交叉学科理论来解决俄语学科的教学问题，本书丰富了课程与教学理论在多个学科的应用。

（二）实践意义

本书的最终研究目标是为了提高我国中学俄语教学的质量，为俄语课堂教学跨文化交际能力的培养提出可行、有效的方法。这是理论应用于实践的最大价值。本书对培养中学学生文化素养的研究成果，一是有助于教师正确理解在俄语教学中跨文化交际能力的概念，明确俄语教学中学习与理解俄罗斯文化知识的教学理念，正确处理语言与文化的教学关系；二是让更多的教师明确，对学生进行跨文化交际能力的培养有助于真正落实《课程标准（2011 版）》的总体目标，培养具有国际意识的外语人才，满足 21 世纪日益广泛的国际交流的需要。三是可以有效调动学生学习俄语的积极性和主动性，提高俄语课堂教学的质量。此外，本书对跨文化交际能力的研究突出学科化的特点，对国内外同阶段课程标准中跨文化交际能力培养要求进行梳理并做出评价，为今后俄语教学的具体实施提供可资借鉴的意见。

（三）研究目标

本书以《课程标准（2011 版）》内容目标中文化素养在中学俄语教学的贯彻实施为研究起点，将俄语教学中跨文化交际能力的培养作为研究的总体目标，在系统分析跨文化交际及其能力培养的国内外文献资料的基础上，依据《课程标准（2011 版）》提出的文化素养目标，厘清了文化知识、文化理解和跨文化交际培养三者之间的关系。在此基础上，以语言文化学、心理语言学、认知心理学的理论作为本书的研究依据，调查分析目前中学俄语教学的实施状况，探讨在俄语教学中跨文化交际能力的培养状况。本书首先通过对教材的文本分析，对目前中学俄语教材中文化知识的主题（话题）选择、栏目设定，教材纵向结构中文化知识内容的选择和教学过程展开等进行分析与评价，以检验《课程标准（2011 版）》的内容目标——俄罗斯文化知识在教材中是否得到有效落实，教材栏目所提出的教学要求是否可以支撑教学中的文化理解。其次，依据《课程标准（2011 版）》并结合黑龙江省、吉林省、内蒙古自治区中学俄语教育教学现状，在广泛吸收、借鉴国内外跨文化交际理论及外语教学法理论优秀成果的基础上，对中学俄语学生跨文化交际能力培养进行深入调查研究。最后，为使研究结果更具有说服力， 在课堂观察的基础上再进行课堂实录分析，以期使研究结果更为客观。通过课堂观察、课堂录音等定性和定量相结合的研究方法，对所得数据全面综合地考虑和分析各种影响因素，并在此基础上建构具体可操作的跨文化交际能力培养的教学建议。

三、研究内容与问题

本书面对中学俄语课堂教学，研究中学俄语教师对学生进行跨文化交际能力的培养状况。根据调查研究结果，提出俄语教师在课堂教学中如何培养学生的跨文化交际能力的教学建议。具体研究内容与研究问题有以下几个方面。

本书以现阶段《课程标准（2011版）》提出的文化素养中跨文化交际及其能力的培养作为研究总体目标，在详细研读前人有关跨文化交际及其能力培养的文献的基础上，确定对这一问题的研究起点和理论依据。在对上述问题研究之后，本书首先通过对教材的文本分析，对现行中学俄语教材中文化知识内容的选择、教学栏目的设定，以及教材纵向结构中文化知识内容的选择和教学展开等进行分析与评价，以检验《课程标准（2011版）》的内容目标——俄罗斯文化知识、文化理解在教材中是否得到有效落实，是否有利于跨文化交际能力的培养；其次，通过深入中学俄语教学一线，运用课堂观察、课堂教学的录音转写、课堂教学实录等大量实证研究方法，对中学俄语课堂教学跨文化交际能力的培养提出分析结论；最后，在此基础上提出具体可操作的课堂教学建议。针对本书提出的研究内容，聚焦于回答以下三个问题。

（1）《课程标准（2011版）》内容目标中跨文化交际能力培养的知识基础——文化知识在中学俄语教材中是否得到有效落实。

（2）中学俄语课堂教学中教师对学生进行跨文化交际能力培养的状况如何？是否能实现《课程标准（2011版）》内容目标中的文化素养目标？

（3）基于《课程标准（2011版）》中文化素养目标的跨文化交际能力培养的课堂教学建议是什么？

问题 1 主要了解从国家俄语课程标准到现实俄语课堂教学的中间环节和主要依据的教学媒体——教材中俄罗斯文化知识的具体体现情况，教材中各栏目要达到的教学目标是否有利于文化理解，以形成俄语课堂教学中跨文化交际能力培养的基础。

问题 2 通过进入中学俄语教学课堂，运用课堂观察、教学录音转写、课堂教学实录等实证研究方法，对中学俄语教学中跨文化交际能力的培养状况进行分析，对照《课程标准（2011 版）》文化素养的目标要求，提出目前问题所在。这是本书研究的核心部分。

问题 3 在调查研究的基础上，对中学俄语课堂教学培养学生跨文化交际能力的状况提出结论性意见。同时针对目前存在的问题及其成因，运用俄罗斯心理语言学——言语活动理论、认知心理学中奥苏贝尔——先行组织者模式，运用对比语言理论——语言对比手段等提出具体可操作的中学俄语课堂教学建议。这是本书研究的最终目标，也是本书的创新部分。

四、研究方法

为深入开展中学俄语教学中跨文化交际能力培养的研究，本书以实证研究为总体思路和行动逻辑，综合运用文献研究法、观察研究法、案例分析法等研究方法，围绕当前学界关于中学俄语教学跨文化能力培养研究的学术成果和实践状况，坚持以问题为导向，采用理论研究和实证研究相互印证、相互补充的原则来深入进行。在具体研究过程中，主要采用了以下研究方法。

（一）文献法

文献法是"对已记载的文献、情报资料进行搜集和分析的方法"。❶ 本书

---

❶ 胡隆 . 教育技术研究方法导论 [M]. 上海：上海外语教育出版社，2005：94.

运用该方法，收集、查找相关文献，梳理国内外学者关于跨文化交际的研究及哲学、教育学、心理学的相关理论，进一步明确与本书相关问题的前期研究成果，从而为本书的开展奠定学理基础。在具体过程中，本书通过文献检索与分析、资料收集与整理、分类概括和总结等，对当前我国中学俄语课堂教学的研究现状、俄语教学跨文化交际能力培养研究的正确认识和不足、跨文化交际的学理探讨和观点认识、跨文化交际能力的培养在中学俄语课程标准中的地位和作用及其目标要求等展开综合而系统的研究。在此基础上，深入研究关涉跨文化交际能力培养的理论基础，为本书寻找可供支撑和参考的科学依据，从而作为开展本书的有力支持。

（二）观察法

观察法是"依据一定的研究目的，通过感官或借助一定的仪器，利用某种量表有计划地观察学校教育情境中的教育现象，从而搜集信息资料并依据这些资料进行研究的一种研究方法"[1]。本书运用该方法，借助《英语课堂教学观察系统量表》，跟踪记录现时中学俄语实际教学情况，着重关注俄语教学中跨文化交际能力培养的现状。在具体过程中，通过前期深入中学俄语课堂观察，对俄语教学实践现状和跨文化交际能力培养的总体状况进行考察，在《英语课堂教学观察系统量表》的基础上修改并制定出符合本研究需要的《俄语课堂教学观察量表》，并以此观察量表的各项观察项目为依据，深入到调研地区学校的俄语课堂进行反复试测和修改，最终形成了本书现在所运用的观察量表。本量表更侧重对俄语课堂教学中跨文化交际能力培养的观察，着力收集有关跨文化交际能力培养的课堂教学实践素材，为本书的后续研究提供一手资料。

（三）分析法

本书在前期研究基础上，综合运用了文本分析、统计分析、案例分析三种

---

[1] 杨小薇. 教育研究的理论与方法 [M]. 北京：北京师范大学出版集团，2008：101.

分析方法展开实证研究。

文本分析法是对一系列相关文本进行比较、分析、综合，从中提炼出评述性的说明。本书运用文本分析法对中学现行俄语教学所使用的教材进行分析，分别从教材中的话题选择、教材栏目设计、教材横向结构和纵向结构三个方面进行分析评价，以回应本书的第一个研究问题：《课程标准（2011 版）》内容目标中跨文化交际能力培养的知识基础——文化知识在中学俄语教材中是否得到有效落实。

统计分析法指通过对研究对象的规模、速度、范围、程度等数量关系的分析研究，认识和揭示事物间的相互关系、变化规律和发展趋势，借以达到对事物的正确解释和预测的一种研究方法。本书运用统计分析方法，利用 SPSS 软件处理课堂观察所得到数据，基于数据分析得出课堂观察结论，形成对中学俄语教学中跨文化交际能力培养的调查结果的总体认识。

案例分析法是依据研究问题，通过对具有代表性的个体样本的跟踪记录和深入分析研究，得出研究问题的最终结果。本书用案例分析法进一步对实证调查过程中收集到的中学俄语课堂教学中跨文化交际能力的培养实录和教学案例展开分析研究，从具体和细微之处进行深入探讨，发现俄语教学中跨文化交际能力培养的具体表现以及其中存在的深层次问题，并最终形成俄语课堂教学中跨文化交际能力培养的教学建议。

以上所运用统计分析法和案例分析法是回应本书的第二个研究问题：中学俄语课堂教学中教师对学生进行跨文化交际能力培养的状况如何，是否能实现《课程标准（2011 版）》内容目标中的文化素养培养目标。

五、研究的总体思路

本研究的总体思路见图 0-1。

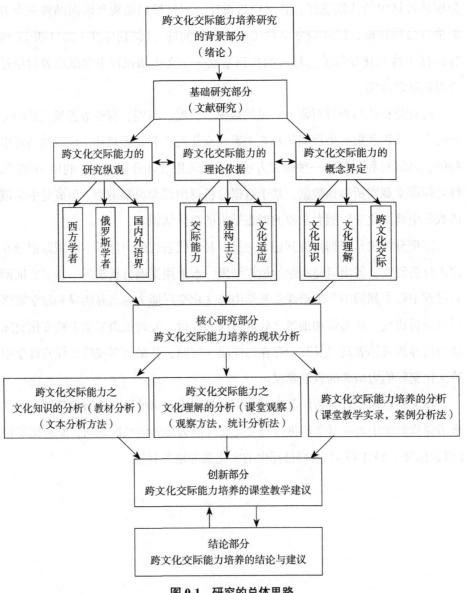

图 0-1　研究的总体思路

第一章　跨文化交际能力培养的研究综述

　　跨文化交际能力的培养研究一直是外语教育界热衷的研究课题。其研究进程不仅与世界范围内各国的社会发展、国际交往、各国交流合作等紧密相连，同时也与相关学科，如人类学、教育学、心理学、语言学，以及交叉学科，如社会语言学、语言文化学、认知语言学、跨文化交际学等的研究成果密切相关，与此同时，更离不开外语课堂教学实践对跨文化交际及其能力培养过程的反复检验、提高和完善。本章将从国外学者对跨文化交际及其能力的培养研究作为起点，然后再逐步延伸到国内学者对该问题的研究，从研究各国中学对跨文化交际能力培养的国家要求，再到具体教学中分析跨文化交际能力培养的实施方法，旨在深入了解跨文化交际能力的培养在半个多世纪以来的研究成果，为本书的后续写作奠定基础。

一、国外研究

（一）美国对跨文化交际及其能力的培养研究

　　首先，对跨文化交际问题的研究最早可以追溯到美国。由于美国是一个移民国家，民族的文化习俗，在语言中存在巨大差异，在相互交流中难免产生各种各样的交际冲突。因此，对跨文化交际问题的研究就显得非常重要。其次，"二战"之后，美国迅速发展，其影响力在世界范围内越来越大，国际交流的范围和频度一路上升。在与世界各国的交往中由于文化差异造成的交际障碍也较为突出，因此跨文化交际问题就吸引了美国众多学者的目光，跨文化交际学（Intercultural Communication）首先在美国兴起也是合乎逻辑的。

从时间跨度来看，我们可以说，跨文化交际学是一门相当年轻的学科，从肇始迄今，也不过半个世纪。但是，对该问题的研究却一直方兴未艾，并越来越成为具有较高理论与实践研究价值的研究课题。为了更清晰梳理前期研究成果，本书借用陈国明教授划分的草创期（1959年之前）、基础期（1960—1969年）、巩固期（1970—1979年）及开花期（1980年至今）四个阶段来梳理和分析学者们的研究观点。

1. 初创期（1959年之前）

在人类社会文化交流自古从来就是司空见惯之事，而且于20世纪20年代在语言学和其他领域，已有学者与从业人士探讨跨文化交际的问题，

爱德华·霍尔（Edward Hall），美国人类学家和文化学家。早在1950年他就使用了"文化间的紧张"（Intercultural Tensions）与"跨文化的问题"（Intercultural Problems）等词，加上其丰富的著作，一般传播学者公认他是跨文化交际学的创始人。他的《无声的语言》一书，开启了跨文化交际学研究的先河。❶ 他认为，具有不同文化背景的人们在使用时间、空间表达意义方面表现出明显的差异。随后，他又出版了多部有关跨文化交际的著作。霍尔在跨文化交际研究的成果，经传播学者的延续和发扬，如今已成为一门在学理和方法上皆臻于成熟的学科。❷

---

❶ 陈国明. 跨文化交际学（第2版）[M]. 上海：华东师范大学出版社，2009.

❷ 同❶.

2. 基础期（1960—1969 年）

毋庸置疑，爱德华·霍尔对跨文化交际学的影响是深远的，其意义也是重大的。在他的影响下，从 20 世纪 60 年代开始，有更多的传播学者也加入了跨文化交际研究的队伍。在这一时期，跨文化交际学在学术领域奠定了自己的基础，并得到了初步发展。

纵观这一时期的研究成果，奥利弗（Oliver）对跨文化交际学的贡献同样巨大。奥利弗的《文化与传播》（*Culture and Communication*）和史密斯（Smith）的《传播与文化》（*Communication and Culture*）两本著作，为跨文化交际研究基础期的代表作。❶ 史密斯对东方文化颇有研究，他的著作树立了跨文化交际比较研究的典型。后来史密斯也出版了跨文化交际学方面的著作，其内容包括十三个传播学领域。此书的出版直接肯定了跨文化交际学在传播研究上所占的一席地位。❷ 此外在教学方面，美国一些大学相继开设了跨文化交际学课程，相应的教材也随之出现。如美国匹兹堡大学（University of Pittsburgh）于 1966 年成为第一所开设跨文化交际学课程的学校。

3. 巩固期（1970—1979 年）

20 世纪 70 年代是跨文化交际研究蓬勃发展时期，研究跨文化交际的著作如雨后春笋。其中主要的作品包括以下的著作：

International and Intercultural Communication（Fischer & Merill，1976）

Orientations to Intercutural Communication（Ruhly，1976）

Foundations of Intercultural Communication（Sitaram & Cogdell，1976）

Perspectives on Cross-cultural Communication（Dodd，1977）

Cultural Dialogue（Prosser，1978）

Crossing Cultural Barriers（Weaver，1978）

---

❶ 陈国明. 跨文化交际学（第 2 版）[M]. 上海：华东师范大学出版社，2009.

❷ 同❶.

The Handbook of Intercultural Communication（Asante，Blake，& Newmark，1979）

此外，一些跨文化交际的重要组织也相继成立。1970 年国际交际协会正式承认跨文化交际学这一研究领域，并在协会下面成立了跨文化交际分支机构，每年该分支机构的主要成果都发表于 *Communication Yearbook*。1972 年，第一届国际跨文化交际研讨会在日本东京召开。1974 年跨文化教育训练和研究学会（SIETAR）在美国成立。❶ 此阶段美国开设跨文化交际学课程的学校越来越多，教材建设也发展迅速。上述这种局面到 20 世纪 80 年代之后才开始得以整合，其中康顿和优素福（Condon & Yousef）和萨莫瓦尔和波特（Samovar & Porter）的著作，对跨文化交际的整合最具影响力。萨莫瓦尔和波特的 *Intercultural Communication*：*A Reader* 到 2003 年已经出版十版，这是一本兼顾理论和实用的论著，尤其论述了文化和传播的关系。这是一本相当有影响的跨文化交际学教科书，作者以语言学的背景融入了人类学和传播学的研究。书中对文化价值取向和沟通行为的论述极具价值，和吉尔特·霍夫泰德（G. Hofstede）的文化行为模式及爱德华·霍尔的高情境文化（high-context culture）与低情境文化（low-context culture）研究，有着密切的关系。书中讨论的语言、非语言传播和文化的关系也是目前跨文化交际研究的两个主要领域。另外作者探讨语言、思维形态和文化的互动性，延续了奥利弗在演辩学（rhetoric）的文化比较研究方面的传统。到了 20 世纪 80 年代，斯塔斯塔（Starosta）继续呼吁跨交际研究的重要性，为此更多的学者投入了这个研究领域。

4. 开花期（1980 年至今）

20 世纪 80 年代，跨文化交际研究方兴未艾，理论构建和方法探索是这一时期的特色。焦虑 / 不确定性协调理论、跨文化调试理论是这一时期影响较大的两种理论。之所以称为"抽象的"，是因为研究者采取的是以理论建构为目的的

---

❶ 肖世琼. 跨文化视域下的外语教学 [M]. 广州：暨南大学出版社，2010：27.

"etic"和"culture-general"的研究方法，然而研究者并没有对世界各国、地区的文化及各个亚文化群体进行实证研究，因此这些理论只能是抽象的，可靠性也令人怀疑。而到了20世纪90年代，研究者采取"emic"和"culture-specific"研究方法，开始重视对不同文化（既包括美洲和欧洲发达国家的文化，也包括拉丁美洲、非洲、亚洲的文化）进行具体、客观、描述性的实证研究，属于"理论到实践学派"的跨文化交际研究。❶

那么，跨文化交际研究究竟以什么为研究对象呢？在梳理以往文献的过程中，我们看到，一些学者从跨文化交际的信息发送者的角度出发，研究某一特定文化框架内文化信息的承载者在面对陌生文化环境时的心理和行为。这方面的研究成果很多，有文化顺应理论、文化调试理论、面子协商理论等；也有一些学者从跨文化交际信息的接受者角度出发，研究这些接受者身居主流文化或东道国文化时，他们的一些交际心理和交际行为，如疏忽交际理论等。当然更多的是研究两种文化之间的差异，这种研究视角可以归结为交际的本体论研究或者交际中的文化信息本体研究。例如，早期爱德华·霍尔的高低语境文化理论、吉尔特·霍夫斯泰德（Hofstede）的文化多样性维度理论、皮尔斯（Pearce）的意义协调管理理论、菲利普森（Philipsen）的言语代码理论等。爱德华·霍尔的高低语文化理论对跨文化交际研究，尤其对东西方文化交际研究，具有重要的指导意义。后来很多西方学者在进行东西方文化比较时都借用霍尔的理论概念作为对比依据。❷

吉尔特·霍夫斯泰德长期从事国际商务管理和跨文化交际研究，他的代表作有《文化后果：工作价值的跨国差异》（*Cultural Consequences：International Differences in Work Related Values*）和《文化与组织：大脑软件》（*Culture and Organization：Software of the Mind*）等，其中最有名的是1980年出版的《文化后果：工作价值的跨国差异》。该书于2001年再版，被广为征引，成为跨文

---

❶ 肖世琼.跨文化视域下的外语教学 [M].广州：暨南大学出版社，2010：27-28.

❷ 贾玉新.跨文化交际学 [M].上海：上海外语教育出版社，1997：35.

化交际学的经典之作。霍夫斯泰德认为，不同文化体系之间的差异大致可以分为四个方面：个人主义—集体主义（individualism-collectivism）、不确定性规避（uncertainty avoidance）、权势距离（power distance）（以下简称权距）及男性主义—女性主义（masculinity-femininity）。霍夫斯泰德认为，任何一种文化都游走于这两极之间，只不过有些文化往往会偏向一极。他认为，个人主义和集体主义是统领所有文化差异的核心要素，可以毫不夸张地说，所有文化差异均源于此。西方文化，如美国文化，个人主义倾向明显；东方文化，如中国文化，集体主义倾向明显。

综上所述，霍夫斯泰德比较合理地归纳了不同文化体系的特征。他在跨文化理论领域做了长期的研究，这些理论被人们广泛引用，对后来学者从事跨文化研究产生了深远的影响。然而，鉴于文化体系的庞大复杂，霍夫斯泰德的分类也就难免失之偏颇。在霍夫斯泰德的研究范围内，人们不难发现，其中缺乏对俄罗斯及许多东欧国家的研究，也没有我国的相关数据。在后期的研究中，他虚心接受了别人的质疑，对中国做了大量研究，并在自己的四个维度中加入了第五个维度：长期取向（long-term orientation）和短期取向（short-term orientation），这也被称为儒家动力论（Confucian Dynamism）。❶

这一时期，对跨文化交际作出贡献的还有美国的另两位学者——阿普列盖和赛普（Applegate and Sypher）。首先，阿普列盖和赛普将文化概念纳入建构主义理论中。从理论视角和研究方法来看，他们的理论是一种描述性理论。他们研究的出发点是从微观的角度对日常交际进行详细的解释，剖析交际者行为背后的行为心理。他们主张跨文化交际研究的核心是文化和交际之间的关系。其次，阿普列盖和赛普也对交际进行了定义。他们指出，交际是个体"为了分享和交换信息而进行的一个彼此皆能识别的交流过程"。他们认为交际的过程为一定的目标所驱使，这个目标就是为了分享和交换信息。而在整个交际过程

---

❶ 蒋晓萍，康兆春，罗赛群，等. 跨文化教学之重：外语教学的跨文化诠释 [M]. 广州：广东人民出版社，2010：19.

中，交际者的言语、行为，在施予者看来，是能有效地实现沟通和交流目的的。阿普列盖和赛普指出，因为交际者所具有的文化特质，因而在交际过程中，交际者会自发地建构一整套的信仰体系，这些信仰左右着交际者发出的行为和设定的目标。用阿普列盖和赛普的话来说，就是这些信仰会指导交际者制定一套"策略行为"（strategic behavior）。在建构主义理论中，阿普列盖和赛普还提出了另外一个重要论断："文化决定交际逻辑"。他们认为，来自不同文化体系的交际者所强调的交际目标各有不同，而为了实现设定的交际目标他们所采取的交际方式也各不同。最后，阿普列盖和赛普在结论中总结了跨文化交际培训的目标和侧重点，他们认为：为了促成交际者顺利实现交际目标，跨文化交际培训应该着重培养受训者掌握一些灵活自由和综合的策略技能。

　　总体来看，本书认为，阿普列盖和赛普这一时期的重要贡献是把文化纳入交际并进行理论上的建构。同时指出了跨文化交际的研究核心应该是文化和交际之间的关系，并深入剖析了文化对交际行为的影响。他们的研究范围主要侧重的是不同文化群体中的个体之间的交际，是一种带有交际目标取向（goal-oriented）的研究。应该说，阿普列盖和赛普提出的一些核心理论对跨文化交际实践也发挥了重要的作用。❶

　　在美国跨文化交际的研究中，我们还要关注克罗农（Cronon）和皮尔斯这两位学者的观点，这些观点对本书的研究同样具有重要的指导意义。梳理文献，我们发现，克罗农和皮尔斯十分关注交际与文化之间的关系，他们所提出的意义协调管理也是一种融合文化与交际为一体的理论研究模式。克罗农和皮尔斯重点考察了文化在意义协调管理中的作用。他们归纳了意义协调管理的三个目标。第一，意义协调管理理论旨在帮助人们理解以下基本命题："我们是谁""生活的意义是什么""它与特定的交际现象有何联系"。第二，虽然承认文化的异质性，但克罗农指出意义协调管理的目的是找出不同文化

---

❶ 蒋晓萍，康兆春，罗赛群，等.跨文化教学之重：外语教学的跨文化诠释[M].广州：广东人民出版社，2010：14.

之间的可比性和同质性。❶第三，意义协调管理的目的是对包括研究者自身在内的所有文化实践作出阐释性的评论。在构建意义的协调管理理论时，克罗农和皮尔斯提出了一些关键性的论题，例如："所有的交际都既是特质的（idiosyncratic），又是社会的"。这个论点指出了交际的个人属性和社会属性，强调从社会属性方面考察文化与交际的关系。他们指出："人类交际天生就是不完美的"；"道德规范是交际的组成部分"；"文化的差异多样性对交际活动中信息的解释与传递来说非常重要。"克罗农和皮尔斯还提出三个有关文化的理论推论："文化是社会构成和个人行为共同演化发展的图式"；"文化是复调的（polyphonic）"；"研究活动是社会实践的一部分"。此外，他们主张，无论是要理解跨文化交际或同一文化群体内的交际行为，都需要对交际行为所发生的文化语境（cultural context）进行描述，与此同时，也有必要理解个体对其交际行为的阐释。❷

我们发现，克罗农和皮尔斯在他们自己的理论中提出了三个至关重要的概念，即协调（coordination）、一致（coherence）和神秘（mystery）。关于"协调"，克罗农和皮尔斯做了如下解释：人们的任何一次行为都不是独立完成的，而不同协调的形式所包含的机会也各不一样。他们举了一个例子，街坊邻里之间的"你好"也是一种协调形式，但是这种协调形式就难以达成一种更加深入的关系。为了达到交际的目的，克罗农和皮尔斯提出了四大原则：

①谨记自己是参与一个多层次多方向的交际过程。

②谨记自己是多人交际过程的一部分，但仅仅只是一部分。

③谨记交际过程中既要相互回应他人，也要引导他人作出回应。

④谨记交际过程产生了我们所有人生活的环境。

菲利普森也是美国跨文化交际研究的著名学者，他在跨文化交际研究中提

❶ 蒋晓萍，康兆春，罗赛群，等. 跨文化教学之重：外语教学的跨文化诠释 [M]. 广州：广东人民出版社，2010：15.

❷ 同❶.

出了用言语代码理论来阐释文化交际的问题。究其根本，菲利普森的言语代码理论原本是一种人际交往理论。代码是该理论的一个核心概念。但是言语代码理论所指的代码并不是一个固定不变的一对一的符号和意义之间的对应。❶ 言语代码理论的一个最基本的前提就是，言语代码"是历史生成的、社会建构的和交际行为相关的符号、意义、前提、规则的一个体系"。他认为这些言语代码是在家族发展历史、亲戚朋友和媒体中学会的。他还指出，只要有特定的文化，就有言语代码，这些言语代码包括每一种文化特有的心理、社会和修辞。代码是观察者和分析者为了阐释具体语言群体的交际行为而建构的。交际参与者借助特定情形中的资源和交际行为相关的符号、意义、前提、规则来命名、阐释和判断人们社会生活中所产生的交际行为。换言之，人们交际行为是发生在一定的文化框架之内的，它对这个文化框架具有依赖作用。❷

菲利普森在自己的文化交际研究中提出了言语代码理论的基本框架。在阐释了言语代码的相关理论之后，他把研究重点转向了文化交际与言语代码理论的结合。他指出，在文化交际中，交际的功能就是保持个人主义和集体主义力量的适度平衡，提供一种身份的共享感，而这种身份共享感可以保持个人尊严、自由和创造力。因此，文化交际涉及社区谈话（communal conversation）中使用的文化代码的协商问题。社区谈话是人们协商如何"共同生活"的交流过程。菲利普森认为："每一次社区谈话都会在交流行为中留下不同的文化方式与文化意义的痕迹"。群体成员参与社会谈话是人类生活的普遍现象，但是每一个社区谈话都有着自己的文化特点。他还认为："交际是个人和社会生活中使文化的功能得以实现的具有启发性和实践性的资源"。社交功能包括"个人如何作为社区成员来生活"。交际具有"启发性"，因为社区的新生儿与新来者都要通过交际活动来学习本社区具体的文化方式与文化意义；交际具有"实践

---

❶ 蒋晓萍，康兆春，罗赛群，等. 跨文化教学之重：外语教学的跨文化诠释 [M]. 广州：广东人民出版社，2010：16.

❷ 同❶：17.

性"，因为交际活动允许个人参与到社区谈话中来。❶

菲利普森认为，言语代码理论有以下主要特征：第一，言语代码理论的理论基础是对特定时间和空间的交际行为的仔细观察；第二，言语代码理论通过参考特定情形下的意义和价值代码来阐释所观察到的行为；第三，一种言语代码隐含了一种文化特有的心理、社会和辞令；第四，言语的重要性取决于言说者构建交际行为意义而采用的言语代码；第五，言语代码的术语、规则和前提假设与言语本身是密不可分的一个整体；第六，为了成功地预测、解释和掌握双方可以理解的、谨慎的、符合道德规范的交际活动的话语形式，必须能灵活使用共同的言语代码。

菲利普森等人后来对言语代码理论做了大量的总结工作，并进行了大量的实证研究。菲利普森期望能从跨文化的角度来分析言语代码，进而增加人们之间的理解。但是他们理论主张也存在明显缺陷，例如，他们仅仅分析个别地方的文化就得出了理论并做出总结，结论难免有偏颇之处，尽管他们本人认为该理论还是具有普遍的参考意义。他们的言语代码理论缺乏变化，他们认为这些代码一经形成，就很少发生变化。言语代码理论也遭到了一些学者的批评，有学者提出，言语代码理论不能解释话语权力，言语代码理论是明显的文化决定论。

综上所述，我们梳理了美国学者对于跨文化交际问题的研究。从时间跨度上，涵盖了跨文化交际的四个重要时期，其研究进程经历了从创建到繁荣发展的过程；在研究领域上，探讨分析了跨文化交际的相关概念、理论依据、跨文化交际的内涵意义以及研究领域的划分等。我们认为，半个世纪以来，美国跨文化交际研究逐渐走向研究理论和研究方法的多元化，并开始关注对同文化内各自共存文化的研究。

---

❶ 蒋晓萍，康兆春，罗赛群，等 . 跨文化教学之重：外语教学的跨文化诠释 [M]. 广州：广东人民出版社，2010：17.

（二）俄罗斯对跨文化交际及其能力培养的研究

本书认为，跨文化交际研究离不开快速发展的社会形势和不断加强的国家之间的交往。同样，由于跨文化交际培养所具有的教育性质，它也离不开与教学相关的学科发展。正因为如此，俄罗斯跨文化交际研究受到了同一时代语言学和心理语言学理论快速发展的推动。这也是俄罗斯跨文化交际研究的社会和学科背景。

20世纪五六十年代，世界范围内语言学研究逐渐从语言体系转向言语表达、由语言形式转向语言意义、由语言结构转向言语功能、由语言描写转向语言阐释。因此，语言研究的功能学说、语境学说、认知学说等应运而生，从而促进了更多的学者把研究目光转向交际者由于文化背景差异而导致交际失败的社会背景、民族思维模式与价值观、文化差异和认知心理的研究。而在苏联，由维—列—卢学派创建的俄罗斯心理语言学的言语活动理论引领俄罗斯从基于语言体系本身的外语教学转向关注社会交际的活动式的外语教学模式。这一时期在外语教学中，交际性原则、情景性原则的普遍贯彻，以及活动式教学、合作式教学和游戏式等教学模式的推广，不仅为苏联（俄罗斯）语言国情学（лингвострановедение）的诞生创造了有利条件，也由此拉开了俄罗斯学者对跨文化交际问题研究的帷幕。以下，本书将以俄罗斯语言国情学作为研究起点，之后进入俄罗斯语言文化学，依次分析俄罗斯学者对跨文化交际及其能力培养的研究。

1. 苏联的语言国情学（лингвострановедение）时期

"国情学"（страноведение）这一概念在苏联学者维列夏金（E. M. Верещагин）的《国情学在对外俄语教学实践中的地位和作用》（*Роль и место в практике преподавания русского языка как иностранного*）一文中首先使用，并运用这一术语阐述其在教授俄语过程中注意结合国情教育的观点。而"语言国情学教学法"（лингвострановедческая методика）这一术语是在 1971 年维列夏金与科斯托马罗夫（В.Г.Костомаров）合著的《国情学在教授外国人俄语中的语言学问题》（*Лингвистическая проблематика страноведения в преподавании русского языка иностранцам*）一文中首次使用。它具体指"教授与掌握（所学语言）表达平面和内容平面的教学过程"。（吴国华、彭文钊，2001）可见，苏联时期的语言国情学最初是作为一种外语教学法提出来的，它的目的是用国情知识来辅助语言教学。❶

20 世纪 60 年代末、70 年代初，维列夏金和科斯托马罗夫出版了《语言与文化》（*Язык и культура*）和《词的语言国情学理论》（*Лингвострановедческая теория слова*）两本专著。其中《语言与文化》（该书先后出版发行 5 次：1973 年、1976 年、1983 年、1990 年、2005 年）一书中语言国情学这一术语得到了全面、系统的阐述。这部著作是这门学科的奠基性著作，苏联外语教学界奉之为经典。可以说，维、科二人是当之无愧的苏联语言国情学科的奠基人。

需要指出的是，在苏联时期传统的外语教学法把外语教学分为三大板块（аспекты）：语音方面、词汇方面和语法方面，即语言三大要素的教学，以后又增加了第四个板块，即语体修辞方面的教学。后来又增加了一个新的板块（本书将其称为第五板块），即语言国情学（лингвострановедение）。❷ 这个新的方面所教授的基本内容和对象，实际上是与语言或语言教学有关的文化背景知识。❸（我国学者俞约法教授译为文化背景知识，俄语词仍为 лингвострановедение 语言国情学，目前二词通用，但是，使用语言国情学这一概念的更多，下同）后来，为了在教学中将语言国情知识更加全面化、条理化，苏联学者将其分为

---

❶ 杨洁 . 俄语语言与文化关系研究综述 [J]. 山东外语教学，2010（5）:25.

❷ Е. М. Верщагин и В. Г. Костомаров [M]. Язык и культура. Лингвострановедение в преподавании РКИ.3-е изд，1983.

❸ 俞约法 . 俞约法集 [M]. 哈尔滨：黑龙江大学出版社，2007：171.

广义的语言国情学（文化背景知识 лингвострановедение）和狭义的语言国情学（文化背景知识 лингвострановедение）。其包含的具体内容也得到学者们的认同。

（1）广义的语言国情学（文化背景知识）。我们看到，作为外语教学第五个方面的文化背景知识，从广义上来说，即在俄罗斯语言国情学中，首先要解决学习者对目标语国家一般知识的概括性了解。那么，学习外语为什么要强调同时学习文化背景知识？我们可以从理论上和实践上做如下解释。首先，语言首先是一种社会现象，是社会交际的工具，这个工具又是人们在长期的社会生活实践中约定俗成的。其次，每一种语言都是在具体的特定的社会历史环境中产生和发展起来的，因此每一个国家的民族语言中都有大量的只为该国该民族语言所特有的，带有特定社会历史色彩，具有鲜明个性的现象。只有了解所学外语的国家和人民及其过去和现在，才能深刻理解所学语言。❶ 如此一来，任何人要使用一种语言，都必须具备以下两类实际知识。

第一类是有关该语言本身的结构／体系方面的知识，即所谓"语言三要素"——语音、语法、词汇三个方面的实际知识；第二类是与该语言有关的各种社会历史文化背景方面的知识，包括各种"非语言的"或"超语言的"交际知识、交际规则。❷ 维列夏金指出，交际必须具备以下三个要素：①参加交际者要有共同的语言；②他们要有共同的社会历史经验；③他们要有一定的语言情境，即要有进行该项言语活动所需的种种具体条件。这三大条件中的②就涉及语言的载储功能。维氏认为，交际者共同的语言使交际成为可能；交际者共有的语言情境，即要有进行该项言语活动所需的种种具体条件和交际者共同的社会历史经验规定交际话语的内容；规定这个交际话语的形式。❸

---

❶　俞约法 . 俞约法集 [M]. 哈尔滨：黑龙江大学出版社，2007：174.

❷　同 ❶：174.

❸　E. M. Верщагин [M]. Роль и место страноведения в практике РКИ, 1979.

（2）狭义的语言国情学——文化背景知识。狭义的文化背景知识，仅指在语言中所反映出的文化痕迹或从外国语言中能考察得到的外国民族文化因素，即从语言中看文化，"从一粒沙中看大千世界"。组成 лингвострановедение 这个术语的前一构词部分——лингво，就是语言的意思。这样就规定了狭义文化背景教学的对象：①无等值词；②有背景意义的词；③有文化感情色彩的词；④成语典故；⑤名言警句；⑥客套用语。这些都是民族语言中直接反映出来的民族文化元素（культурный компонент）。这里从语言层级的观点来考察，也可说分属三个高低不同、逐步递增的等级，①至③属词一级，④属词组一级，而⑤和⑥则属句一级。除了前述六个类别以外，苏联教学法家还把"无词语言"也归入狭义文化背景知识的范畴。现分别介绍如下。❶

有背景意义的词。母、外两种语言有大量这一类词，它们由两部分意义组成：①表示概念的部分；②表示文化背景信息的部分，这是词义的附加部分，但却十分重要，这部分表现了民族文化的特点，在两种语言中并不完全一致，然而这种不一致的地方，在一般双语词典中都没有什么反映。因此学生在学习外语的这类单词时，往往只是学到与母语词中对应的概念，不清楚目标语民族文化背景知识。例如，以法语为母语的法国人，在学习俄语时，遇到 университет 这个词，他用相应的 university 来理解，有时就会出差错，可以用俄语来说 записаться в Парижский университет（这同法语在本国的语法一致），但却不能说 записаться в Московский университет，这里只能用 поступить。这种用法上的差错不是语法的，也不是词汇的，而是文化背景的，因为俄法两国的国民教育体系和制度均有各自的特点。俄语的 университет 与英语中的 university 所含的文化背景知识差别也很大。这个俄文词同我国的"大学"一词，在文化背景信息上所含意义也不一样，它只指综合大学。有文化背景知识词在外语中数量众多，学习外语时要格外注意，对于这类词只学到其

❶ 俞约法. 俞约法集 [M]. 哈尔滨：黑龙江大学出版社，2007：177-178.

概念对应部分是远远不够的。无背景意义的绝对等值词在外语中的数量十分有限。❶

有文化感情色彩的词（коннотативные слова）。这类词所包含的文化背景内容很多，能引起该民族文化集体内每个成员的众多带有感情色彩的联想。例如 берёза 一词,在许多场合不能只单纯地理解为白桦树，它是祖国、故乡的象征，而在许多别的异族文化中则用别的树木来表示，例如，橡树（德国）、槭树（加拿大）、白杨（波兰）、柳树（捷克）等，在这些国家中，对白桦树不能引起对故国故土的任何联想。中国人一读到"欲把西湖比西子，淡妆浓抹总相宜"这样的诗句，由西湖、西子二词会浮想联翩，而没有中国文化背景知识的外国人，即使受过很高的教育，也不会引起相应的感情。❷

成语典故（фразеологизмы）。许多成语典故都反映民族文化的特色或历史陈迹。例如，бить баклуши, тянуть канитель, спустя рукава, отложить в долгий ящик, казанская сирота, сбрасывать со счётов, коломенская верста, приложить руку, с красной строки, тертый калач, как калач печь, на ять, Лиса Патрикеева, пятое колесо в телеге, не всякое лыко в строку, задать пару, пристал как банный лист 等，这同中国的"杞人忧天""滥竽充数""自相矛盾""完璧归赵"之类的历史典故、反映中国文化特点的成语情况类似。❸

名言警句（афоризмы）。这里包括以句子形式反映外国文化特点的各种语言单位。其中包括：①俗语（поговорки）和谚语（пословицы）——起源于民间口头文学，反映民族价值观念。属前者的，例如，Погиб, как швед под Полтавой. Мал да удал. Не в службу, а в дружбу. 属于后者，例如，В гостях хорошо, а дома лучше. Не имей сто рублей, а имей сто друзей. Старый

---

❶ 俞约法 . 俞约法集 [M]. 哈尔滨：黑龙江大学出版社，2007：178-179.

❷ 同❶：179.

❸ 同❷.

друг лучше новых двух. Век живи, век учись. Ученье——свет, а неученье——тьма. ②名言警句（крылатые слова），一般出自名人之口（笔），为某一文化集体成员所熟悉并常加引用。例如俄语中列宁和高尔基的名言：Лучше меньше, да лучше. Шаг вперёд, два шага назад. Кто——кого. Пусть сильнее грянет буря. Человек——это звучит гордо. ③著名的口号（лозунги, девизы）和号召（призывы）。指外语国家政治生活中家喻户晓、尽人皆知而且深入民心的现成语言单位。例如：Вся власть советам. Учиться, учиться и учиться. Коммунисты, вперёд! Все для человека, все для блага человека. Если враг не сдаётся, его уничтожают，它反映了当时苏联或现代历史上文化的一些本质内容。④社会科学方面的公理（формулы）和自然科学方面的公式（формулировки）。这往往反映一个国家民族意识形态的特征，反映民族文化的重要方面。例如，Практика—критерий истины. Труд создаёт человека. От каждого—по способностям, каждому—по труду. 这样一些表示公理的现成语句，都代表该国所奉行的意识形态。❶

客套用语（формулы речевого этикета）。每一个民族语言中都有一些独有的交际上常用的套语，为别的民族所没有。例如，熟人见面打招呼、寒暄，与人首次见面时自我介绍、请求对方通报姓名，分手时的用语等，都是现成的句套，反映民族文化的某些内容。如汉语中的"久违久违，别来无恙乎""久仰久仰，请教尊姓大名""尊姓"等，反映我国是"礼仪之邦"及讲究礼节的社会文化风貌。日本人的口头禅"请多关照"，也属此范畴，都是别的民族所没有的。这种用语在俄罗斯文化中也有反映，"Ну, как дела, преподаватель." 俄罗斯人认为是失礼：①长辈和晚辈见面，晚辈不能先开口询问对方"事情怎么样了""身体好吗"，这样的话应由长辈先说；②称呼师长，要用"名+父称"，不能直接用职业名称（如教员、老师之类）。而法国人则可说 Comment allez-

---

❶ 俞约法. 俞约法集 [M]. 哈尔滨：黑龙江大学出版社，2007：180.

vous。生活在俄罗斯民族"文化共同体"中的人，可以根据称呼和寒暄客套的不同，立即判断说话双方的亲疏关系和社会身份，而不了解这种文化背景的外国人，即使学了俄语，也听不出其中的"弦外之音"。例如："Здравствуйте, Владимир Петрович!""Приветик, Володенька!""Салют, старик!"这三句针对同一个见面所说的不同客套话，反映了三种不同的社会关系。❶

无词语言（невербальные языки）。指手势、表情、习惯性动作等有声语言以外的辅助交际手段，虽非前面所述的真正的语言单位，却因这里面也有民族文化的元素，所以一般也把它归入文化背景知识的范畴。例如，有些民族文化中，点头表示肯定，摇头表示否定，而另一些民族则恰巧相反；还有些民族文化中，这两个动作既没有肯定也没有否定的意思，而表示别的意思。❷

综上所述，苏联的跨文化交际研究起源于 20 世纪 60 年代末兴起的语言国情学（лингвострановедение）。本书借鉴我国学者胡文仲教授在对俄罗斯跨文化交际研究时所做的评价，作为对俄罗斯语言国情学及其理论与实践研究观点的梳理和概括："①苏联的语言国情学与社会语言学和交际法的发展有密切关系；②语言国情学主要研究词语的文化内涵，兼及交际文化、身势语等；③语言国情学既包括高层次的文化研究，也包括在实际教学中的应用。"

由此可见，语言国情学的主要目的是揭示在俄语教学过程中词汇所蕴含的民族文化语义，并运用各种方法和手段使学生在交际中正确使用词汇的学科，具有语言学性质和教学法性质。由于语言国情学具有跨学科性质，因此，其跨文化交际研究一开始就具有跨学科性质。❸

2. 现阶段俄罗斯的语言文化学（лингвокультурология）

俄罗斯语言文化学（лингвокультурология）脱胎于语言国情学（лингвострановедение），是对语言国情学自然而合理的继承与发展。"语言国

---

❶ 俞约法 . 俞约法集 [M]. 哈尔滨：黑龙江大学出版社，2007：180.

❷ 同❶：180-181.

❸ 刘宏 . 俄罗斯跨文化交际研究的跨学科性等特点 [J]. 中国外语，2006（6）：9.

情学"作为一个独立的术语和学科名称经历了一个过程。这与维列夏金、科斯托马罗夫在对外俄语教学领域积极倡导一种新的教学方法论，并由此推动创建一门独立的语言学分支学科有直接关系。随着语言国情学的进一步发展，由于学科对象与论域界限不清带来的诸多矛盾，语言国情学面临发展的困境。❶ 20 世纪 90 年代以来，逐渐形成了语言国情学的社会学、语言学和文化学三个主要发展方向。❷

　　语言文化学是语言国情学为解决自身矛盾在理论与方法上寻求突破的成果之一，经过学者们的努力，特别是第四次语言国情学研讨会（1994，莫斯科）之后，先后出现了 лингвокультурология，лингвокультуроведение（语言文化学）两个新的术语，预示着一门新学科的诞生。❸

　　随着语言文化学研究在俄罗斯跨文化交际学领域的逐步确立和走向成熟，一些新的概念成为该学科的研究对象。"语言信息单位"是科斯托马罗夫（В. Г. Костомаров）在 1999 年提出的，是指"存在于民族意识中的、为文化记忆所固定了的、反映现实世界的语言表达，是一个民族经验和历史声音的痕迹"❹，它内含一个民族的文化传统、历史地理、习俗文化等方面的知识。语言文化场和语言文化单位这两个概念是沃罗比耶夫（В. В. Воробьёв）基于对语言国情学的批判与继承，构建自己的语言文化学过程中提出的。他认为："语言文化学是研究语言运作中语言与文化间相互关系和相互作用的整合性科学。它定位于现代生活和文化规则理论，采用系统方法反映单位语言的内外内容的整体结构。"❺ "语言的世界图景"是当今语言与文化研究中的关键概念，它是指该语言民族对现实世界的认识在语言上的集中体现，是一个民族精神文化在语

❶ 彭文钊 . 俄罗斯语言文化学：源流与发展 [J]. 广东外语外贸大学学报，2008（4）：15.

❷ 吴国华，彭文钊 . 关于语言国情学 [J]. 当代语言学，2001（3）.

❸ 彭文钊 . 俄罗斯语言文化学：源流与发展 [J]. 广东外语外贸大学学报，2008（4）：15.

❹ Костомаров В. Г. Русский язык в современном диалоге [J]. Русский язык за рубежом，1999（3）：77-85.

❺ Воробьёв В. В. Лингвокультурология：теория и методы [M]. Российский университет дружбы народов，1997.

言中形成的结晶，它体现语言的认知功能。❶语言个性是由鲍金（Богин）于 1984 年首次提出的，之后哈列耶娃（Ю. Н. Караулов）和卡拉乌洛夫（И. И. Халеева）分别于 1987 年、1989 年出版了专著，对语言个性进行了深层次的探讨和分析。卡拉乌洛夫认为："语言个性是通过语言和在语言中表现出的个性，是一种以各种语言功能为基础重建语言使用者自身基本特点的个性。"❷

从发展角度来看，未来一段时间内，俄罗斯跨文化交际学仍将沿用语言文化学的语言、文化和教学三个方向进行拓展和延伸，力求形成各自比较独立和完整的理论体系。❸另外，其语言、文化、认知、交际等层面的各种理论都与对外俄语教学相联系。这与俄罗斯跨文化交际研究的起源——语言国情学的教学法性质密不可分。

综上所述，跨文化交际学是 20 世纪 60 年代中期兴起于美国的一门边缘学科，其理论建构始于 20 世纪 70 年代。它主要研究交际方法、交际途径的预测，解决不同的人交际时可能发生的障碍。苏联（俄罗斯）的跨文化交际研究略晚于美国，开始于 20 世纪 60 年代末、70 年代初，是随着语言宏观研究不断深入及联系文化学习语言命题的确立而开始的。苏联（俄罗斯）跨文化交际的研究有其自身的特色，即以语言国情学为起点，与心理语言学（俄罗斯称之为"言语活动论"）、语言文化学、认知语言学、对外俄语教学法等学科相互交叉，主要倾向于研究语言学范畴内语言单位中的文化成分和文化模式。突出了对外俄语教学是实现跨文化交际的目的，更加突出了俄罗斯当代语言学研究的人本主义精神。正如胡文仲教授在评价苏联（俄罗斯）跨文化交际研究时所说的："苏联的语言国情学与社会语言学和交际法的发展有密切的关系；语言国情学主要研究词语的文化内涵，兼及交际文化、身势语等；语言国情学既包括高层次的文化研究，也包括在实际教学中的应用。"❹

---

❶ 吴国华.语言文化问题探索 [M].军事谊文出版社，1997.

❷ Кароулов. Ю. Н. [M]. Русский язык и языковая личность，1987.

❸ 薄艳华.俄罗斯跨文化交际研究述略 [J].内蒙古大学学报（人文社会科学版），2006（5）：115.

❹ 胡文仲.跨文化交际学概论 [M].北京：外语教学与研究出版社，1999：16.

（三）俄罗斯中学外语课程标准对跨文化交际能力的培养要求

在上述对美国和苏联跨文化交际问题的研究过程中，我们发现，首先，无论美国的跨文化交际学，还是苏联的语言国情学，亦或是后来的语言文化学，他们都要解决现实中不同文化背景的人在交际中存在的各种各样的问题，这就顺理成章地与本国各个教学阶段的课程体系联系在了一起，成为各国不同阶段课程的一个重要组成部分；其次，跨文化交际问题的研究范围既要解决现实国家中各阶层、各团体成年人由于文化差异带来的交际冲突问题，也要培养未来国家主体——不同教育阶段学生的跨文化交际的形成问题；这样一来，跨文化交际及其能力培养的一系列问题不仅是一个理论的命题，而且还是一个实践中的问题。说它是理论问题，就是要建构一个跨文化交际的理论框架、核心概念、研究领域、研究内容和研究方法，使更多的人了解该理论，并能在实践中有效实施，这一点无论是美国学者还是俄罗斯学者都做到了。说它是实践问题，是因为任何理论都要实现自身的最大价值，即解决实践中的问题。美国对跨文化交际问题的探讨是这样，苏联乃至俄罗斯的跨文化交际问题的研究也是如此。

在本国跨文化交际的培养中，各国首先要做的是什么？当然，首先要解决跨文化交际在基础教育阶段课程体系中如何实施的问题。为了了解各国跨文化交际培养的研究状况，本书从俄罗斯中学课程标准中分析其跨文化交际及其能力培养的问题。

20世纪80年代后期，俄罗斯教学改革的焦点是对传统教学模式的解析和批判以及对新的教学模式、教学理念的探索。围绕"合作教育学"生成的大辩论和大讨论，可以说既将百家争鸣推上了巅峰，又最终为日后俄罗斯教育教学改革导入了一个新的方向。❶

现行俄罗斯基础教育的主流学制是由苏联1988年的《关于教育体制改革决定》确立起来的。其后，基础教育的结构虽变革不断，但变化甚小。2001

---

❶ 高金岭.俄罗斯基础教育[M].广州：广东教育出版社，2004：188.

年 1 月在莫斯科召开的全俄教育工作者大会上通过了《普通中等教育新的结构和内容的思想》。进入 21 世纪,俄罗斯为了改变俄语学习在国内外的不利状况,采取了一系列措施。为了提高俄语的地位,俄罗斯联邦制定了《2006—2010 年教育目标发展纲要》(Федеральная целевая программа развития образования на 2006—2010 годы, 以下简称《纲要》)。《纲要》就基础教育对外俄语教学提出了明确规定 :"注重语言能力和交际能力的培养,即注重培养语言能力,突出交际能力。"表 1-1 俄罗斯对外俄语教学第一级教学大纲(以下简称《大纲》)中词法中名词第五格的基本用法一项就有如下详细内容。❶

表 1-1　Значение форм творительного падежа с предлогом

意义	问题	示例
4. Совместность（一致性）5. Характеристика предмета или лица（人或物的特征）6. Выражение места（表示地点）7. Выражение времени（表示时间）8. Цель действия（行为目的）	С кем?（和谁？）Какой?［什么样的？（阳性）］Какая?［什么样的？（阴性）］Где?（在哪里？）Когда?（什么时候？）За чем?（为什么？）	Вчера я играл в теннис с другом（昨天我和朋友打网球。）Я люблю кофе с молоком（我喜欢咖啡加奶。）В комнату вошёл юноша с цветами（一个拿花的小伙子走进房间。）Сад находится за домом（перед домом）［花园位于房子后面。（房子前面）］Над столом висит лампа（桌子上方挂着灯。）Кошка сидит под столом（猫坐在桌子下面。）Магазин находится между домом и парком（商店位于房子和公园中间。）Перед экзаменом он очень волновался（考试前非常紧张。）Саша пошёл в библиотеку за словарём（萨沙带着字典去图书馆。）

❶ Федеральная целевая программа развития образования на 2006-2010 годы [M]. 65-66.

表 1-1 显示：俄罗斯国家基础教育标准十分注重语言能力的培养。《大纲》在前言中就开宗明义地规定："本大纲包括语言材料（языковой）、言语材料（речевой）、交际材料（собственно коммуникативный материал）。达到本级水平，就具备了在语言环境中成功交际所需的必要基础（необходимая база для успешной коммуникации в условиях языковой среды），就能满足学习者在社会日常生活、社会文化和一些正式场合与俄罗斯人交往时的基本交际需求（удовлетворять основные коммуникативные потребности при общении с носителями в социально-бытовой, социально-культурной и частично официально-деловой сферах）。"❶《大纲》的主体内容结构同样贯穿了这一特点。《大纲》除词表外，还有三个部分。第一部分是言语活动的主要形式（владение основными видами речевой деятельности），第二部分是交际话题、交际情景、交际任务（Темы, ситуации и задачи общения），第三部分是语音、构词、词法、句法、文章类型（Фонетика, состав слова, морфология, синтаксис, типы текстов）。《大纲》在每一部分的开篇，都明确写出了在该部分要具备哪些能力，要能够完成哪些具体的交际任务。这一切，都体现了俄罗斯《大纲》注重培养语言能力、突出交际性的特点。

综上所述，我们分析了俄罗斯中学课程标准对跨文化交际能力培养的要求。总体来看，在俄罗斯外语教学中都注重对学生跨文化交际能力的培养，尤其是在语言交际过程中更专注到目标语国家的文化差异性。他们认为，跨文化交际能力的培养要从中小学开始，并要纳入外语课程中去；在外语教学中不仅要学习语言（外语），还要学习该国的文化，使他们更好地使用语言进行交际，从而获得个人的终身发展。我们可以将俄罗斯外语课程改革的发展趋势概括为：一是重视学生的年龄和心理发展特征；二是发挥学生潜在的交际技能；三是倡导外语课程的分层次、分级式教学。强化学生的技能意识、个性意识、文化素养以及交际意识，并凸显跨文化交际能力的培养在外语教学中的重要作用。

---

❶ Федеральная целевая программа развития образования на 2006-2010 годы [M]. 2006 : 5.

二、国内研究

（一）国内英语界对跨文化交际及其能力培养的研究

在我国，跨文化交际及其能力培养问题的研究起步较晚，20 世纪 80 年代初期，随着人们对外语教学的不断重视，跨文化交际问题才开始引起学者们的关注。在初期，学者主要研究外语教学及文化与语言的关系，之后才逐步深入课堂教学中。

通过文献梳理，我们发现，跨文化交际学在中国译界首推许国璋教授和何道宽教授。许国璋教授于 1982 年在《现代外语》第 4 期上率先就语言与文化发表题为 *Culturally-loaded Words and English Language Teaching* 一文，首次将跨文化交际引入中国学术界和外语界。文章详细介绍了这门学科的一些基本内容、理论和研究成果，他指出："用比较的方法研究不同的文化，求其异同，预测来自不同文化背景的人在交际过程中能遭遇的困难，设计出一些促进交际的方略和技巧，以减少误解和冲突，促进了解和交际效果。"这就是"跨文化交际"这门学科的定义："'跨文化交际'是人类学、社会学和交际学的中间学科和应用学科。"这标志着跨文化交际学在中国的诞生。文章还着重讨论了词的文化内涵与翻译的关系。他提出讨论的词汇量并不多，但是，重要的是他提出在不同的语言中表面上对等的词汇实际上在文化内涵上并不相等。20 世纪 80 年代，学术刊物上讨论文化差异的文章为数不少，一方面是由于人们对于跨文化交际很有兴趣，另一方面是因为交际教学原则在外语教学中的推广，使得人们认识到学习外语必须结合文化。只注重语言的形式，而不注重语言的内涵是学不好外语的。❶

1983 年，何道宽教授在他的《介绍一门新兴学科——跨文化交际》和《比

---

❶ 蒋晓萍，康兆春，罗赛群，等 . 跨文化教学之重：外语教学的跨文化诠释 [M]. 广州：广东人民出版社，2010：8，40.

较文化我见》两篇文章中，率先将跨文化交际作为一门学科向国内学者进行介绍，探讨了这门新兴学科的基本内容、理论及其研究成果。两篇文章都对跨文化交际学研究在中国的起步作出了巨大贡献。

此后，胡文仲教授在 1985 年发表了《不同文化之间的交际与外语教学》。他对跨文化交际学在人文学科中的地位以及跨文化交际学的理论建构，都发表了非常有见地的看法。❶ 他指出："不同文化之间的交际是一门边缘学科，它涉及人类学、社会学、民族学、语言学（社会语言学）、民俗学、文化学以及外语教学理论与方法等多种学科。""截至目前，就一门学科而言，不同文化之间的交际仍然缺乏系统的理论阐述，材料仍然显得零散，教学方法则更是基于个人经验，还远没有形成一个完整的体系。这一切说明这个学科仍不成熟，仍处于发展完善的过程之中。"❷

在早期的这几篇论文的引导下，国内学者开始了他们的跨文化交际学研究之路。胡文仲教授和王福祥、吴汉樱把一部分文章分别收录进他们主编的《文化与交际》和《文化与语言》两本书中。涉及文化与交际、文化与外语教学、语言与文化、非语言交际与文化、翻译与文化、语用与文化和理论探讨七个方面的内容。《文化与交际》所收集的文章涉及跨文化交际学、兴起于苏联的语言国情学及开创于我国的文化语言学。三者的兴起与发展都同日益频繁的跨文化交往有着直接的联系。该论文集内容包括：三学科兴起的历史、研究内容、理论基础、语言与文化的关系；近年部分研究成果；文化与翻译；文化与外语教学等。这两本论文集的出版介绍了十多年来文化与交际方面的研究动态，并使社会语言学、语言国情学、文化语言学、语言学、翻译学、外语教学等不同学科的研究成果得以交流，体现了跨文化交际学的多学科和跨学科性质，

---

❶ 蒋晓萍，康兆春，罗赛群，等.跨文化教学之重:外语教学的跨文化诠释 [M]. 广州:广东人民出版社，2010：8，40.

❷ 胡文仲.不同文化之间的交际与外语教学 [J]. 外语教学与研究，1985（4）.

对于跨文化交际学的研究起到了很大的推动作用。❶

　　此外，胡文仲先后主编的《跨文化交际与英语学习》（上海译文出版社，1988）、《跨文化交际学选读》（湖南教育出版社，1990）、《文化与交际》（外语教学与研究出版社，1994）和《跨文化交际学概论》（外语教学与研究出版社，1999）等专著和论文集为推广跨文化交际学作出了巨大的贡献。此后，跨文化交际学受到了我国外语界、传播学界等多学科学者的关注，并得到迅速发展。如关世杰的《跨文化交流学——提高涉外交流能力的学问》（北京大学出版社，1995），王宏印的《跨文化传通——如何与外国人交往》（北京语言学院出版社，1996），林大津的《跨文化交际研究——与英美人交往指南》（福建人民出版社，1996）和《跨文化交际学：理论与实践》（福建人民出版社，2005）、贾玉新的《跨文化交际学》（上海外语教育出版社，1997）等。除了出版专著外，我国还通过翻译外国跨文化交际学名著、引进外国英文原著的方式来促进跨文化交际学在我国的传播与发展。如萨姆瓦（Samovar）等著的《跨文化传通》（陈南，龚光译，生活·读书·新知三联书店，1988），跨文化交际学的奠基人爱德华·霍尔的《无声的语言》（刘建荣译，上海人民出版社，1991），莫腾森（Mortenson）的《跨文化传播学：东方的视角》（关世杰等译，中国社会科学出版社，1999）等。外语教学与研究出版社、上海外语教育出版社相继引进一些英文原版著作，尤其是后者推出了"外教社跨文化交际丛书"。丛书既引进了10部国外权威力作，也出版了我国学者的著述，还有中外专家的合力之作。❷

　　综上所述，我国英语学界主要介绍和沿袭美国跨文化交际的研究传统，主要探讨跨文化交际中的文化、交际、语言因素、非语言因素、信息、民族思维方式及价值观等要素之间的关系及影响跨文化交际效果的主要因素。换言之，主要是研究达到成功交际需要的必要因素。

---

❶ 蒋晓萍，康兆春，罗赛群，等.跨文化教学之重：外语教学的跨文化诠释 [M].广州：广东人民出版社，2010：8，40.

❷ 肖世琼.跨文化视域下的外语教学 [M].广州：暨南大学出版社，2010：29.

（二）国内俄语界对跨文化交际及其能力培养的研究

我国的俄语教学 20 世纪 80 年代以前一直沿用苏联 20 世纪五六十年代的教学模式，即语音、词汇、语法三要素教学法。我国俄语界对语言与文化进行系统研究，始于 20 世纪 80 年代引进苏联语言国情学理论（лингвострановедение），迄今已走过了整整 30 多年的历程。在这 30 余年间，先后经历了由初期的介绍、模仿（1980—1990 年）到中期的思考、探索（1990—1995 年）及后期的创建、创新（1995 年至今）等三个不同的发展阶段。❶ 20 世纪 90 年代以来，随着现代语言学在语用学、社会语言学及语义学各方面的长足发展，尤其是交际法的盛行，人们开始认识到文化在语言使用中的重要性。我国俄语界先后召开了 5 次全国性的俄语语言与文化研讨会，并有数百篇相关学术论文和十余部学术专著问世，从而为创建有中国特色的俄语语言与文化学科奠定了基础。如以吴国华教授为代表的语言学方向的语言文化学研究，著作有《文化词汇学》《文化语言学》等，其中包括俄汉对比语言文化学方向的研究，如赵敏善教授的《俄汉语言对比研究》、许高渝教授的《俄汉语词汇对比研究》等；文化学方向以程家钧教授主编的《现代俄语与现代俄罗斯文化》和张会森教授的《九十年代俄语的文化与发展》两部著作为代表，着重阐释社会变迁和民族文化对语言文化及其发展的影响等；语言教学论方向的论文也不少，主要涉及外语教学中的文化因素，以及移入文化因素的原则、方法、步骤等领域。

由此可见，当前我国的俄语界文化语言学并不是以前一些人认为的单纯语言学研究，而是集语言学（包括语用学、对比语言学）、文化学、交际学、教学论于一体的多维交叉研究和综合研究。对于我国学者在跨文化交际学领域的研究现状，胡文仲在《跨文化交际学概论》一书中曾说："从目前我国的研究来看，一般性的探讨较多，而基于大量数据的研究比较缺乏。前者相对说来比较容易，而后者就要花费大量时间、物力和财力。从其他国家的情况

---

❶ 赵爱国，姜雅明 . 应用语言文化学概论 [M]. 上海：上海外语教育出版社，2003：186-187.

来看，要在跨文化交际研究方面做出成绩，必须在收集数据和实地调查方面做大量的工作。只有以数据为基础的研究做得扎实，理论探讨才会有真正的深度。"❶

（三）我国中学俄语课程标准对跨文化交际能力的培养要求

1. 21 世纪以来中学俄语课程的改革趋

21 世纪以来，中学俄语课程标准主要指 2001 年以来历次教育部颁布的中学俄语课程标准，以及在历次课程标准中对跨文化交际能力培养的要求。

2001 年《全日制义务教育俄语课程标准》（实验稿）提出：义务教育阶段，俄语课程的总体目标是培养学生的俄语综合语言运用能力，为学生终身学习和发展奠定基础。语言知识和语言技能是综合语言运用能力形成的基础，文化素养的得体运用是语言的保证，情感态度是影响学生学习和发展的重要因素，学习策略是提高学生学习效率、发展自学学习能力的必备条件。

2003 年《普通高中俄语课程标准》（实验）提出：普通高中俄语课程总目标是进一步发展学生的"综合语言运用能力"，为学生的终身发展和人生规划奠定基础。俄语综合语言运用能力是"知识与技能、过程与方法、情感态度价值观"三个维度的有机整合。它建立在学生的语言知识、语言技能、情感态度、学习策略及文化素养等方面整体发展的基础上。语言知识和语言技能是俄语运用能力形成的基础，文化素养是得体运用俄语的保证，情感态度是影响学生学习和发展的重要因素，学习策略是提高俄语学习效率、发展自主学习能力的必备条件。上述五个方面共同促进俄语综合语言运用能力的形成和发展。

2011 年《义务教育俄语课程标准》提出：义务教育阶段俄语课程的总目标是培养学生初步的综合语言运用能力，为他们的终身学习和发展奠定基础。

---

❶ 胡文仲. 跨文化交际学概论 [M]. 北京：外语教学与研究出版社，1999：2.

综合语言运用能力建立在学生的语言技能、语言知识、情感态度、学习策略以及文化素养等方面综合发展的基础上，是辩证地处理俄语教育中知识与技能、过程与方法、情感态度与价值观的结果。语言技能和语言知识是综合语言运用能力形成的基础，情感态度是影响学生综合语言运用能力发展的重要因素，学习策略是提高学习效率、发展自主学习能力的必备条件，文化素养是恰当运用语言的保证。上述五个方面是俄语课程工具性和人文性的体现，它们相互作用、共同促进学生综合语言运用能力的形成和发展。

2.《课程标准（2011 版）》关于跨文化交际能力的培养要求

21 世纪伊始，我国全面启动了中小学教学改革，在 2001 年的《义务教育俄语课程标准》、2003 年的《普通高中俄语课程标准》（实验）和 2011 年的《义务教育俄语课程标准》中均提出了对学生进行文化素养的培养问题。文化素养包含文化知识、文化理解和跨文化交际等三个方面（以下本文将跨文化交际问题置于文化素养的概念之下）。《课程标准（2011 版）》提出："俄语是俄罗斯政治经济、社会文化、科学技术等信息的承载和传播工具，含有丰富的文化内涵。""文化素养是得体运用语言的保证。"文化包括人类所创造的物质财富和精神财富，而一种语言则是该民族在长期的物质生活实践中产生和发展起来的精神产品。因此，语言是文化的组成部分和重要载体，对文化有载蓄功能、传播功能，也有一定的塑造之力和规约之力，两者相互制约。语言可以容纳文化的各个方面，也就是说，文化的任何内容都可以在语言中得到反映。这样，后人要通过学习语言才能掌握前人积累下来的文化。儿童在习得母语的同时，也习得了母语国家的文化。反过来说，语言的使用不能超越文化而独立存在，不能脱离决定一个民族生活面貌和风俗习惯的信念体系，正因为如此，语言被称为文化的载体。各民族文化的独特性使不同语言在交际中意义的表达和语言的使用有很大的差异。因此，学习外语就必须了解目标语国家的文化。只学习语言，而不了解其赖以生存的文化就永远掌握不好该语言。外语教育有很强的

人文性，它既是一个掌握语言基本技能的过程，更是一个了解目标语文化、提高素质、拓展思维方式的过程。❶

《课程标准（2011版）》界定了俄语课程的性质，认为"义务教育阶段的俄语课程具有工具性和人文性双重性质"；"就工具性而言，俄语是一门实践性课程"；"就人文性而言，俄语是一门文化学习课程。俄语课程承担着提高学生文化素养的任务。学生通过俄语课程能够了解俄罗斯文化，开阔视野，磨砺意志，陶冶情操，养成良好的学习习惯，形成有效的学习策略，培养自主学习的能力和团队意识，增强爱国主义精神，培养健全的人格，形成正确的人生观与价值观"❷。《义务教育俄语课程标准（2011版）解读》中也明确提出："文化最重要的形式之一是语言。语言不仅是交际的工具，而首先应该是创造者和实干家。不仅仅是文化，甚至整个世界都是肇始于此。词语、语言帮助我们看见、发现和理解那些不借助它们我们就无法看见和理解的东西，它们为人类打开周围的世界。由此可见，语言的财富，决定世界的'文化素养'的财富，对人民来说具有多么巨大的意义。俄语异常丰富，俄罗斯文化创造的那个世界也相应地丰富。一个民族最有价值的东西是它的语言。俄罗斯的概念圈——实际上是俄罗斯文化的概念圈。"❸

因此，开设俄语课程，可以学习了解俄罗斯文化，并以此丰富中华民族的人文精神。俄语教学过程中的文化对比与交流可以培养学生的爱国主义精神，塑造健全的人格。由此可见，俄语课程的人文性指俄语教学过程肩负着传授语言、提高语言能力、传承文化、提高人文素质的重任。❹

---

❶ 刘永红.全日制义务教育俄语课程标准（实验稿）[M].武汉：湖北教育出版社，2002：15-16.

❷ 中华人民共和国教育部.义务教育俄语课程标准（2011年版）[M].北京：北京师范大学出版集团，2012（1）：2.

❸ 刘永红.义务教育俄语课程标准（2011年版）解读[M].北京：高等教育出版社，2012：78.

❹ 同❸.

三、本章小结

本章我们梳理了国内外对跨文化交际及其能力培养的历史文献。首先分析了美国学者对跨文化交际问题的研究，对美国在本领域著名学者爱德华·霍尔、吉尔特·霍夫斯泰德、阿普列盖和赛普等人的观点逐一进行了剖析。接着，本书又回到俄罗斯，分析了俄罗斯学者对跨文化交际问题的研究，在这里我们着重阐述了苏联语言国情学的研究领域和核心概念，然后又分析了俄罗斯的语言文化学的理论框架，并着重概括了维列夏金和科斯托马罗夫等学者在俄罗斯语言国情学中对广义语言国情学和狭义语言国情学研究领域及其研究问题的区分，以及在外语教学中对上述语言文化知识选择以及教学过程的方法和路径的应用。

为了进一步了解国外在基础教育阶段对学生进行的跨文化交际能力的培养，本章又梳理了俄罗斯中小学外语课程标准中对目标语国家文化知识的选取及其培养方法。通过文献梳理，我们看到，俄罗斯中学外语课程标准中早已明确提出在外语教学中要培养学生跨文化交际能力，并具体规定了培养学生跨文化交际能力的教学内容、教学目标和教学方法。

在此基础上，本章又将研究目光转回到国内的外语界，首先分析了英语界对跨文化交际问题的研究，然后又分析了俄语界对该问题的研究，并分别阐述了英语界学者和俄语界学者在跨文化交际能力方面的研究观点。通过分析，我们发现，我国跨文化交际及其能力培养的研究开始于 20 世纪 80 年代初期。英语界对跨文化交际及其能力培养的研究来自对美国该领域研究成果的翻译，而俄语界则主要传承了俄罗斯语言文化学的研究框架。之后，语言与文化，文化与外语教学的研究迅速在我国开展起来，也由此吸引了国内外语界的众多学者的研究目光，并且在广泛学习和借鉴的基础上形成了我国自己的研究体系。

第二章　跨文化交际能力培养的理论依据

　　跨文化交际能力培养是由心理学、人类学、语言学、社会学及文化学等学科相互结合而共同支撑的一个研究领域。其中影响最深刻的是心理学和语言学。换言之，俄语跨文化交际能力研究是心理学、语言学等相关学科理论发展的产物。因此，本章从心理学和语言学两个方面论述俄语跨文化交际能力培养研究的理论基础。

一、建构主义学习理论

（一）建构主义学习理论的内涵

　　20世纪90年代，建构主义学习理论在美国等西方国家极为盛行。在该理论发展阶段，因皮亚杰（Piaget）、维果茨基（Vygotsky）等相关心理学领域学者的出现，对其产生一定影响。对建构主义理论最先产生影响的是认知发展理论，此理论是心理学学者皮亚杰以儿童为切入点，在长期探究与分析中提出的。他设想：认识并非源于单一的客体或主体，而是源自两者间的相互影响。皮亚杰强调，知识并非单一主观或客观的东西，而是主体与环境相互影响的产物。因此，学习属于自我建构。学者维果茨基在观点上与皮亚杰有所出入，他将学习判定为社会建构，倾向于认知阶段学生身处社会文化环境的作用，对活动及社交十分重视，特别体现在人的高级心理机能发展中所处的位置。他认为，人的所有活动都是具有目的性的，为了验证这一结论，维果茨基做了大量的探究与分析，总结了具有价值的研究成果，提出了"意义建构"理论和"最近发展区"理论。

穆里（Murray）是一位建构主义者，他认为，所谓的学习是学生基于以往知识经验的前提下，身处社会文化环境中，对外来的信息进行主动处理加工、意义建构的过程。他认为，建构主义学习理论可以从三个视角来进行分析。

第一，从学习过程看，首先，学生在面对外来信息时，并非被动性地接受，而是主动出击，对外来信息进行处理加工；其次，学生的出发点也并非局限于同一背景，而是从不同视角、背景切入；最后，就此项活动而言并非单一的由教师统一引导完成，而是基于教师与他人相互协助前提下，对外来信息予以特殊处理加工、自我意义建构的过程。总的来说，该过程是将个人意义注入构建世界的过程。

第二，从学习结果看，知识并非现实的体现，也非问题的最终结果，而是解释、假设。它能够随人类的持续进步而"变革"，同时涌现出新的假设，知识无法对世界法则予以准确的描述，在具体问题中，招手即用的可能性微乎其微，需要结合具体情境予以创造。另外，学生并非单纯的将知识从外界注入记忆，而是基于以往经验前提下，借助与外界的相互影响形成新的意义建构。

第三，从学习条件看，建构主义理应将学生视作中心，强调现实情境教学，倾向于协同学习。总体来说，建构主义提倡的教学模式有三种：其一，脚手架式，简单来说，由教师设计基础概念框架，通过有效方式引导学生进入学习情境，让他们在摆脱"脚手架"过程中养成独立处理问题、建构知识的能力。其二，抛锚式，该教学模式是由教师负责问题设计，并将问题视作"锚"，进而将与知识有关的学习、构建牵引出来。其三，随机进入式，针对某一知识的传授，并非以固有的沿线思路为主，而是基于不同视角、不同情境数次、随即切入，进而完成知识建构。

本书认为，语言是交际工具，同时也是认知工具。语言是文化的载体，文化通过语言这一载体就是交际和认知的工具。不同语言的人进行言语交际，也就是进行文化交际，在俄语教学中此交际就是跨文化交际，即跨目标语国家文化交际。俄语学习者通过习得语言（俄语——文化的载体）主动建构知识（俄语——俄罗斯文化）才能同目标语国家的人进行有效交际。

（二）建构主义学习理论在跨文化交际能力培养中的运用

首先，俄语教学具有实践交际性，以提高学生的学习参与热情。建构主义认为，学习具有凸显的积极性、建构性。针对所学知识，学生若想完成意义构建，切实可行的方法便是在现实情境中主动感受和体会，而非单纯地聆听，如教师对各种经验的解感等。基于此种层面，俄语学习过程其实就是学生主动建构的体现。只有在学习中不断地探索、发现、意义建构，才能真正成为意义的主动建构者。

其次，俄语学习具有情境创造性，以提高学生的俄语语感。本书认为，意义建构应当将情境创造视为先决条件。同时，建构主义理论提出，学习应当将学生视为主体，并在教师的指导下进行，体现的是教学合作化。在文化教学中，教师理应对知识的主题予以确认和设计，然后以此来创造不同情境，并通过有效方法引导学生主动思考，进而产生学习积极性。另外，值得注意的是情境创造应当与学生现实生活、语言能力相契合，避免在情境认知过程中出现一言不发的尴尬局面。就教师而言，要始终坚持把学生视为教学中心，把他们的参与体验视为教学目的，但凡不会对交际产生恶劣影响，便可对错误的语言记录以作事后纠正，进而将学生自由、大胆的想法彻底激发出来。

再次，俄语学习具有合作互动性，以提高学生学习的主动探究能力。建构主义强调，社会性互助能够起到良性鞭策学习的效果，进而影响学生对学习内容的理解。他们基于教师科学地组织、引导下开展小组合作，强化团队意识。此时，意义建构不再以个体形式出现，而是依托小组信息的共享，是学生共同商议、探讨后的产物。另外，就合作学习而言，与维果茨基提出的"最近发展区""脚手架式"教学模式趋于一致，其原因在于学生在与小组成员交流过程中，能够汲取不同的观点，进而完善和调整对知识的认知与体会。不仅如此，智力也将大幅度提升，将潜在发展蜕变为现实发展，同时将发展创造至最大。

最后，俄语教学具有语言文化性，以形成学生的多元文化意识。建构主义强调，教师具有多重身份，如合作者等，主要向学生供给构建知识需要，强化他们的认知与理解，格外注重的是建构知识的学习过程，所以倡议"抛锚式"教学。就该模式而言，有助于提升学生对隐蔽文化的挖掘能力。由于部分文化隐蔽于语言当中，教师针对此类文化节点进行详细的讲解，以便于提升学生对全文的理解，或者让学生知晓语言背后的典故。在语言资料学习过程中，通晓和掌握全文主题以及所表达的现实文化意义，尤其是学生在思考后的自我升华。教师可以从某个词汇出发，以表面信息为切入点，引导学生向隐蔽信息牵引。从学生角度来说，不再是知识传递那么简单，而是基于教师协助下通晓并主动建构非结构、估量不透的事物。就此学习过程而言，有助于学生思维方式、文化洞察力的稳步提升。❶

二、人本主义学习理论

（一）人本主义学习理论的内涵

人本主义学习理论是建立在学习者渴望学习的天性上的。人本主义认为，促进学习者学习最行之有效的途径就是让学习者亲自体验个人问题、社会问题、伦理道德等问题。让学习者自己学习并找到解决的方法，这种方法效率高且不易遗忘，并具有深刻的实际意义。该理论强调，废除教师中心，提倡学生中心；

---

❶ 王晓松．高中英语课堂文化教学的实证研究 [D]．南京：南京师范大学，2007.

学生中心的关键在于使学习具有个人意义。● 对人的研究必须将整个人作为研究主体。此外，由于每一个人都是独立的个体，所以其意愿、需求、能力、经验、情绪都会表现出一定差异。鉴于此，对心理学的教育意义可总结如下：不去刻意主张客观地判定教师所教知识内容，而是从学生主观需求的角度出发，引导并帮助学生去学习他们感觉有意义，并且内心探索欲较强的知识。●

《课程标准（2011 版）》的指导思想是"为了每一位学生的发展"。俄语课程基本理念是注重提高学生的综合素质，倡导主题活动教学；尊重学生的个性；重视学习过程；发挥评价的积极导向作用；积极开发课程资源。其中，尊重学生的个性就是指俄语课程面向全体学生，突出学生的主体性，尊重个性差异，在教师的指导下使俄语学习成为学生主动建构知识的过程。外语基础教育是文化素质教育的必要组成部分，那么俄语基础教育也就是外语文化素质教育的必要组成部分。俄语基础教育课程目标结构中的文化素养包括文化知识、文化理解和跨文化交际三个组成部分。也就是说，中国学生在掌握俄罗斯文化知识并能正面理解俄罗斯民族文化、民族思维基础上（避免文化碰撞、文化冲突），才能实现恰当的、得体的、有效的交际（跨文化交际），即文化素养的形成。

（二）马斯洛的"自我实现者"

人本主义心理学起源并兴起于 20 世纪的美国，其中最具有代表性的人物就是马斯洛，他从不同方面、不同角度对人类的需求进行了细致的分析。他根据人类对不同事物的不同需求，进行了细致的分析和多层次的分类，我们可以大致将其理解为：对异性的需求、自我保护的需求、爱情与友情的需求、自信自尊的需求、对知识的需求、对自然美好的需求和实现自我价值的需求。

马斯洛认为，需求可以分为高层次和低层次，也可以按顺序划分层次，主要是看从什么角度来看待需求。他认为只有先在低层次获得了满足后才会出现

● 施良方. 学习论 [M]. 北京：人民教育出版社，2001：392.
● 王晓松. 高中英语课堂文化教学的实证研究 [D]. 南京：南京师范大学，2007.

更高层次的需求，人类才会更加努力地去追求更高层次的需求。人类在社会上存在的目的其实就是实现自我价值和追求物质与精神的满足。我们可以把在各个层次中获得的需求而产生的满足感比作一条延伸的直线，可以在这条直线上把人类的需求都体现出来，而不是把一个人的不同层面放在多个没有关联的层次上来判断，所以根据需求层次理论，可以把人格划分为不同的形式和层次。他按照对需求的相应理解将人格层层进行分类，我们可以将其理解为求生欲望、自我保护、情感依托、获得自信和实现自我价值。其中，"实现自我价值"意味着人类需要不断努力才能实现自我价值，这种人格处于最高层次。在众多的人类群体中也就只有很少的人才能实现自我价值，培养出自我实现的性格，但大部分人只有在不经意间才能短暂地达到这个层次，接下来大多数人都会朝着这个短暂出现的层次而努力，并且使自己的性格与之更接近。

马斯洛对很多个体进行了调查，我们通过对其调查的研究，参考其结果总结出了实现自我性格的几大特点：①更容易接受别人和热爱自然；②对事物的理解更加透彻；③出现问题会先行解决；④独立自主的特性；⑤具有相对的独立性；⑥对知识随时进行更新；⑦多积累高等层次的经验；⑧良好的人际关系；⑨情感丰富；⑩具有民主的思维。

其中，第①、②条强调人与人、人与自然和社会文化的关系，只有符合这两种条件的人才能通过人与人的交流，对自然的热爱和对社会文化的理解和认同，才能明白什么叫实现自我价值，才会知道如何实现自我价值，并且在这个过程中获得社会的认同、同事与朋友的同情、家人的亲情。但我们也可以从另一个角度来理解，如果将该论述应用到其他方面，例如，如何接纳外来文化，需要保持什么样的态度应对外来文化对自身文化的冲击，又要理解外来文化的真正含义；我们在自身语言文化的学习中，很可能逐渐地被外来文化需求所影响而背离自身的语言文化，所以我们要正确地认识新的事物并且保留自身文化，同时还要帮助人们增强文化学习的意识，进而提高对本国语言文化的真正需求。

第④、⑤条强调的是独立和自主。独立是我们要针对出现的问题和事情进行独立思考和自主的判断，不为他人所干扰，专心地实现自己的目标。我们认为只有符合这两种条件的人才有机会实现自我价值，才会培养出这类性格，例如我们在学习外语的时候，如果你是一个拥有实现自我性格的人就不会因为语种的不同而感到不理解，这种拥有实现自我性格的人可以更好地理解和融合不同的文化和价值，可以在此基础上更好地认识本国的语言文化和艺术精髓。

第⑧、⑨、⑩条是指人的思维独立、感情丰富、人际关系良好。具备这几个特点的人应该是热情的、民主的、能很好地融入社会的人，也就是说，要实现自我价值并非与社会人群远离，而是更多地与社会相接触和交流，在频繁的互动中起着良好的促进作用。也可以把该类特点用在文化方面，一旦拥有该类特点的人就可以在任何一类文化领域中扎根，并且在不断地学习中理解该领域的知识和文化，并且可以从更高的层次来评价和理解该领域的文化。如果将其运用到教授知识和学习技能等方面，我们就可以更好地教授他人知识和帮助更多的人进入该领域学习。在外来文化的学习过程中，不断地比较两种文化的差异，因而拥有这些特点的人不会轻易地理解和接受外来的观点，而是运用独立、民主的思维来看待已被大多数人所接受的价值观并且不断对其进行再评价。❶

（三）马斯洛理论在跨文化交际能力培养中的运用

马斯洛的需求层次理论及其对应的自我实现的特点对进行外语文化教学有如下启示。

首先，教学内容与认知水平保持均衡。中学生经过义务教育的培养，逻辑能力已经得到提高，开始趋向成熟，具备在教师指导下继续学习的能力。他们有充沛的精力和能力去追求自己对知识的需求。而且，从总体发展上来

---

❶ 王晓松. 高中英语课堂文化教学的实证研究 [D]. 南京：南京师范大学，2007.

看，他们已经开始对社会、人情、金钱和自我价值有了一定的理解和认知，形成相对清楚的认知和见解。所以，中学时期是人生成长的关键阶段，在此期间他们会明确人生定向，通过社会生活来不断完善自我，实现自我价值。但是，在此阶段的青少年自身意志情感还未达到最终的稳定状态，所以很容易被社会、家庭等因素影响，导致个别人萌生扭曲心理。因此，通过教育对学生人格发展进行合理引导有着重要的现实意义。现阶段国内正在加快素质教育的推行力度，从一定层面上来看，也可将其视为培育具有自我实现人格的综合型人才的途径。

其次，学科教学要保持对人的综合性教育。人本主义认为，如果对人格教育课进行单独设立是不现实的。并且即便设立成功也会由于教条化的教学增加学生的抵触感，其结果必然违背了设立初衷。因此，较为有效的手段就是把人格教育引入日常学科教育中。正像高一虹提出的，即想要培养人格、完善人格，单纯地依赖于道德原则的引导与规范是远远不够的，还应当结合实践来具体完成。具体到教学环节中，这就需要通过教学训练、教学活动等来进行。素质培养需要贯穿于教学的整个环节。所以，课堂教学对学生的身心发展、人格塑造有着重要的作用。外语学习的过程犹如经历一次精神冒险，它能让人的思维视野不断扩展，了解外域文化的各种内涵，体会两种文化相互碰撞的冲击感。正因外语学习的重要性，教师在教学时可结合教材知识，先让学生掌握基本的外语语言知识，随后有意识、循序渐进、由浅入深地引入文化教学，巩固学生的文化观念，让他们逐渐加深文化碰撞、冲突、调节、交融的体验感。换言之，此环节的文化教学不可再一味地视为一种技能训练活动，应呈现出素质教育的特点，对扩展思维、塑造人格、强化价值观念有着不容小觑的功效。

最后，教育要提高对母语文化的认知深度。随着近代西方社会的进步发展，加之人类步入信息时代后传播载体更为先进，信息传播效率变得更高，不少国内青年、对西方物质文明较为羡慕，从而不自觉地生成了一种崇洋媚外的心理。一些极端个人将西方文化作为自己的行为标榜，以国际接轨为由力争做世界好公民。其实他们所了解、所看到的只是西方国家的表层现象，对其文化的内涵精髓并不了解。从学生角度来说，其一因学生所处年龄有着较强的猎奇心理，希望去对新的领域探索、了解、发现；其二是因外语的重要性在现如今愈发明显，学生通常会花费很多时间用于外语学习，久而久之对母语文化产生冷淡心理。从教师的角度来说，随着文化教学逐渐加深，外语教师的大多精力都用于外语导入工作中，将外语教学作为语文教师应当承担的教育责任与教育义务来看待。上述因素都是学生轻视母语文化的关键所在，这种淡漠现象从马斯洛观点来分析，对人类的自身人格发展极为不利。一个自我实现者，应当对自身与他人都抱有欣赏、接受的正面态度。从语言学习与文化学习角度来说，一是学习者不分种族、不分文化，应当平等对待；二是学习者需要正确地看待异族文化和母语文化，不会出现同化现象；三是学习者能够合理的对多元文化进行有效结合，不会对所接触的文化因素过多而致使人格分裂。❶

三、文化适应理论

（一）文化适应理论的内涵

　　文化适应理论是约翰·舒曼（John Schumann）在长期研究第二语言习得理论中提出的，它主要在以下两个方面对二语习得作出了贡献。一方面为学生构建了良好的外部习得环境，该环境有助于对第二语言习得规律的通晓；另一方面为习得期间不利心理因素的攻克提供了良性理论参考。所以，文化适应理论从社会环境以及学生个人心理两方面出发，探讨以下两个主要问题。第一，是什么原因导致学生在第二语言的习得速度与成效方面出现较大差异？第二，是何种原因致使在第二语言习得中存在问题？

---

❶ 王晓松.高中英语课堂文化教学的实证研究 [D].南京：南京师范大学，2007.

我们再回到文化适应理论的概念上来。所谓文化适应，简单来说是适应外来文化的过程，包括对外来文化思想、感情及交际系统等层面的通晓与掌握，换言之，体现的是社会与心理的结合。文化适应在第二语言习得理论中尤为重要，主要原因在于第二语言属于文化适应习得的一部分，学生对目标语社团文化的适应度能影响其第二语言的掌握。Brown 是语言领域知名学者，他以第二语言习得为切入点展开系统剖析与探究，将其文化适应概括为以下阶段：第一，接触初期。在该阶段，体现的往往是对外来文化的兴奋情绪。第二，文化震惊。此阶段能够将学生对目标语文化的生疏感及抵触情绪表现出来。第三，由之前的文化紧张向舒缓过渡。第四，适应或同化外来文化。舒曼以学生与目标语社团的结合方式为研究切入点，将文化适应归纳为两大类别：其一，学生将目标语社会视为参考，以期被目标语社会的生活方式、价值观念所同化，从而纳入其中；其二，学生期望与目标语社团在社会层面相结合，但是在心理层面仅对其语言表示认可。舒曼认为，无论上述哪种类别，都能够在第二语音习得的发展中起到助推作用。文化适应理论的基本概念主要涉及两个层面。

第一，社会距离。简单来说，指学生社团在目标语社团中所处的位置，换句话说，学生在目标语社团中的适应程度。社会距离取决于下述多个因素：①社会距离泛指在经济、政治等领域，学生与目标语社团处于同等位置，不会出现某一社团高于其他社团的局面。②结合方式。主要有三种：其一，学生社团被目标语社团同化；其二，维持固有；其三，两者间相互结合，不仅与目标语文化相契合，而且能够在自身生活圈中延续固有文化。③封闭性。泛指学生、目标语社团被各自学校等间隔的程度，其中值得注意的是，封闭性具有高低之分。④凝聚性。主要体现在学生社团的交际方面，一般情况下，只有圈内交往才能凸显出凝聚性。⑤学生社团的规模。⑥文化的和谐性。主要体现在两社团的文化契合方面，一般来说，双方文化越相近，和谐性越高。⑦社团态度。涵盖肯定和否定两个结果。⑧停留时间。指学生社团停留在目标语社区的时间。舒曼强调，对文化适应及第二语言习得造成影响的关键在于社会距离。其原因在于各类社会因素能够对学生的动机造成影响，同时能够影响他们对目标语及社团的态度等。

第二，心理距离。简单来说，指学生个体在心理上对目标语及社团的感触，它是个人情感变量，跟学习任务的适应度密切相关。通常情况下，心理距离取决于下述四种因素：①语言震惊。主要体现于学生在目标语体验时，切实感受到的震惊及疑惑。②文化震惊。学生在面对外来文化时表现出来的急躁和沮丧情绪。③动机。学生学习第二语言的原因，以及为实现所付出的努力。④自我透性。学生在语言自我方面的塑性及僵化程度。所谓语言自我，是外语学生在母语习得期间一步步形成的心理屏障，且蕴含凸显的保护性能。一般情况下，学习外语的抵触情绪越强，语言消化效果越差。舒曼认为，基于自然语言背景下学习第二语言，心理因素作用低于社会因素。心理因素的发挥建立在社会距离无从考量的条件下。换言之，只有在社会因素不影响文化适应时才能施展其作用。例如，在外语教育环境下，因为社团双方不存在正面接触，致使社会因素不能表现出文化适应的作用，存在心理距离作用凸显的可能性。此时，通过何种有效路径引导和帮助学生战胜语言及文化震惊，筛选与之契合的学习动机，攻克语言自我的心理屏障将是外语教育者高度重视且迫切解决的一项重要任务。

文化适应理论将学生与目标语文化间的社会、心理距离视为第二语言学习成败的关键，即动力机制。舒曼针对该观点专门作出诠释：社会、心理距离影响第二语言学习成效、速度的关键在于学生与目标语的接触程度及消化程度。倘若学习环境极为恶劣，社会距离大，那么学生与目标语输入数量的接触程度将受到较大局限；一旦心理距离拉大，那么他们的负面情绪就会出现，摆脱语言、文化震惊及文化紧张的难度提升，很难攻克语言自我的心理障碍，无法构建良性的学习动机，受情感过滤的影响，难以确保所接触的语言输入能够全部地被消化吸收。❶

---

❶ 许菊. 文化适应模式理论述评 [J], 外语教学，2000（3）：9-13.

当然，任何理论都有它不能解决的实践问题，文化适应理论也一样。首先，它无法对第二语言习得的组合机制予以诠释。文化适应理论详细诠释了第二语言习得的动力机制，换言之，将学生与目标语文化间的社会、心理距离视为第二语言学习成败的关键。该观点虽然得到大多数人的认可，但是缺乏更深层次的诠释，即组合机制：第二语言知识是通过何种方式被消化的。换句话说，输入是通过何种路径转化为吸收的，又是通过何种路径纳入学生现有中介语系统并使其结构发生变动的。其次，尚未制定社会距离的测量标准。由于文化适应理论尚未制定衡量社会距离、各社会因素的标准，致使学者在探究该理论时得出的结论相差甚远，甚至有些格格不入。其中以梅普尔（Maple）为代表的学者比较认可舒曼理论，他在美国得克萨斯大学参与外语进修的第一语言为西班牙语的 190 名学生视为研究对象展开实证分析，最终得出，社会距离与第二语言习得水平存在密切关联，文化适应理论中的多项社会因素与第二语言习得水平属于负相关，其中社团态度发挥的作用最大。除了实验现象正面临第二语言教育外，梅普尔的研究几乎与文化适应理论如出一辙。使用"几乎"二字，是因为仍有部分研究结论与文化适应理论存在矛盾。例如，部分学者认为，当社会距离较大时，心理距离与高水准的习得存在关联，也有部分学者认为社会距离与习得无任何关联。倘若不能制定一套科学有效的标准用于社会距离与因素的测量，那么文化适应理论将很难在实证中获得客观验证。❶

（二）文化适应理论在跨文化交际能力培养中的运用

文化适应模式理论是以自然情境为基础，针对第二语言学习过程中存在的问题而出现的一种新型模式，对国内外语教学工作有一定的启示，对此领域做出探索是十分有必要的。外语教学工作开展的初衷就是实现跨文化的交流，提升教学质量与教学效率，培养并巩固学生外语的实践能力。为了达到此目标，

对舒曼的文化适应模式理论的探究较为关键，对其理论中的先进经验的借鉴可以为我国外语教学发展指明方向，提高外语教学的认知程度，推进跨文化交际能力教学发展进程，从而不断提升国内中学外语教学综合能力，让每一个学生都拥有较强的跨文化适应力。

在具体教学过程中，教师往往对学生语言能力的培养较为注重，对跨文化交际能力的培养则较为轻视；对语言交际行为是否合理，是否达到某种程度较为注重，对非语言交际手段、行为的文化不同及影响则关注较低，最终导致学生在语言学习方面只能死板地对课本教材进行背诵，而未能充分考虑交际对象、交际场合等各方面的差异性影响。因此，在中学俄语教学中，首先需要营造跨文化交际能力环境，突出跨文化语言交际与异文化理解两大能力，通过提升学生的理解能力，克服由于文化背景差异而造成的思维障碍。

第一，文化适应理论对跨文化交际能力培养可以起到较好作用。首先，通过模拟情境的构建拉近心理与社会之间的距离。在外语教育中，采用创设模拟情境是常用教学方法之一，并且此方法能够充分体现该理论模式在实践教学中的应用理念与精神。例如，改变传统的桌椅摆设布局，根据课型特征以及教学内容对模拟情境展开布置，让学生通过模拟情境感受到多元文化的内涵，在掌握外语文化的基础上，不断提高非语言交际能力。其次，课堂教学是教学活动开展的主要场所，更是学生步入社会文化大环境进行交流的中继站，学生通过在课堂上掌握的专业知识与技能应用在社会实际环境下，跻身于真正的跨文化交际能力领域。再次，通过模拟环境的创设，有助于外语教师将异族文化融入到学习过程中，为教师开展外语教学提供了多样的文化背景，并且还能给学生提出隐含的文化内涵点，调动学生的积极性让其自发挖掘，通过有意识地将非语言交际层面的知识引入实际教学中，将培养学生非语言交际能力作为教学任务之一。最后，结合情境设定的角色，让学生去积极扮演，并深刻体会角色所表现出的各国习俗、民族特征等。通过加强对跨文化教材的阅读来提升对应能力。

第二，组织并展开针对课程资源文化方面的研究。课程是课程文化的唯一载体，因此需要重视对多元文化的融合效果，围绕文化多样性的原则合理选择教材内容，实现多元文化的同化目标。当我们身处多元文化情形下，还应当以文化层面的视角对其教材内容所隐藏的文化价值进行挖掘。针对国内外语学习者而言，假若对词语的文化内涵了解较浅，那么必然无法充分把握词汇在语言交际中的应用。所以，教师应当注重培养学生对外语词汇内涵的理解能力，将文化氛围作为出发点，对词语的文化意义了解通透。

第三，改变传统教育理念，逐渐向多元文化发展。中西文化之所以存在本质差异，主要受发展基础不同所决定的。由于人类所处文化环境多种多样，因此对认知客观世界的角度也不一样，这种"不一样"主要集中体现在语言领域。针对国内外语学习者而言，假若对外语所属的国家文化方面掌握程度较低，那么很可能无法摆脱来自母语的影响。根据汉语词汇对外语语义进行推测，从而造成阅读理解偏差。外语教师需要树立并巩固跨文化交际能力意识，对各国语言与文化间的内在关系全面掌握，将提升学生跨文化交际能力作为外语教学的首要目标，通过合理引导让学生克服对语言文化理解存在的阻碍。把非语言教学方法应用于外语教学过程中，为加深学生对跨文化交际应用提供良好的保障。此外，在开展外语教学过程中，教师应当尽可能地运用姿态动作、着装仪表等手段来实现对多种信息的有效传递，从客观层面为学生对别国文化中非语言交际能力的学习营造良好环境。

在对该理论借鉴应用过程中，不但需要对第二语言与外语学习两者间的相同规律进行考虑，还应当考虑对应的学习环境起到的影响作用。不但应当充分把握社会环境因素对国内外语学习人员带来的影响，还应当对心理因素所起到的影响进行考虑，有效规避学习者语言与文化震惊的负面影响，建立学习动机的同时又能提高对知识的透性。❶

---

❶ 李国成 .John Schumann 的文化适应理论与我国中学英语教学 [J]. 科技教育创新，2007（17）.

四、本章小结

本章我们从建构主义学习理论、人本主义学习理论和文化适应理论等为本章的研究提出依据。首先，依据建构主义理论，本书提出了以下四个方面的培养依据：俄语教学具有实践交际性特征，课堂教学通过合作交际，提高学生的学习参与热情；俄语学习具有情境创造性特征，通过与教学内容相联系的情景创设，提高学生的俄语语感；俄语学习具有合作互动性特征，通过生生合作、师生合作，提高学生学习的主动探究能力；俄语教学具有语言文化性，通过对语言中文化知识的理解形成学生的多元文化意识。其次，依据人本主义学习理论，本章提出了以下四个方面的培养依据：教学内容与认知水平保持均衡，教学要顺应学生认知水平的发展；在教学中要最大限度调动学生学习的积极性，使学生在学习中实现自我价值；俄语学科教学要保持对人的综合性教育，不仅要提高学生的学习能力，而且还要使学生人格得到健康发展；俄语教育要在保证俄语语言能力提高的同时，加深对母语文化的认知深度。最后，依据文化适应理论，本章提出了以下两个方面的培养依据：跨文化交际能力的培养要通过模拟情境的构建来拉近学习者心理与社会间的距离；改变传统的只关注语言知识的教育理念，要更多关注语言与社会、语言与目标语国家文化，努力培养学生的多元文化意识。

第三章 跨文化交际能力
及其相关概念界定

如前所述，本书以《课程标准（2011版）》内容目标中文化素养目标在中学俄语教学的贯彻实施状况为研究起点，将俄语教学中跨文化交际能力的培养作为研究的总体目标。在具体概念界定中，首先，本书依据《课程标准（2011版）》提出的文化素养目标，厘清文化知识、文化理解和跨文化交际三者之间的关系。在分析界定上述概念的基础上，对本书的核心概念——跨文化交际能力进行界定，以规范本书的后续研究。

一、文化素养

由于本书是在《课程标准（2011版）》的背景下研究学生文化素养中跨文化交际能力的培养，所以，要客观地界定文化素养的概念内涵，以及它在培养学生跨文化交际能力上的重要作用。我们需要从《课程标准（2011版）》的课程理念和课程的总目标谈起。

《课程标准（2011版）》提出文化素养包含三个要素：文化知识、文化理解、跨文化交际，三者构成一个整体。首先，文化知识是跨文化交际的基础，也是文化知识转变为跨文化交际能力的基础，没有文化知识作为依托，跨文化交际能力是无法实现的；其次，文化知识不会自动转变为跨文化交际能力，文化知识需要在教学活动中通过各种教学活动，将知识内化之后，即达到文化理解之后，才能最终使文化知识转变为交际能力。所以，文化知识是静态的，文化理解是动态的，二者是跨文化交际能力培养的途径，跨文化交际能力正是在上述过程后达到课堂教学目标。为此《课程标准（2011版）》指出："俄语课程对青少年的未来发展具有重要意义，学习俄语不仅有利于他们更好地了解世界，学习先进的科学文化知识，传播祖国文化，增进他们与各国青少年的相互沟通和理解。"而且学习俄语还能"帮助他们形成开放、包容的性格，发展跨文化交流的意识与能力，促进思维能力发展，形成正确的人生观、价值观和良好的文化素养"。为此，俄语课程的总目标是"发展学生的俄语综合语言运用能力，为他们的终身发展奠定基础"；"俄语综合语言运用能力建立在学生的语言知识、语言技能、学习策略、情感态度，以及文化素养等方面的综合发展的基础之上，是辩证地处理俄语教育中知识与能力、过程与方法、情感态度与价值观的关系的结果"[1]。

　　具体来看，"语言知识、语言技能是综合语言运用能力的基础，情感态度是影响学生综合语言运用能力的重要因素，学习策略是影响提高学习效率、发展自主学习能力的必备条件，文化素养是得体运用俄语的重要保障"[2]。为了进一步认识文化素养在中学俄语课程中的重要性，以及与课程标准其他要素的关系，我们可以借助《课程标准（2011版）》的课程目标结构图加以说明，如图3-1所示。

---

[1] 中华人民共和国教育部. 义务教育俄语课程标准（2011年版）[M]. 北京：北京师范大学出版集团，2012：2.

[2] 同[1].

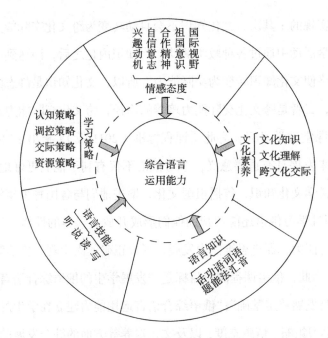

图 3-1　课程目标结构

从图 3-1 所示，本书研究的文化素养是《全日制义务教育俄语课程标准》2011 年版、《普通高中俄语课程标准》2003 年版在课程目标中提出的概念。由于其包含的内容为文化知识、文化理解和跨文化交际三个方面，以下本书以文化素养作为课程目标的概念表征加以论述。

素养在教育学中被解释为："人在先天生理基础上，受后天环境、教育的影响，通过个体自身的认识与社会实践，养成的关于人类各种文化现象方面的素养，它是人素质结构中高级的层次，体现的是人的内在精神和价值意识，是人的稳定的内在因素。"❶ 可见，素养是一个人平时经常有意识地学习、实践和修养的过程。与此同时，它还会受到社会舆论、环境暗示等因素的影响，从而使自己的知识、能力、作风、品德、胸怀、境界达到一定的水平。从另一个角度看，素养的培养过程是在素质的基础上不断积累和沉淀的过程，不断理解和

❶ 刘永红主编 . 义务教育俄语课程标准（2011 年版）解读 [M]. 北京：高等教育出版社，2012（5）.

深悟的过程，不断提高和丰富的过程，不断完善和完美的过程。可以说，素养的培养是一个动态的过程，且不可能一蹴而就。良好的素养是综合性的，它既是知识程度，又是能力水平，还是品德作风，更是胸怀境界。

文化是一个内涵十分丰富的概念。泛指一般知识、礼仪、习俗。目前，人们普遍依照奥斯华尔特（Oswalt）的"大写字母的文化"和"小写字母的文化"来理解"文化"这一概念。后来，人们又将大写字母的文化界定为广义文化，而把小写字母的文化界定为狭义文化。并认为，广义文化指的是人类在社会历史发展过程中所创造的物质和精神财富的总和，它包括物质文化、制度文化和心理文化三个方面。其中物质文化指人类创造的种种物质文明，是一种可见的显性文化。例如，生产和交通工具、服饰、日用器具等。制度文化和心理文化属于不可见的隐性文化，前者指的是种种制度和理论体系，后者指的是人的宗教信仰、思维方式、审美情趣、价值观念等。狭义文化指的是人们的社会风俗习惯、生活方式及其相互关系等。文化是一种社会现象，它是人们通过自身的创造活动而形成的产物。同时，文化又是一种历史现象，是社会历史的积淀物，每一代人都在继承原有文化的同时，不断地对其扬弃和更新，对社会文化的发展作出贡献。由于世界是由多民族组成的，每个民族由于地域、生态环境、社会政治、经济制度、历史背景、风俗习惯等的不同，导致出现了带有民族特点的思维方式和价值观念，并且作用在该民族的制度文化和心理文化等层面上，又反映在语言的概念体系中。所以，文化具有不同民族的特点。

本书认为，文化素养这一概念既可以从宏观层面解释，也可以从微观层面看待。从整体的宏观角度看，文化素养包含四个层面，它与一个人的全面发展的基本要素密切相关，它反映一个人在不同领域处理复杂问题的综合能力、所持的立场和态度、所运用的方式与方法、所把握的方向与原则。具体来看，一是反映在人的认知领域，具体指一个人面对终身学习目标要通过学习学会求知，学会在分析、综合、比较、抽象和概括等思维过程中，运用概念、判断和推理等思维方式去处理问题和解决问题；二是反映在人的情感领域，具体指一个人通过学习与周围世界和周围的人建立和谐的人际关系；三是反映在人的道德伦理领域，具体指一个人通过学习建立的正确信念、态度、法治意识和现代思想意识等；四是反映在人的人生观、价值观领域，具体指一个人通过学习建立的正确世界观、人生观和价值观。这四个层面相互影响、相互渗透、相互促进。

从俄语学科的微观角度看，文化素养是指学生在俄语学习过程中，对俄罗斯文化内涵的感知、理解和运用，以及"在中俄文化的比较中，加深对中华优秀传统文化的认识和热爱"。俄语作为一门语言，它既是俄罗斯文化的一部分，又是俄罗斯文化的载体，所以，"俄语是俄罗斯政治经济、社会文化、科学技术等信息承载和传播的工具，蕴含着丰富的俄罗斯文化。了解俄语文化内涵有利于理解俄语的交际功能和交际习俗，促进俄语学习"。在《课程标准（2011版）》中，俄语文化素养包括三个方面：文化知识、文化理解和跨文化交际。

文化知识是文化和知识的总称。从广义上理解，它包括了中国传统文化知识、世界文化知识、各个学科的知识、社会各个方面的知识等。从狭义上理解，它是某一个领域的文化知识。所以，在俄语学科中，文化知识是指目标语国家——"俄罗斯的历史地理、风土人情、传统习俗、生活方式、文学艺术、行为规范、价值观念等方面的知识，也可以称为俄罗斯文化知识。它包括基本文化知识，如俄罗斯的首都与城市，俄罗斯的著名景观，俄罗斯的主要河流、湖泊，俄罗斯的货币，以及俄罗斯的节日等；也包括拓展性文化知识，如俄罗斯重大历史事件，俄罗斯有重大影响的历史人物，以及俄罗斯著名科学家、文学家和艺术家等；还包括通过教学过程的比较加深对中华文明的理解与热爱等教学内容。随着学生俄语学习的逐步深入和文化知识的增多，文化知识逐渐涉及到俄罗斯人的生活，如俄罗斯东正教的基本常识，俄罗斯人的体育文娱活动等。同时还增加了大量的文化习俗对比的内容，如中国人和俄罗斯人在生活方式、举止行为、节日庆典等的差异。此外，还涉及一些在语言中反映出的俄罗斯文化，如常见动物名词所含的文化意义，一些惯用语、成语、习语等也会出现。综上可见，俄罗斯文化知识不仅体现在俄罗斯国情知识中，也反映在俄语语言体系自身的词汇概念中。

文化理解是指在学习文化知识的基础上，借助教材设置的教学栏目，通过课堂教学的师生交互，开展一系列听说读写课堂活动，使文化知识得到理解的过程。所以说，文化理解是一个动态的过程。

理解这一概念是指"通过对新旧事物之间逻辑关系的了解，把握事物内在属性的认识过程"。在教学中理解就是外部知识向学生内部心理转化的开始。从认知心理角度看，首先内化是将瞬间记忆所选择的信息输入到短时记忆进行加工，然后在这个加工车间通过与已有知识的同化，逐步将新旧知识归类进行系统编码；最后将系统编码的知识分门别类储存在学生的长时记忆库中。同理，文化理解也是如此。

在俄语教学过程中，文化理解需要在教师的指导下，通过大量的有利于文化理解的听说读写练习活动，在感知俄语材料的基础上，经过大脑的进一步加工，理解所学材料的意义。通过创设不同情境，组织不同的课堂活动，使学生理解目标语国家的文化知识。在这一教学过程中，教师的主要任务就是通过各种教学方式、方法、手段，调动学生的学习积极性，引发他们的学习兴趣，建立新旧知识之间的有机联系。引导学生通过积极地分析、综合、比较、归纳、抽象、概括等方法，启发学生进行积极的思维活动，通过课堂大量的言语练习活动，在言语情境中理解俄罗斯文化。

二、跨文化交际

跨文化交际这一概念最早可追溯到 20 世纪 50 年代的美国，主要指不同文化背景下人们的交际。对其研究主要聚焦在：由于不同文化之间的差异在交往过程所遇到的种种问题。学者们先后从语言学、语言文化学、语言国情学、符号学等学科对跨文化交际涉及的问题进行了不同层面的研究，提出了很多独到的观点。应该说，这一时期的研究为后来语言文化学的产生和发展奠定了基础。之后，经过各国学者的不懈努力，跨文化交际问题迅速从上述学科中脱离出来形成了一门独立学科。

当时间进入20世纪70年代，世界范围内各国交往日益频繁，各国对外语人才也提出了更高的要求。随着外语教学的深入发展，一个重要的问题凸显出来，即各国外语学习者的语言能力发展都受到目标语国家文化差异的挑战，外语学习者语言水平出现了瓶颈，由此吸引了各国许多学者的目光。首先是语言学的学者，他们将研究目光从过去只关注语言本身的语言知识和语言技能，迅速扩展到语言的社会功能、语言的社会背景、不同语言群体的语言特征，以及由于各国、各民族文化差异导致在交际过程中引起的理解失误。其次是心理学学者，他们从人们交际的语言表达，以及各民族对语言的概念体系管窥一个民族的文化。由此也成就了跨文化交际学在多种语言之间和各个学科之间的研究。

综上所述，跨文化交际从最初解决不同文化背景下人们交际所遇见的问题，逐渐发展为一门独立的学科。在这个过程中，学者们对跨文化交际的概念定义也如同人们对"文化"一词的概念定义一样各抒己见，莫衷一是。萨莫瓦尔（Samovar）和波特（Porter）于1999年提出：所谓跨文化交际，就是指不同文化背景的人们在交流过程中多元文化的接触和互动。之后，勒斯蒂格（Lustig）和科斯特（Koester）在2003年提出另一个定义：跨文化交际是一个象征性的过程，在此过程中，来自不同文化背景的人建立共享的意义。通常当重大的文化差异造成对有关如何沟通产生不同的解释和期望时，跨文化交际就产生了。而扬特（Jandt）则在2004年对此定义进行了拓展：跨文化交际不仅仅存在于不同文化的个体交流中，同时，也存在于不同文化的群体交流中。当跨文化交际学传入我国后，北京外国语大学胡文仲教授亦根据众多理论提出了自己的观点：具有不同文化背景的人从事交际的过程就是跨

文化交际。❶福建师范大学林大津教授认为：行为源与反应者来自不同的文化背景就是跨文化交际。❷

概括来说，专门研究跨文化交际中的矛盾与问题，并探索如何提高跨文化交际能力的学科就是跨文化交际学。❸1983年，何道宽撰写文章《介绍一门新兴学科——跨文化的交际》，将这一学科介绍到国内。之后，国内学者用"跨越文化的交际（cross-cultural communication）""文化间交际（intercultural communication）""多文化交际"等称谓描述这一学科。1990年，胡文仲教授在选编《跨文化交际学选读》时，认为"跨文化交际学"听起来更合理，自此学科名称确定下来。

综上所述，跨文化交际学不仅解决跨文化交际中的具体问题，还要解决如何培养跨文化交际能力的问题。而要厘清跨文化交际这一概念自然也离不开在跨文化交际学理论框架下对具体问题的定义与解释。如此一来，我们综合以上学者的观点，对跨文化交际这一概念可以有这样认识：首先，任何个体的交际行为都受制于自身的文化因素。同理，任何群体（不同民族、不同国家）的交际行为也都受制于本国或本民族的文化因素。可以说，文化背景影响人们的交际行为，交际行为反映交际者的文化背景。因此，研究跨文化交际，应关注不同个体和不同群体的不同"文化"与"交际"这两个因素。其次，正因为每个个体和群体都有不同的文化背景，所以在交际中必然会出现不同文化的碰撞、摩擦和冲突，或由于文化差异引起双方的矛盾，甚至导致交际失败。解决这一问题，还是应该诉诸于不同个体和不同群体的不同"文化"与"交际""能力"这三个因素。再次，通过接触，或通过学习了解不同民族的文化，从而使不同文化背景的交际双方建立相互理解的意义体系，并使不同文化习俗在交际中得到尊重，最终使学习者建立多元文化意识，使多元文化得到融合。在这一过程中仍然离不开三个关键因素："文化""交际"和"能力"。

---

❶ 陆建非，戴晓东.跨文化交际研究新动态.2015[M].上海：上海三联书店，2016：2.

❷ 林大津.跨文化交际研究：与英美人交往指南[M].福州：福建人民出版社，1996：14.

❸ 同❷：18.

三、跨文化交际能力

能力是指"完成一定活动的本领。这种本领是在先天生理素质的基础上，与后天形成的心理品质、知识继承等因素的交互作用下，在社会实践的整合过程中形成和发展起来的"[1]。先天生理素质就是人们常说的一个人的才智之天赋，即一个人的先天智力品质。人的心理品质是在一定的生理素质基础上，在后天知识学习过程中和社会实践活动中磨练而形成和发展起来的，它主要包括人的智力品质。知识与能力的关系是：能力的发展要依托知识，没有知识能力是不存在的，因为知识（包括知识系统）是人类智慧的凝结物和载体，是人类经过几千年总结出来的自然科学和社会科学知识的精华，离开了知识，离开了知识的时代发展，无疑是离开了人类已达到的智能发展水平，所以知识的学习是能力形成和发展中的一个重要因素。但是，知识的学习仅仅是能力形成与发展的基础要素之一，因为知识本身不是能力。知识向能力的转化需要一个认知过程，在学校教育中，这个过程就是课堂教学。

在俄语教学中，文化知识向跨文化交际能力的转化，也要经历文化知识的内化过程，即在俄语教学中学生在教师的指导下，通过开展各项教学活动，对所学文化知识进行不断地理解、认识、记忆、运用，最终达到文化理解。在这个过程中，学生通过综合、分析、比较、概括、抽象等思维活动，不断地把文化知识内化为个人的文化知识结构，使其成为学生的"认知结构"。学生的跨文化交际能力就是在学生的认知结构综合发挥的基础上形成的。

交际能力（communicative competence）是美国社会语言学家、人类语言学家海姆斯（D. Hymes）于1972年在《论交际能力》一书中首次提出的，他指出："交际能力"涵盖以下四个方面的内容。①合乎语法性。即某种说法是否（在什么程度上）在形式上可能，即用于交际的语言首先是正确的。

---

[1] 高凤兰．俄语学习论 [M]. 长春，东北师范大学出版社，2008：47.

②适合性。即某种说法是否（在什么程度上）可行，即用于交际的语言要符合社会交际背景。③得体性。即某种说法是否（在什么程度上）得体，即用于交际的语言要根据交际对象选择恰当得体的语言。④实际操作性。即某种说法是否（在什么程度上）实际出现了，即用于交际的语言是当下社会交际中的通用语言。❶

从海姆斯交际能力理论中，我们可以将交际能力概括为学生掌握俄语的两个方面的能力。第一，语言的准确性。就是说，在俄语教学中，通过教学的听说读写译等讲练活动，使学生掌握的语言要合乎语言的规范，语言中词法和句法的运用规则及其变化规则要正确，保证输出的语言要准确，语言中渗透的俄罗斯文化知识要准确掌握；第二，语言的恰当得体性。就是说，在俄语教学中，通过课堂设置的各种言语活动使学生在模拟的情境中，体会不同角色的情感、态度和心理，使自己的语言输出符合情境下的交际情景，保证语言的交流是恰当得体的。

交际能力理论重点关注语言与社会的密切关系和语言各个强大实在的变异本质，将目光从研究同质理性语言转向现实自然语言。早期结构主义语言学是就语言结构而研究语言，关心的是封闭的语言符号系统。虽然索绪尔在结构主义语言学诞生之初，就确认了语言的心理属性与社会属性，但众多的结构主义语言学流派关注的仍然是与人和社会皆无太大关系的静态语言，并未从语言与人和社会的关系中去认识语言的本质，其关注的核心始终只是语言的内部结构。而社会语言学研究不同民族内部的日常言语交际。可见，交际能力理论的核心是力求在对语言、人与社会三方关系的全方位关注中，对人们日常交际使用的自然语言作本真状态的把握，考察日常使用的自然语言的内涵和特质，希望建立一种把语言结构、语言运用和社会生活三者有机地结合在一起的新理论，从而扩大语言研究的视野。

---

❶ 海姆斯. 论文交际能力 [M]. 北京：北京大学出版社，1978.

跨文化交际能力是本书研究的最终目标，它具体是指在中学俄语课堂教学中教师对学生进行跨文化交际能力培养要达到的目标。在《课程标准（2011版）》中学生跨文化交际能力分为不同的等级水平，它对应不同年级学生在文化素养中要达到的不同目标。高中毕业时学生跨文化交际能力要达到的目标是："理解具有俄罗斯文化内涵的词汇、熟语的意义，关注俄语所蕴含的民族文化特点；了解常见的俄语言语交际礼节、俄罗斯日常生活文化和基本国情，能顺利地进行跨文化交际。"与此同时，还要"热爱中华优秀传统文化，具有民族自豪感，掌握具有中华文化内涵的基本词汇的俄语表达，具有一定的传播中华文化的意识；能比较中俄两国文化的异同，具有一定的跨文化交际意识"。❶

《课程标准（2011版）》除上述要求之外，又进一步深入到具体的语言教学中，要求学生"能在熟悉的语境和主题中理解语篇的整体含义、作者意图，能根据主题和交际意图正确运用俄语陈述事件，进行简短交谈，口头或书面表达自己的思想和情感态度"；"能在交际情境中根据任务和需求分析和综合语篇含义，整合信息；有意识地判断交际对方的意图"；"能运用一定的交际策略完成交际任务"❷。

从《课程标准（2011版）》对学生跨文化交际能力的水平要求，我们可以看出，中学学生的跨文化交际能力是建立在一定水平要求的基础之上。也就是说，《课程标准（2011版）》中跨文化交际的水平要求就是对学生跨文化交际能力的标准要求。如果从中学俄语课堂教学角度看，《课程标准（2011版）》对学生跨文化交际能力的水平要求就是跨文化交际能力培养的目标。当然，跨文化交际能力的培养需要一个过程，这一过程毫不例外地经历一个知识转化为能力的过程，这就是始于文化知识、文化理解，终结于跨文化交际能力的培养，这就是俄语教学的循序渐进的过程。所以，在俄语课堂教学中培养学生的跨文化交际能力，第一，要掌握语言知识体系，即语音、词汇、语法，以保证学生

❶ 普通高中俄语课程标准 [M]. 北京：人民教育出版社，2003：17.

❷ 同❶.

输出的语言合乎语法规则，别人能听得懂，能理解其义；第二，进行大量实践练习，即听、说、读、写言语练习，以保证学生输出的语言通畅流利，语音语调正确；第三，广泛了解所学语言国家的文化，熟悉所学语言国家的社会、政治、经济、历史、宗教、民俗等，以保证学生输出的语言得体，交际方式恰当，对方可以接受。

综合起来，跨文化交际能力就是指不同文化背景下交际双方能进行有效交际的能力。在这个能力中包含正确运用语言知识，了解目标语国家语言背后的文化含义，了解目标语国家的国情文化，理解交际对方的意图，能够恰当得体地运用语言进行成功交际的能力。

四、本章小结

本章我们首先依据《课程标准（2011 版）》对文化素养提出的背景，分析了文化素养与其他要素：语言知识、语言技能、情感态度、学习策略等的相互关系。依据《课程标准（2011 版）》我们得出："语言知识、语言技能是综合语言运用能力的基础，情感态度是影响学生综合语言运用能力的重要因素，学习策略是影响提高学习效率、发展自主学习能力的必备条件，文化素养是得体运用俄语的重要保障。"

其次，本章依据《课程标准（2011 版）》，从俄语学科的视角，对文化素养这一概念进行了定义，即文化素养是指学生在俄语学习过程中，对俄罗斯文化内涵的感知、理解和运用，以及在中俄文化的对比中，加深对中华优秀传统文化的认识和热爱。文化素养包括三个方面：文化知识、文化理解、跨文化交际。在俄语学科中，文化知识是指目标语国家——"俄罗斯的历史地理、风土人情、传统习俗、生活方式、文学艺术、行为规范、价值观念等方面的知识，也可以称为俄罗斯文化知识"。文化理解是指在学习文化知识的基础上，借助教材设置的教学栏目，通过课堂教学的师生交互，开展一系列听、说、读、写课堂活动，使文化知识得到理解的过程。

再次，本章对跨文化交际这一概念进行了界定。本书认为，跨文化交际是指不同文化背景的个体或群体在交际中由于不同文化导致出现的碰撞、摩擦和冲突，或由于文化差异引起双方的矛盾。由此本书得出，俄语教学中的跨文化交际培养，首先应关注目标语国家的文化；其次要关注目标语国家人们的交际习俗；再次，要关注俄语语言本身所反映的俄罗斯文化。本章最后从语言、文化、交际三个方面对本书涉及的三个概念进行了界定，为接下来本书的实证分析提供分析标准。

最后，根据海姆斯交际能力理论对跨文化交际能力进行了界定：跨文化交际能力就是指不同文化背景下交际双方能进行有效交际的能力。在这个能力中包含正确运用语言知识，了解目标语国家语言背后的文化含义，了解目标语国家的国情文化，理解交际对方的意图，能够恰当得体地运用语言进行成功交际的能力。

概括起来，俄语课堂教学对学生跨文化交际能力的培养，一是要求语言的准确性。要掌握语言知识体系，即语音、词汇、语法，以保证学生输出的语言合乎语法规则。在俄语教学中，通过听、说、读、写、译等的讲练活动使学生掌握的语言要合乎语言的规范，语言中词法和句法的运用规则及其变化规则要正确，保证输出的语言要准确，语言中渗透的俄罗斯文化知识要清楚；二是要求语言的恰当得体性。要广泛了解所学语言国家的文化，熟悉所学语言国家的社会、政治、经济、历史、宗教、民俗等，以保证学生输出的语言得体，交际方式恰当，对方可以接受。在俄语教学中，通过课堂设置的各种言语活动使学生在模拟的情境中，体会不同角色的情感、态度和心理，使自己的语言输出符合交际情景，保证语言的交流是恰当得体的。

第四章　跨文化交际知识在教材中的呈现分析

在本书第三章我们对本书的核心概念进行了分析和界定，从而规范了本书的学术概念，也为接下来要做的实证研究厘清了思路，设立了标准。这一章将遵循本书提出的理论依据，在所界定的概念含义的引领下，对现行中学俄语教材进行分析，旨在了解《课程标准（2011 版）》中文化素养这一课程目标在教材中的贯彻落实情况，为后续本书的跨文化交际能力培养研究奠定基础。

那么，本章为什么要从教材的研究入手呢？

我们认为，文化知识、文化理解、跨文化交际三者是文化素养三个核心要素，三者构成一个整体。在教学中跨文化交际能力的培养也是一个递进的过程，它始于文化知识的掌握、过程于文化知识的理解，即文化理解，最终达到跨文化交际能力的形成。这是因为，第一，文化知识是跨文化交际的基础，也是文化知识转变为跨文化交际能力的基础，没有文化知识作为依托，跨文化交际能力是无法实现的；第二，文化知识不会自动转变为跨文化交际能力，文化知识需要在教学活动中通过各种教学交际活动，将知识内化之后，即达到文化理解之后，才能最终使文化知识转变为交际能力。所以，文化知识是静态的，文化理解是动态的，是跨文化交际能力培养的途径，跨文化交际能力是在上述过程后达到的最高的课堂教学目标。

我们还认为，教材是俄罗斯文化知识的载体，也即跨文化交际知识的载体，更是俄语《课程标准（2011 版）》课程内容目标中语言知识、语言技能、学习策略和文化素养等教学内容的具体体现，更是国家对中学俄语的教学理念、课程目标、教学内容落实到教学实践的一个重要环节。同时，教材又是教师在进行教学和学生在进行学习时共同依据的媒体，所以教材中俄罗斯文化知识是否得到较好落实，所设定的教学栏目是否有利于对学生进行文化理解和跨文化交际能力的培养。这些问题在某种程度上决定了中学跨文化交际能力培养的成败。

基于此，本章将研究目光投向以下几个问题：现时中学俄语教材中俄罗斯文化知识是如何体现的，它是否可以满足学生对跨文化知识的掌握，俄罗斯文化知识的编排方式是否灵活多样，是否可以引起学生的学习兴趣，是否有利于教师的教和学生的学。本书将从教材中每一个话题所设的栏目来看俄罗斯文化知识的分布状况，从这些栏目所要达到的教学目的分析俄罗斯文化知识是否有利于学生对俄罗斯文化的理解，是否适合于学生的掌握和教师的教学，从俄罗斯文化知识的编排上分析现行中学教材中是否将《课程标准（2011 版）》所涉及的文化知识内容较好编排到上述栏目中，分布在栏目中的具体内容是否有利于学生的文化理解。从各册教材之间话题与话题的衔接上，从各册教材各单元之间设定的教学栏目，以及栏目中规定的技能训练种类的衔接上，也就是从教材的纵向结构上，分析俄罗斯文化知识是否具有循序渐进性，是否考虑到学生的年龄特征和他们的认知能力，是否有利于跨文化交际能力的培养。所有这些问题我们都将在对现行教材的分析之后予以回答。

一、课程标准的课程目标中对文化知识掌握的基本标准

中学俄语课程的总目标是培养学生的综合语言运用能力。综合语言运用能力的形成是建立在学生的语言知识、语言技能、情感态度、学习策略、文化素

养等方面的综合发展基础之上的，其中语言知识和语言技能是综合语言运用能力形成的基础，情感态度是影响学生综合语言运用能力发展的重要因素，学习策略是提高学习效率、发展自主学习能力的必备条件，文化素养是恰当运用语言的保证。文化素养包括文化知识、文化理解和跨文化交际三大方面，《课程标准（2011 版）》对文化素养设定了一至七级的目标要求，明确了在不同阶段学生需要掌握的文化知识标准，具体见表 4-1 及表 4-2。

　　文化素养是《课程标准（2011 版）》提出的全新的目标要求，在以往的课程标准或教学大纲中从未明确提出。可见，《课程标准（2011 版）》更加强调语言是文化的载体这一功能，更加注重学生的文化素养的培养，更加关注学生的跨文化交际能力的提升。其目标分级设置也更加体现了俄语课程标准的整体性和灵活性，更便于在俄语教学中使学生跨文化交际能力培养得以循序渐进地展开。

表 4-1　初中阶段文化素养分级目标 [1]

级别	目标描述
一至三年级	一、基本文化知识 俄罗斯的首都及主要城市 俄罗斯的著名景观 俄罗斯的主要河流、湖泊 俄罗斯的货币 俄罗斯的主要节日 俄罗斯人的名字、父称和姓
	二、拓展性文化知识 俄罗斯重大历史事件 俄罗斯有重大影响的历史人物 俄罗斯著名的科学家、文学家和艺术家
	三、加深对中华文明的理解和热爱

---

[1] 义务教育俄语课程. 2011 年版 / 中华人民共和国教育部制定 [M]. 北京：北京师范大学出版集团，2012：17.

表 4-2　高中阶段文化素养分级目标 ❶

级别	目标描述
四至七年级	了解俄罗斯人与中国人在日常生活方式上的差异，如饮食、服饰等
	了解俄罗斯人与中国人的举止行为、待人接物等方面的差异
	了解俄罗斯东正教的基本常识
	了解俄罗斯的体育文娱活动
	了解俄罗斯主要作家、艺术家的简要生平和主要成就
	了解常见动植物名词所含的文化语义
	了解俄语中一些常见的成语、谚语、俗语及其文化内涵
	了解俄罗斯节日及庆祝方式和习俗
	通过俄语语言与文化的学习，了解世界文化，培养国际意识
	通过中俄文化的对比，加深对中国文化的理解与热爱

　　"俄罗斯文化素养的最低目标是一种相对的目标要求，有较大的灵活性，既能够保证所有学生获得必备的俄语素养，也有利于学有余力的学生充分发展；既能够保证条件不具备的地区完成教学任务，又能够为发达地区的自主发展提供发展空间。" ❷ 可以说，《课程标准（2011 版）》对于文化素养培养的目标设定充分考虑到我国不同地区、不同学校和不同学生的个性需求，既确立了最低标准，又使学有余力的学生有较大发展空间。文化知识的出现顺序是科学合理的，它基本遵循了由宏观到微观，由整体到部分，由具体到抽象，由交际文化到知识文化的教学顺序递级发展。

（一）课程标准中俄罗斯文化知识内容的选择

　　中学俄语教学不仅要求学生掌握基本的文化知识，还要求学生了解扩展性的文化知识，并在此基础上加深对中华文明的理解与热爱。因此，中学俄语教材中的俄罗斯文化知识不仅包括显性的文化知识，如俄罗斯的历史地理、风土人情、传统习俗、生活方式、文学艺术、行为规范、价值观念等；还包括蕴藏于语言中

❶ 普通高中俄语课程标准 [M]. 北京：人民教育出版社，2003：17.

❷ 刘永红. 义务教育俄语课程标准（2011 年版）解读 [M]. 北京：高等教育出版社，2012：95.

的文化素养，即学生在学习过程中，对俄语文化内涵的感知、理解和运用，以及在中俄文化的比较中，加深对中华民族传统优秀文化的认识和热爱。可见，《课程标准（2011 版）》中对于俄罗斯文化知识内容的选择是系统全面的，并非仅仅立足于了解俄罗斯的文化知识，而是通过了解俄罗斯的文化知识，加深对中华文明的理解，这就把中学俄语教学中文化素养的培养提升到一个新的高度。

（二）课程标准中俄罗斯文化知识的教学要求

《课程标准（2011 版）》的总目标是倡导开展主题活动教学，创设真实的语言情景，使学生形成初步的综合语言运用能力。在俄罗斯文化知识的教学上，《课程标准（2011 版）》建议应组织学生直接参与主题活动，通过主题活动带动语法教学，在此基础上培养学生的文化素养；还要求俄语教学要确立符合素质教育要求的外语教育观，使学生通过学习俄语了解中俄两国文化的差异，尊重他国文化，弘扬祖国文化；并在实际教学中切实领会课程理念，掌握分级标准，深入研究教材，根据学生的认知水平、根据教学的实际情况和需要，创造性地使用教材；此外，还要组织开展生动活泼、丰富多彩的俄语文化专题活动，在课外活动中培养学生的俄语素养；在教学中应积极拓展俄语教学资源，创造良好的学习环境，提供贴近生活的文化背景。

除此之外，《课程标准（2011 版）》还对义务教育阶段和高中阶段的俄罗斯文化知识教学提出了不同的要求。义务教育阶段的文化素养目标只限于所学语言材料涉及的文化内容，这些大多涵盖在俄语语法、词汇、课文内容的学习中。这是主要考虑到如果文化知识内容过于扩大，会冲淡语言知识与语言技能的教学，毕竟初中阶段是俄语学习的最基础阶段，主要应放在对语言本身结构与体系的了解。而高中阶段随着学生语言知识的掌握越来越深入，接触到的俄罗斯文化知识越来越多，除了教学必需要掌握的语言材料外，教师可以根据学生的学习需求适当将俄罗斯文化知识扩大、加深。

综上所述，《课程标准（2011 版）》对于俄罗斯文化知识的教学提出的要求全面、具体，有可操作性，并且对于不同阶段的俄语教学也有不同的指导，能够依据义务教育阶段和高中阶段学生的学习特点及教学需要提出有针对性的要求和建议，更便于教师根据情况适当进行相应调整，以便更好地进行教学。

（三）课程标准对俄罗斯文化知识在教材中的编写要求

俄语教材是指俄语教学中教师与学生使用的教科书，以及与之配套的其他教学材料，它是国家规定的该阶段俄语教学内容的体现，是课程标准转化为教学实践的重要环节，同时也是学生学习和教师教学的重要载体和手段。《课程标准（2011版）》对俄罗斯文化知识在教材中的编写及呈现提出以下建议。

第一，《课程标准（2011版）》要求俄语教材要遵循思想性原则，要求选择那些贴近社会、贴近实际生活、贴近学生兴趣的教学内容编入教材。编入教材的内容既要让学生了解俄罗斯文化的博大精深，还要区分中俄文化的差异，也要反映出中国的优秀文化传统和革命传统，从而引导学生在提高文化鉴赏能力的同时，树立民族自尊心、自信心和自豪感。

第二，《课程标准（2011版）》要求俄语教材应遵循科学性原则，要保证知识的正确性和准确性，同时还要严格遵循语言学习的规律和特点，依循不同年龄阶段和不同发展水平的学生的学习特点和学习需要进行科学编写。教材内容的编号要遵循循序渐进、由易到难、逐步过渡的原则，同时还要精选那些有利于学生长远发展和终身学习的语言材料。

第三，《课程标准（2011版）》要求俄语教材应遵循趣味性原则，给学生提供符合他们年龄特点的趣味性较强的语言材料和富有时代气息的语言表现形式，最大限度地创设符合真实的语言运用情景，设计一些生动活泼、有感染力且互动性较强的主题活动，使学生通过主题活动中创设的情景、角色去体验俄罗斯文化，理解俄罗斯文化的内涵。同时，教材文本选用的体例、呈现的方式手段等都应符合中学生的年龄特点和审美水平，最大限度地使教材做到色彩鲜艳、图文并茂、赏心悦目。

第四，《课程标准（2011版）》要求俄语教材应遵循拓展性原则，句型训练、口语对话、课文选择、练习题目、课外自学栏目等应尽可能采用渗透探究式、发现式的学习方式，以有利于学生全面和长远的发展，在内容的编排上应有利于学生自己进行归纳总结、举一反三。

第五，《课程标准（2011版）》要求俄语教材应遵循灵活性原则。也就是说，在教材编写时留有一定的有益于知识扩展的余地，这些余地和空间允许学校、教师根据实际教学需要，对教材内容进行适当的取舍和补充。

综上所述，《课程标准（2011版）》对于俄罗斯文化知识在教材中的编写及呈现提出的要求既系统全面又科学规范，但又并非难以操作。我们认为，教材是教师和学生的直接用书，是最重要的教学材料和学习材料，教材的编写质量直接影响教师的教学效果以及学生的学习效果，因此教材的编写十分重要。可以说，《课程标准（2011版）》较好地为教材的编写指明了方向。

二、对中学俄语教材中俄罗斯文化知识编排的分析

为了对现行中学俄语教材中俄罗斯文化知识的编排作出较客观的评价，本书采用质化研究和量化研究相结合的方法，对《人民教育出版社俄语》《普通高中俄语必修》《普通高中俄语选修（2014版）》教材，从主题选择、文化知识内容在话题栏目中的设定、教材纵向结构中文化知识呈现顺序三个维度对中学俄语教材中俄罗斯文化知识的编排进行分析，旨在分析俄语教材是否较好地实践了《课程标准（2011版）》有关文化素养中跨文化交际的课程目标。

（一）教材主题（话题）的设定

教材主题（话题）是根据课程标准的内容目标所设，它是教材中俄罗斯文化知识内容的体现，也是在教学中跨文化交际能力培养的文化知识来源。因

此，主题的选择直接反映俄罗斯文化知识、跨文化交际能力培养目标在教学中是否能够实现。基于此，本书首先依据《课程标准（2011版）》的要求，分析初、高中教材各主题（话题）中俄罗斯文化知识的体现，看其是否较好地落实了《课程标准（2011版）》文化素养培养目标。

1. 初中俄语教材的主题（话题）设定

依据义务教育阶段课程目标中文化素养目标的具体内容，义务教育俄语课程标准在教材编写建议中要求初中教材设置15个主题。具体是：结识、自我介绍、家庭、朋友、学校、电话、商店、交通、天气、城市与乡村、运动、休息、健康、情趣与爱好、节日。并指出在实际使用中可以以此为基础，适当扩展。

根据课程标准设定的15个主题，本书将现行初中俄语教材涉及的主题，按照文化知识的类型将话题进行了归类。表4-3呈现的是初中俄语教材的主题（话题）。

表4-3　初中俄语教材主题

题材	课数						百分率/%
	七年级上册	七年级下册	八年级上册	八年级下册	九年级上册	九年级下册	
	5	12	12	12	10	9	
日常生活	1	2	1	2	6		20.00
业余文化生活		1					1.67
社会政治生活		2		2		3	11.67
学校生活	2	1	2	4	1		16.67
休息及旅游		1	4	1	1	1	13.33
结识与会面	2	1			1	1	8.33
交通与通信		1	3	3		2	15.00
自然风光		1	1				3.33
体育运动						1	3.33
人生爱好		1			1		3.33
健康与疾病			1			1	3.34

　　从表 4-3 可以看到，初中教材的话题分为 11 个类型，从占比情况看，日常生活、学校生活和交通与通信最多，分别占 20%、16.67% 和 15%；休息与旅游、社会政治生活和结识与会面次之，分别占 13.33%、11.67% 和 8.33%；人生爱好、自然风光、体育运动、业余文化生活等最少，均没有超过 10%。从话题的内容和顺序看，结识与会面、学校生活、休息与旅游和日常生活为初中阶段前期的主要内容。随着学生学习的深入，知识的增多，话题逐渐向外延伸。依次为，交通与通信、人生爱好、体育运动和社会政治生活。但是学校生活这一话题始终作为一个主要话题出现在初中教材的不同年级。

　　通过话题内容我们看到，文化素养目标中涉及的基本文化知识，如俄罗斯国家的首都，主要城市，著名景观，俄罗斯的主要河流、湖泊，俄罗斯主要节日，以及在拓展性文化知识中涉及的俄罗斯重大历史事件、重大影响的历史人物、著名科学家、文学家和艺术家等内容都较好地融入了上述主题（话题）中，尤以自然风光、休闲与旅游、结识与会面、日常生活等呈现得较多。可以说，初中教材的话题完全符合义务教育俄语课程标准中关于文化素养分级目标所设定的内容。通过深入课文的具体内容，我们看到，话题内容包含了基本文化知识，并通过自然风光贯彻了课文内容的思想性和科学性相结合的原则，话题反映了现时俄罗斯社会和人民生活的最新情况，内容贴近学生的生活，不但是学生所喜闻乐见的，同时也是学生感兴趣的。话题内容的呈现顺序完全符合学生的认知特点，从学生生活实际出发，按照学生的生活轨迹由近及远、由易到难、由具体到抽象的认知规律进行呈现。

2. 高中俄语教材的主题（话题）设定

　　高中俄语课程标准在教材编写建议中指出：普通高中俄语教材的编写应围绕"人与自我""人与社会""人与自然"三大主题展开，每个主题可包含若干个话题。呈现话题的语篇应包括对话和独白等形式，复杂程度及词汇量递增。话题应来源于学生生活，尽量模拟真实的生活场景，且灵活多样，有利于学生开展活动。同一话题下，可以设计多种情景，让学生在完成交际任务的过程中，提高俄语综合语言运用。高中俄语课程标准设定的主题建议，见表4-4。

表4-4　主题建议

类别	举例
人与自我	外貌、性格、情感、健康、兴趣、职业、朋友、住所、家庭；相识、会面、做客、度假、旅行、运动；学习、留学、实习、工作等
人与社会	同学、老师、学校、班级、社团、小组；家乡、祖国、对象国；交通、医疗、保健、餐饮、购物、媒体、网络；历史、文化、文学、艺术、传统、习俗、教育、科技等
人与自然	气候、季节；植物、动物；山川湖泊、森林河流、城市乡村、生态环境；宇宙、航天等

根据表4-4，本书将现行高中俄语教材（必修）涉及的主题项目，按照文化知识的类型将话题进行了归类，并以表格的形式呈现出来，见表4-5。

表4-5　高中俄语教材（必修课）的主题（话题）

题材	课数					百分率/%
	必修1	必修2	必修3	必修4	必修5	
	3	4	4	4	3	
日常生活	1	2		1		22.22
社会政治生活					2	11.11
学校生活	1					5.56
文学作品			1			5.56
休息及旅游			1	1		11.11
结识与会面	1					5.56
交通与通信				2		11.11
节日及风俗					1	5.56
自然风光		1				5.56
体育运动						5.56
人生爱好			1			5.56
健康与疾病		1				5.53

注：由于自我检测课为复习课，无法确定话题，所以该课数不包含自我检测课。

从表 4-5 可以看出，高中教材的话题分为 12 个类型，从占比情况看，日常生活为最多，占比 22.22%；其次是社会政治生活、休息与旅游和交通与通信，分别占 11.11%；其他话题，如学校生活、文学作品、结识与会面、节日及风俗、体育运动、人生爱好等内容较少，占 5.56%，健康与疾病最少，占 5.53%，均没有超过 10%。我们明显看到，在初中占比较少的话题，如社会政治生活，在高中教材中有明显上升，这是根据学生的年龄特点和他们所感兴趣的话题而设。但是日常生活话题始终是初、高中的重点话题。当我们怀着极大兴趣深入话题内容，我们发现，日常生活话题涉及的内容十分丰富，几乎涉及家庭、学校、城市、自然风光、休息与旅游和健康与疾病等情节。事实上是编者利用俄语教材这一话题，将《课程标准（2011 版）》要求的俄罗斯文化知识内容运用学生较为易于接受的文章体裁，编入学生熟悉的生活话题中，使学生通过一些生活中的情景掌握俄罗斯社会文化。从话题的呈现内容和顺序看，仍然是日常生活话题最为靠前，而社会政治生活话题是高中后期的主要话题，这同样也是根据学生的年龄和认知兴趣所设。

通过话题内容我们发现，高中文化素养目标中涉及的俄罗斯人与中国人在交际礼仪方面的文化差异、俄罗斯东正教的基本常识、俄罗斯的体育文娱活动、俄罗斯主要作家、艺术家的简要生平和主要成就、俄罗斯节日及庆祝方式和习俗等内容都较好地融在了上述主题（话题）中。而在俄语词汇中常见到的动植物名词以及所含的文化语义，在俄语中常见的成语、谚语、俗语及其文化内涵等内容也都较好地融入上述话题中。这说明，高中阶段学生将步入成年，他们的知识水平不断提高，文化视野不断拓宽，眼界不断开阔，他们感兴趣的知识已经由原来身边的生活转入社会生活之中。这时教材就要根据学生的这一生理心理变化，及时调整文化知识内容，使其符合这一阶段学生的认知特点，这也同样反映教材较好理解了课标的教学理念。可以说，高中教材的话题符合《普通高中俄语课程标准》关于文化素养分级目标中所设定的内容。

（二）教材话题栏目中文化内容的设定

俄罗斯文化知识的内容分布在教材话题内的各个栏目中。目前在中学使用的教材是：初中俄语教材共分为六册，从表4-6中这六册俄语教材的话题栏目分布来看，七年级教材的文化栏目分布相对最少，八年级、九年级教材中的文化栏目分布相对较为均衡，尤以八年级上册和九年级下册的文化栏目分布最多。

通过表4-6发现，从栏目数量看，七年级教材的栏目数量最少，自然涉及的文化知识也相对较少。八年级有所增加，增加了导入和课内外活动两个栏目，这两个栏目中，尤以课内外活动中涉及的文化知识的练习较多。九年级教材中的栏目又有所增加，其中增加了多人对话，这既有利于对文化知识进行训练，也有利于文化理解的教学目的，更有利于跨文化交际能力的培养。

表4-6　初中俄语教材文化知识栏目分布情况

七年级上册	记住	注意	应该知道	国情	思考题				
七年级下册	很有趣	应该知道	习题	想一想	国情				
八年级上册	句式	导入	记住	很有趣	应该知道	对话	检查与巩固	课内课外活动	国情
八年级下册	句式	导入	应该知道	对话	课文	课内课外活动	国情	思考题	
九年级上册	导入	很有趣	应该知道	注意	多人对话	检查与巩固	课文	课内课外活动	
九年级下册	句式	导入	应该知道	记住	多人对话	巩固与检测	休息	课文	课内课外活动

综上所述，我们认为，之所以会出现这样的差异，主要是由不同阶段俄语学习的特点和要求所决定的。七年级正处于俄语学习的初始阶段，刚刚开始进行语音教学，还属于俄语学习的入门阶段。此时,教学的侧重点放在语音、

词汇等方面，暂不涉及更加复杂的学习内容，因此，有关文化知识的设定相对较少。八年级和九年级处于初中的中、高级阶段，此时，学生经过一段时间的学习，已经具备了一定的语言基础。这时，可以在教学中加入较丰富的教学内容，因此，俄罗斯文化知识便从栏目数量上，以及栏目内容上都相应地有所增加。

表 4-7 是高中必修课中文化知识栏目的设定情况。我们发现，现行高中俄语必修课教材共五册，从表 4-7 来看，这五册俄语教材中的话题栏目分布整体较为均衡，但呈现出不规律的特点。其中，必修 3 所涉及的文化知识栏目与初中基本持平，必修 5 涉及的文化知识栏目最多。从栏目数量看，现行高中俄语必修课教材的栏目数量与初中教材的栏目并未有增加，但是，通过深入教材发现，每个栏目的教学内容增加许多，尤其是出现了更多的俄罗斯国情知识、俄罗斯民族的生活习俗、宗教、节日等，甚至出现了俄语语言知识本身所反映的文化知识。可见，随着学生俄语水平不断提高，对俄语知识的积累逐渐增多，教材中俄罗斯文化知识的数量也在增加，且用于不同情境和话题中的要求也在提高。从栏目的具体内容看，高中教材涉及俄罗斯文化知识最多且内容较为丰富与初中教材栏目中的内容基本一致，在这里不再赘述。

表 4-7 高中必修教材文化知识栏目分布情况

必修 1	应该知道	对话	休息	课文	课内课外活动	习题			
必修 2	句式	我们说	应该知道	对话	课文	课内课外活动	习题		
必修 3	我们说	记住	对话	课文	习题				
必修 4	应该知道	对话	休息	课文	复习	习题			
必修 5	学会	句式	记住	应该知道	对话	休息	课文	课内课外活动	习题

　　表 4-8 是高中选修课教材的具体情况。我们发现，高中选修教材是为满足不同地区、不同学校、不同学生的学习需求而设。《课程标准（2011 版）》规定选修教材的教学内容由学校根据实际情况统筹开设，学生自主选择学习。现行选修课教材内容有两类，其中提高类主要为有意愿报考俄语专业、有发展需求且有学习潜能的学生开设。主要课程内容是针对学生听、说、读、写、译等语言技能的提高；扩展类是满足学生个人兴趣和职业体验而设，主要为有就业需求的学生，有兴趣、有余力的学生开设。主要课程内容是针对学生在旅游、商务、科技、语言与文化、文学与艺术等领域的兴趣和就业需求。扩展类选修教材的难度不是递进式的，而是难度平衡的。教材内容大多选择了现时俄罗斯国家经济、政治、教育、科技、旅游、文化、艺术等最新成果的话题。

表 4-8　高中选修教材文化栏目分布情况

选修 1 选修 2 选修 3 选修 4	第一部分	习题
		记住
		对话
		课文
		休息
	第二部分	对比
		你们猜
		准备读课文
		课文
		课文理解
		检查和巩固

　　现行高中俄语选修教材共四册，从表 4-8 中这四册俄语教材中的话题栏目分布来看，文化知识栏目相对比较平均，与之前教材相比没有明显的区别。教学要求也比较单一，主要是提高和拓宽一些有需求的学生的知识难度和广度。

综上可见，教材话题栏目中文化内容的设定基本遵循学生的认知发展阶段以及俄语学习的规律和特点，遵循由少及多、由浅入深、由简到繁、由易到难的教学规律，逐步过渡。

然而，令人遗憾的是，由于选修教材的课程内容鲜少在高考中出现，因而并没有得到现时中学俄语教学的有效应用。

本书分析了中学俄语教材中文化知识栏目的设立，以及每个栏目中俄罗斯文化知识的分布和这些文化知识的不同栏目的教学要求。通过深入各年级教材的文化知识栏目的具体内容，我们看到，涉及俄罗斯文化知识最多，且内容较为丰富，第一是国情、很有趣，第二是对话、课文、多人对话和句式，第三是注意、应该知道、思考题、课内课外活动。通过对栏目教学内容要达到的教学要求看，基本涵盖了听、说、读、写、译等教学技能的单项训练和综合训练，一些主题活动的安排和情境的设计要求比较适合学生的合作学习、探究式学习和自主式学习，也适合教师创设课堂教学活动，如主题活动、情景活动。

以下本书将从教材的纵向结构分析各册之间、各主题之间、各单元之间文化知识的呈现情况。

（三）教材纵向结构中文化知识的呈现

结构是教材内容各个组成部分的排列组合方式，集中体现为教材的结构及其要素的相互关系。教材的纵向结构是指教材内容的纵向衔接关系，也就是教材中的课程内容在各册之间和各课际之间以及各单元之间的顺序。通过教材的纵向结构我们可以看出俄罗斯文化知识的展开顺序，从而可以看出现行中学俄语教材中俄罗斯文化知识是否是根据《课程标准（2011 版）》文化知识的分级目标逐步展开的，文化知识的展开顺序是否符合知识学习的循序渐进性，是否符合学生的认知能力和年龄特点。因此，从纵向结构上对初、高中教材中文化内容的呈现进行分析很有必要。

1. 初中教材纵向结构中文化知识内容的呈现

七年级上册教材设计共分为两个单元，涉及文化知识的内容主要包含在五个板块中，分别为记住、注意、应该知道、国情和思考题，其中以国情这一板块分布最为集中，其他板块均只涉及一个。

表 4-9　七年级上册教材纵向结构中文化知识栏目统计情况

七年级上册	第一单元	第二单元	全册汇总
记住	0	1	1
注意	0	1	1
应该知道	0	1	1
国情	6	6	12
思考题	1	0	1

从表 4-9 可以看出，七年级上册教材分 2 个单元，共计 12 课，其中 2 节为复习课，包括 10 个板块，涉及文化知识的板块有 5 个，文化知识的数量为 16 个。七年级上册教材文化知识主要涉及历史地理、传统习俗、生活方式和行为规范这几个方面，以历史地理、传统习俗、行为规范三方面为主，其他方面没有涉及。之所以出现数量偏少且内容分布不均现象，是由于此时学生正处于俄语学习的起步阶段，他们刚刚开始接触俄语，正进行基本的语音、词汇、语法的学习，积累不多。此时夯实语言基础更为重要，文化知识理应辅助渗透在教学中。

表 4-10 显示，七年级下册教材共分为四个单元，涉及文化知识的包含在五个板块中，分别为很有趣、应该知道、习题、想一想和国情，其中以国情这一板块分布最为平均和集中。

表 4-10 七年级下册教材纵向结构中文化知识栏目统计情况

七年级下册	第一单元	第二单元	第三单元	第四单元	全册汇总
很有趣	0	1	2	0	3
应该知道	3	0	0	0	3
习题	0	0	0	1	1
想一想	0	0	1	0	1
国情	3	3	3	3	12

表 4-10 所示，七年级下册共 4 个单元，计 15 课，其中 3 节为复习课，共包括 11 个板块，涉及文化知识的板块共 5 个，文化知识数量为 20 个。七年级下册教材文化知识主要涉及历史地理、风土人情、传统习俗、生活方式、行为规范、价值观念等几个方面，以生活方式尤为突出。

通过深入查看教材内容，七年级上册和七年级下册的文化知识内容的衔接较好，文化知识内容与语言知识，如词汇、国情、课文、对话等融为一体，甚至在针对语法训练的句型，以及课后习题中也较好渗透了俄罗斯文化知识。且文化知识内容与《课程标准（2011 版）》文化素养分级目标中要求的内容基本一致。此外，相对于七年级上学期教材而言，七年级下学期教材无论从文化知识的内容分布，还是从数量上，均有所丰富和增加。这是由于经过一学期的学习，学生已经具备了一定的语言知识基础，此时，适当增加文化知识的学习和渗透是符合教学规律的。

表 4-11 显示，八年级上册教材共设计四个单元，涉及文化知识的内容包含在八个板块中，分别为导入、句式、对话、很有趣、应该知道、检查和巩固、课内课外活动和国情之中，其中以国情知识这一板块分布最为平均且集中。至少可以证明，从数量来说俄罗斯文化知识是教材中一个重要内容。文化知识的内容以国情板块分布最为平均且集中，其次为对话板块。

表 4-11　八年级上册教材纵向结构中文化知识栏目统计情况

八年级上册	第一单元	第二单元	第三单元	第四单元	全册汇总
导入	0	0	0	2	2
句式	0	0	0	1	1
对话	1	1	0	4	6
很有趣	1	0	0	0	1
应该知道	0	2	0	0	2
记住	0	0	1	0	1
检查和巩固	0	1	0	2	3
课内课外活动	0	0	0	1	1
国情	3	3	3	2	11

　　八年级上册教材分 4 个单元，共计 11 课，其中 4 节为复习课，包括 12 个板块，涉及文化知识的板块共 9 个，文化知识数量为 28 个。八年级上册文化知识主要涉及历史地理、风土人情、传统习俗、生活方式、行为规范等几个方面，以历史地理尤为突出。此外，较之七年级教材，八年级上册文化知识板块明显增加，文化知识的数量也明显增多，但分布领域还有待进一步扩展。具体看，八年级上册增加了一个栏目，且原来的栏目也有所修改。通过深入教材内容，我们发现，随着学生年级的升高，不仅知识深度有所增加，文化知识的广度也有所扩展，每个栏目所涵盖的内容更为丰富，更贴近《课程标准（2011版）》的文化素养目标。我们还欣喜地发现，八年级增加的课外活动与检查和巩固，不仅较好地呈现了俄罗斯文化知识，而且通过这些栏目使文化知识得到更好的理解，这更有利于学生的跨文化交际能力的培养。可见，在教材中文化知识内容不断向广度延伸的同时，也与语言知识的深度同步推进，而且还与文化理解和跨文化交际能力的培养紧密相连。

　　表 4-12 显示，八年级下册共分四个单元，涉及文化知识的包含在八个板块中，分别为句式、导入、应该知道、对话、课文、国情、课内课外活动和思考题，其中以国情板块分布最为平均且集中。

表 4-12 八年级下册教材纵向结构中文化知识栏目统计情况

八年级下册	第一单元	第二单元	第三单元	第四单元	全册汇总
句式	0	1	0	1	2
导入	0	4	0	0	4
应该知道	0	0	2	0	2
对话	0	2	0	1	3
课文	1	0	0	1	2
国情	3	3	3	3	12
课内课外活动	1	2	1	0	4
思考题	2	1	1	1	5

　　八年级下册分 4 个单元，共计 15 课，其中 3 节为复习课，包括 14 个板块，涉及文化知识的板块共 8 个，文化知识数量为 34 个。八年级下册文化知识主要涉及历史地理、风土人情、传统习俗、生活方式、文学艺术、行为规范几个方面，以文学艺术尤为突出。较之八年级上册教材，八年级下册教材中涉及文化知识的栏目比较稳定，还是八个栏目。通过深入到教材内容中，我们看到，八年级上、下册文化知识内容没有大的变化，主要在知识的广度上有所重点考虑。但是，相对于前三册教材，八年级下册教材在文化知识数量上增加明显，分布领域不丰富，且内容比较集中。

　　表 4-13 显示，九年级上册共分三个单元，涉及文化知识的包含在八个板块中，分别为导入、多人对话、很有趣、注意、应该知道、检查与巩固、课文和课内课外活动，其中以导入、多人对话、检查与巩固和课文板块分布最为集中。

表 4-13 九年级上册教材纵向结构中文化知识栏目统计情况

九年级上册	第一单元	第二单元	第三单元	全册汇总
导入	1	0	2	3

续表

九年级上册	第一单元	第二单元	第三单元	全册汇总
多人对话	1	0	2	3
很有趣	1	0	0	1
注意	1	0	0	1
应该知道	1	0	0	1
检查与巩固	1	2	0	3
课文	1	1	1	3
课内课外活动	1	0	0	1

　　九年级上册分 3 个单元，共计 13 课，其中 3 节为复习课，共包括 14 个板块，涉及文化知识的板块共 8 个，文化知识数量为 16 个。与八年级相比，文化知识栏目没有增加，不过仍然保留了课外活动这一有利于学生文化理解和跨文化交际能力培养的栏目。深入到具体的教材内容，我们得知，用于课后巩固练习的内容量显著增加，其中以导入、对话、课文、检查与巩固板块较为集中。显然，九年级是初中的最后一年，九年级的教学任务，一方面是要完成义务教育阶段俄语课程标准中规定的教学内容，另一方面还要面对中考的选拔，自然会格外强调知识的巩固与掌握。九年级上册文化知识主要涉及历史地理、风土人情、传统习俗、生活方式、文学艺术、行为规范等几个方面，以历史地理尤为突出。这仍然与《课程标准（2011 版）》规定的文化知识的教学内容相符。可见，相对于七、八年级，九年级上册在文化知识栏目的设置上虽没有增加，但数量增加明显，且分布领域相对较为丰富。

　　表 4-14 所示，九年级下册共分三个单元，涉及文化知识内容的包含在 9 个板块中，分别为句式、导入、应该知道、记住、多人对话、检查与巩固、休息、课文、课内课外活动。其中以导入、检查与巩固这两个板块分布最为集中。

表4-14 九年级下册教材纵向结构中文化知识栏目统计情况

九年级下册	第一单元	第二单元	第三单元	全册汇总
句式	1	0	1	2
导入	2	0	4	6
应该知道	0	1	0	1
记住	2	0	0	2
多人对话	2	0	3	5
检查与巩固	6	0	2	8
休息	1	0	0	1
课文	2	0	2	4
课内课外活动	1	0	1	2

　　九年级下册分3个单元，共计12课，其中3节为复习课，共包括13个板块，涉及文化知识的板块共9个，文化知识数量为31个。九年级下册文化知识主要涉及历史地理、生活方式、文学艺术等几个方面，主要集中在历史地理板块。相对于七年级教材，九年级下册教材在文化知识数量上明显增加，但与八年级教材基本持平，并且分布领域并不丰富，仅突出集中于单一板块。

　　综上所述，初中教材纵向结构中文化内容的呈现基本符合《课程标准（2011版）》的标准与要求，但仍有进步和改进的空间，尤其是文化知识所涉及的领域，并不十分丰富，有些单一和集中，这不利于学生学习兴趣的培养及文化素养的形成。

2. 高中教材纵向结构中文化内容的呈现

　　我们知道，高中阶段是中学教育的最后阶段，已经由原来的义务教育转入国家选拔性教育阶段。所以，通过研读高中教材，我们发现，高中阶段的教学内容由初中阶段最基本内容迅速拓宽，无论在知识难度与广度都有较大变化。虽然栏目看起来并没有增加，但是每个栏目的知识含量却有较大程度的增加。此外，高中阶段的学生将步入成年，他们的知识水平不断提高，文化视野不断拓宽，眼界不断开阔，他们感兴趣的知识也在变化，已经由原来日常生活转入社会生活。

高中教材分为两类：俄语必修和俄语选修，其中俄语必修共 5 册，俄语选修共 4 册。俄语必修 1 共 5 课，仅设 1 个单元，其中有 1 节为复习课，共包括 13 个板块，涉及文化的板块有 6 个，文化知识数量为 10 个。俄语必修 1 文化知识主要涉及生活方式、文学艺术、行为规范等几个方面，并以文学艺术为主，分布领域较少。

俄语必修 2 共 5 课，仅设 1 个单元，其中有 1 节为复习课，共包括 14 个板块，涉及文化的板块有 7 个，文化知识数量为 10 个。俄语必修 2 文化知识主要涉及历史地理、风土人情、生活方式、文学艺术等几个方面，并以文学艺术为主，分布领域较为丰富。

俄语必修 3 共 5 课，仅设 1 个单元，其中有 1 节为复习课，共包括 11 个板块，涉及文化的板块有 5 个，文化知识数量为 16 个。俄语必修 3 文化知识只涉及文学艺术，分布领域单一且集中，但数量上有所增加。

俄语必修 4 共 5 课，仅设 1 个单元，其中有 1 节为复习课，共包括 13 个板块，涉及文化的板块有 6 个，文化知识数量为 9 个。俄语必修 4 文化知识主要涉及历史地理、风土人情、生活方式、文学艺术、行为规范等几个方面，虽然数量上有所减少，但分布领域有所延展，内容丰富。

俄语必修 5 共 4 课，仅设 1 个单元，其中有 1 节为复习课，共包括 11 个板块，涉及文化的板块有 9 个，文化知识数量为 32 个。俄语必修 5 文化知识主要涉及历史地理、风土人情、传统习俗、文学艺术等几个方面，数量上明显增加。

俄语选修 1 共 3 课，10 个板块，其中涉及文化的板块有 4 个，文化知识数量为 11 个。俄语选修 1 文化知识主要涉及历史地理、文学艺术，并以历史地理为主，分布领域单一。

俄语选修 2 共 3 课，10 个板块，其中涉及文化的板块有 3 个，文化知识数量为 7 个。俄语选修 2 文化知识主要涉及文学艺术，分布领域极其单一，且数量不多。

俄语选修 3 共 3 课，10 个板块，其中涉及文化的板块有 3 个，文化知识数量为 9 个。俄语选修 3 文化知识主要涉及历史地理、文学艺术，分布领域极其单一。

俄语选修 4 共 3 课，10 个板块，其中涉及文化的板块有 2 个，文化知识数量为 15 个。俄语选修 4 文化知识主要涉及文学艺术，分布领域相对单一且集中，数量上有所增加，但增加不多。

综上所述，高中教材纵向结构中文化内容的呈现基本符合《课程标准（2011 版）》的标准与要求，但仍有较大的进步和改进空间。在文化知识所涉及的领域，并不十分丰富，且过于单一和集中；在文化知识出现的数量方面，相对较少，并且没有依据各年级段俄语学习的特点进行相应的增减，不利于学生学习兴趣的培养及文化素养的形成。

三、对俄语教材俄罗斯文化知识编排的总体评价

正如本章一开始所说，本章对目前初、高中使用的教材从主题（话题）选择、文化知识内容在栏目中的设定、教材纵向结构中文化知识呈现顺序等三个维度对中学俄语教材中俄罗斯文化知识的编排进行分析，旨在得出俄语教材是否较好地贯彻了《课程标准（2011 版）》有关文化素养中跨文化交际的课程目标。通过上述分析，我们从以下三个方面进行评价。

（一）主题（话题）选择符合课程标准要求

作为学生学习的俄语教材，应该充分地展现学科的知识精华。但是，作为知识的精华它首先必须是科学的，必须有助于丰富学生的知识、技能的发展和

能力的形成。与此同时，教材还是学生在知识与智力方面学习的资源和工具，更是帮助学生提高思想品德修养，了解目标语国家文化和认同自己的文化归属的资源和工具。所以教材内容必须有丰富的思想文化内涵，必须展现人物高尚的道德情操。通过分析教材，我们发现中学俄语教材选择的话题，一方面内容丰富多样，有对俄罗斯国家的总体认识，也有反映社会历史、科技教育、历史英雄人物，还有反映俄罗斯这一民族的交际礼仪和民俗文化等。通过话题，教材很好地体现了俄罗斯文化内容。另一方面话题充分体现了《课程标准（2011版）》关于俄罗斯文化知识的内容编排，充分考虑到了文化知识在教材中的呈现顺序。简言之，教材中文化知识的呈现顺序与《课程标准（2011版）》各个年级要求掌握的内容基本吻合。

众所周知，语言随社会的产生而产生，随社会的发展而发展。人类运用语言这一交际工具不断继承、丰富和发展先辈积累的知识和经验。这不仅能促进社会的发展，人类也可以获得自身素质的全面提高。掌握运用外语这一国际交往的工具，可以不断吸收世界各国政治、经济和科学文化的先进经验，最终全面提高中华民族的思想道德品质和科学文化素质。因此，教材内容不仅应具有思想性，更要突出育人的方向性。反映到中学俄语课堂教学上，不仅要通过语言传授科学文化知识，而且还要发挥育人的导向作用，要把培养学生的思想品德和目标语国家的文化知识始终贯彻到俄语教学中来。同时，在俄语教学过程中，教师要善于挖掘教材的思想内容，这对于学生世界观的形成和方法论的确立能起到重要的作用。通过分析教材，我们发现，教材大部分课文提供的信息内容具有思想教育性，注重在培养学生语言能力的同时，对学生进行思想品德教育。其中包括培养学生热爱学习、明确学习目的，如 *Как я стал писателем*、*Книга лучший подарок*、*Моя домашняя библиотека*、*Изучение иностранных языков*、*Я люблю русский язык* 等；帮助学生树立高尚的人生观、世界观、价值观，如 *Каким быть*、*Кем быть*、*Я журналист* 等；此外，教材中还有一些描绘祖国大好河山的文章，以增强学生热爱祖国的情感，如

Экскурсия в храм Неба、*Пекин*、*У карты Китая*、*Ханчжоу——жемчужина* 等。
通过我们对课文话题和课文内容的分析，可以看出，教材中的思想性、教育性
贯彻得比较充分。

（二）话题栏目对文化知识的设定有利于文化理解

根据《课程标准（2011 版）》的要求，中学俄语教材要努力发掘俄语语言
文化中的精华，使学生通过俄语的学习，形成正确的世界观和积极的人生态度，
增强爱国主义精神和社会责任感。同时，应在不同文化的交流中，使学生理解
文化差异，开阔国际视野，形成正确的多元文化意识。在俄语教育中，我们不
仅要使学生了解所学语言国家人民的信仰、观念、风俗、行为、情感和社会习
惯等生活方式、思维方法，还应该知道一些目标语国家经济、社会、政治、历
史和伟大人物的情况。一方面要求教材中选择的内容具有多样性，能体现出俄
罗斯的不同文化风俗。另一方面要精选那些富有时代气息的有意义的，并且是
学生感兴趣的文化材料。这样，学生就能通过学习外语了解所学语言国家的
文化模式、思维方式、日常生活习惯和风土人情。消除跨文化冲击，开拓视
野，提高跨文化素养，同时还能增进学生对中华民族文化的认同和对人类其他
文化的理解和尊重。可以说，教材中话题的选择决定了课文信息内容的范围。
通过分析现行中学使用的教材，我们发现，现行教材中的俄罗斯文化知识内容
充分反映了当下俄罗斯的具体国情，同时也兼顾了俄罗斯不同历史时期的文化
知识。其中包括国家性质、政治制度、国家体制、历史事件、著名人物、经济
发展、教育改革、人文艺术等。并且课文内容注重交际文化和知识文化的相互
结合，同时也考虑到在不同栏目中文化知识要达到的不同教学目标。与此同
时，我们还看到，在课文选择中，教材充分体现了文化知识的人文性。例如：
Сергей любит Москву и Санкт-Петербург、*Погода в России*、*Воспоминания о
Большом театре*、*Москва*、*Битва за Москву*、*Михаил Васильевич Ломоносов* 等。
有的在注释中结合课文中的语句加以阐述，有的课文注释中简要介绍了柴可

夫斯基（Чайковский）及其作品，介绍了俄罗斯著名文学家托尔斯泰（Толстой）等。这有利于学生了解所学语言国家的文化背景知识，也把学习语言与学习文化有机地结合起来。此外，有的课文还体现出中俄文化的差异，如 *Нихо!* ——*Здравствуй!* 等，这有利于增进学生对本民族文化的认同和对其他民族文化的尊重。

根据《课程标准（2011 版）》的要求，俄语课程应以人为本，根据学生的认知能力和年龄特点，注重精选基础性强、体现时代精神、贴近学生生活、有益于学生终身发展的内容，并将其编入教材中。使学生在课堂学习中获得俄语知识的同时，形成对不同民族文化的理解力，在学习情感态度方面得到相应的发展。从年龄来看，中学生仍属于青少年时期，他们更乐于接受趣味性强、与实际生活相关的知识。他们对外部知识有强烈的求知欲，但是由于意志力不足往往对年复一年、日复一日地学习表现出倦怠，所以，教材中为学生提供的知识不仅要有利于学生的学，同时更要让学生有兴趣学。这样一来，教材中的话题选择要紧贴学生生活实际，与他们的生活息息相关，或是他们生活中所接触到的类似场景，以引发他们的好奇心，提高他们的学习兴趣。同时，在知识编排上，要注重知识呈现的新颖性，如图与表的结合、图与文的结合、颜色的搭配等。除此之外，随着现代化教学技术手段的应用，教材都配有视频与音频，因此这些技术手段的应用也是现代教材质量的一个重要评价指标。通过分析现行中学俄语教材，我们了解到，课文提供的大部分信息内容是贴近学生的现实生活的，这有利于学生在学习过程中产生共鸣。教材中课文、会话中的语言生动有趣，简单实用，流畅上口，合乎俄罗斯的语言规范。对俄罗斯自然景色有生动逼真的描写、优美动人的抒情，清晰的说明俯拾皆是。虽然有些课文选自原著，根据中学教学任务的需要和学生的接受能力做了必要的删节和改写，但仍基本保持原文的真实性、语言的地道性。此外，配合教材中话题情景的音频，声音清晰活泼，语言逼真，视频中场景的选择完全符合话题的主题，符合当下俄罗斯的国情。

（三）纵向结构中文化知识的呈现符合学生的认知特点

在俄语学习中，学生需要掌握俄语的语音、词汇、语法和俄罗斯的社会文化知识等内容，而俄语教学则需要将上述内容合理地整合到教材中去，以便于学生的有效掌握。因此，教材中俄罗斯文化知识的呈现方式和呈现顺序对于学生指掌握知识至关重要。俄罗斯的社会文化知识等内容要同时进入教材的两个内容结构中，即进入教材内容的横向结构和纵向结构。纵向结构教学内容指语音、词汇、语法、话题、文化知识，以及与这些内容相关的听说读写训练材料和进一步理解、巩固这些内容的各种练习等，按照一定序列组织顺序结构。顺序的安排应当循序渐进，按照由已知到未知、由易到难、由具体到抽象、由近及远的顺序进行。横向结构是指教学内容各知识要素之间的水平组织关系。它要保证各教学内容之间，如词汇、语法、句型、语篇、文化知识等内容的协调统一。围绕话题，保证各种知识之间水平的协调性和关联性。所提供的俄罗斯文化知识要保证学生在听、说、读、写、译等活动中，能将其在情景教学和主题活动中应用起来，从而达到熟悉和掌握。因为，教材是教学中师生共同依据的载体，是教学内容呈现的主要方式。在教学中，教师应根据学生的认知能力和知识的难易程度，依据教材所提供的教学栏目，循序渐进地在教学中展开。

通过分析现行中学俄语教材，我们看到：首先，教材中俄罗斯文化知识基本与《课程标准（2011版）》对俄罗斯文化知识应掌握的等级顺序一致。遵循的顺序是，先是对俄罗斯一般国情的认识，然后扩展到俄罗斯社会历史及其相关知识，再延伸到俄罗斯人民的日常生活、民俗文化，直至俄罗斯语言中的文化知识。其次，教材中选取的俄罗斯文化知识和一些反映在词汇中的文化知识较好融合在课文、会话以及课后阅读的材料中，使学生在正常知识学习和技能训练中能够学到地道的反映俄罗斯人民生活的各种文化知识。最后，由于话题的内容受学生语言能力所限，教材还将一些文化知识，如著名历史事件、重要历史知识、著名人物，以及一些成语、谚语、俗语等加以注释，以解决学生在学习过程中遇到的问题。与此同时，教材还根据话题内容适时将中俄文化知识进行对比，通过中俄文化知识的对比，加深对中国文化的理解与热爱。

当然，教材需要改进的方面还有以下几点：第一，教材中涉及文化知识偏少，个别教材甚至没有。第二，教材中文化知识所涉及的领域虽较广，具体到每册教材内容相对单一，不够丰富。第三，高中教材中涉及的文化知识相对较少，涉及领域尤其单一，未根据学生各阶段的学习特点进行相应增减及调整。第四，高中选修教材原则上更应体现文化内容的传递，更应侧重于文化知识的学习，但实际上教材中有关文化知识的内容并不丰富。以上几点均不利于学生学习兴趣的培养及文化素养的形成，还需调整和改善。

四、本章小结

本章是对本书第一个研究问题"《课程标准（2011 版）》内容目标中文化素养目标在中学俄语教材中是否得到有效落实"的回应。主要研究现行中学俄语教材中俄罗斯文化知识是如何体现的，它是否满足学生对这部分知识的掌握；俄罗斯文化知识的编排方式是否灵活多样，是否能够引起学生的学习兴趣，是否有利于教师的教和学生的学。

首先，我们概要阐述了《课程标准（2011 版）》课程目标中对文化知识掌握的基本标准，并依据这一标准分析了《课程标准（2011 版）》中俄罗斯文化知识内容的选择、俄罗斯文化知识的教学要求以及俄罗斯文化知识在教材中的编写要求。其次，我们采用了质化和量化相结合的研究方法，对初、高中现行教材中俄罗斯文化知识的主题设定、话题栏目和话题纵向结构等三个维度，对初、高中教材依次进行了分析。最后，对教材中俄罗斯文化知识的总体编排状况提出评价意见。

　　总体来看，我们认为中学俄语教材与《课程标准（2011 版）》内容目标中文化素养分级目标所要求的内容基本吻合。教材中的主题（话题）选择不仅反映了当下俄罗斯社会政治、经济、科学技术、文化艺术等方面的最新成就，而且在话题的题材选择上也考虑学生易于接受的叙述性的生活题材。话题栏目的分布，以及各栏目的教学要求清晰、合理，且包含了训练学生听、说、读、写、译技能的单项或综合练习，有助于学生对俄罗斯文化知识的理解，更有益于跨文化交际能力的培养。话题纵向结构中文化知识较好体现了循序渐进原则，基本能够按照由少及多、由浅入深、由简到繁、由易到难的方式展开，且话题栏目的教学要求便于教师教学的实施和学生学习的理解接受。

第五章　中学俄语教学的课堂观察分析

　　上一章我们分析了跨文化知识在教材中的呈现情况，主要从话题选择、栏目设置、知识分布、练习种类等进行了分析。总体来看，第一，教材中跨文化知识所涉及的领域较广，内容相对较为丰富，便于提高学生的学习兴趣，也有利于提高学生的跨文化交际能力。第二，教材中的跨文化知识以话题线，按主题模式呈现文化知识，在教学栏目中文化知识突出了听、说、读、写、译技能的训练，这样便于学生深入学习跨文化知识，也便于他们更好地理解与掌握目标语国家的文化知识。第三，教材中文化知识的选择能够突出中俄文化的差异，便于学生在学习俄罗斯文化的同时，加深对中华传统文化的学习和感悟。与此同时，也存在一些不足，如教材中文化知识普遍偏少，每册教材所涉及的俄罗斯文化内容相对单一，不够丰富，文化知识在教材中的体现方式还需要进一步丰富，以便更有利于培养学生的跨文化交际能力。

　　为了进一步了解中学俄语课堂教学跨文化交际能力的培养状况，我们走进了中学俄语课堂，借助课堂观察量表，观察记录课堂教学中教师对俄罗斯语言文化知识的处理方式、教学手段的应用、教学情景的设置、教学活动的安排，以及师生互动等，通过多角度观察了解中学俄语课堂教学中对学生进行跨文化交际能力培养的现状，根据俄语教学中存在的问题提出相应的改进措施，从而为跨文化交际能力的培养提供课堂教学参考建议。

一、研究方法与设计

课堂观察可以得到课堂上各个方面的第一手资料，更为详尽和真实。因此，本书选择通过课堂观察来研究俄语课堂教学。本书所使用的课堂观察量表主要借助于《英语课堂教学观察系统》（NENU-2008-001），并在此基础上根据俄语学科的特点，结合本书的研究方向和研究需要进行了相应的调整与修改，经过反复论证，最终形成了《俄语跨文化交际课堂观察量表》。

本书对黑龙江省、吉林省、内蒙古自治区3个省区6所开设俄语课学校的课堂教学进行课堂观察。观察对象涵盖初中、高中6所学校在内的21位教师，实录40节课。

课堂观察量表的编制

1. 量表编制策略

《俄语跨文化交际课堂观察量表》的编制采用了理论与实际相结合的方法。

在编制本量表之前，我们对《英语课堂教学观察系统》（NENU-2008-001）进行了仔细研究和思考，根据俄语学科的特点，对其进行了相应的改动。首先，根据本书的研究目的，我们查阅了大量有关跨文化交际能力研究的理论文献，以此作为本量表编制的理论基础。其次，根据课堂观察的目的，为了便于量表的使用以及评分的客观，我们采用纸笔形式进行随堂记录。在观察之前我们对课堂观察进行了短期测试，在基本能够对课堂观察点即时做出合理的打分后才进入实际的观察，可以说，本次课堂观察的数据比较客观真。此外，考虑到本书的研究目标，本次观察的具体内容仅侧重于课堂教学中与跨文化交际能力培养相关的内容和一些必要的要素来进行建构。

2. 量表的结构和内容

本书根据《课程标准（2011 版）》"文化素养"子目标的要求，用课堂观察形式调查俄语课堂教学中对跨文化交际能力培养的关注达到何种程度。

（1）跨文化交际能力的指标和项目建构。我们分析研究与跨文化交际及其能力培养的相关文献后，初步确立将要制定的量表及指标，并确定跨文化交际能力的培养从语言知识中的文化内容提取和文化知识传授角度进行观察。语言知识传授包括语音、词汇、语法、功能和话题的分布。文化知识传授包括文化知识来源、文化背景知识、文化形成的历史变迁、成语或格言的文化典故、课后练习和原文注释。

（2）表的结构和内容。本观察量表由课堂架构、知识架构、跨文化交际架构三大部分组成，共包括 10 个具体的观察项目，分别为课堂氛围、互动空间、话语控制、教学焦点、语言知识、文化知识讲练及学生座位安排、学生参与程度、教师工具、学生工具等。

①课堂架构。课堂架构主要是指通过观察，记录中学俄语课堂教学中师生之间、生生之间是否为文化知识传输与建构创造了有利或不利的课堂环境与空间。

②知识架构。知识架构主要是指对中学俄语课堂教学中文化知识的内容及其表述或建构方式进行观察实录，即师生之间传输或建构了什么文化知识？文化知识是如何呈现的？其结构如何？通过上述观察，考察俄语课堂教学活动是否有利于对学生进行跨文化交际能力的培养。

③跨文化交际架构。跨文化交际架构主要是指通过观察，记录在教学中跨文化知识的传授以及采用何种传授方式。主要考察中学俄语教学中是否通过教学中安排的各种活动，使学生便于对跨文化知识的理解，在此基础上形成跨文化交际能力的培养。

二、数据统计与分析

课堂观察的数据分析

在对数据进行统计分析之前，首先对观察量表的信度与效度做全面的检验，以确定观察量表能够满足测量准确性的标准与要求。

信度指的是测验结果的一致性程度或者可靠性程度，如果用直观的方式来表达，就是测量结果的稳定性，如果多次重复测量的结果都很接近，则认为测量的信度是很高的。信度检验分为内在信度检验和外在信度检验。本书主要就观察量表的内在信度检验进行分析，并通过 SPSS 统计分析，统计结果如表 5-1 所示。

表 5-1　观察量表信度分析结果

可靠性统计量	Cronbach's Alpha	项数
总量表	0.766	10
分量表 1：课堂架构	0.872	4
分量表 2：知识架构	0.813	4
分量表 3：跨文化交际架构	0.706	2

表 5-1 中 Cronbach's Alpha 系数是指人们用来检验不易进行折半系数分析的量表的内在信度，它可以帮助人们确定影响量表内在一致性的项目。Cronbach's Alpha 系数介于 0.000 和 1.000 之间，系数越高，表明量表的内在一致性越强，其测量的结果就越可靠。通常情况下认为可接受的信度系数不应低于 0.700。从表 5-1 中可以看出，总量表的系数为 0.766，说明本观察量表总体信度较高，能够满足数据分析的需要。观察量表中各分量表系数均高于 0.700，说明量表中各部分设计比较科学，信度比较高，能够满足数据分析的需要。

需要说明的是，本量表的 Cronbach's Alpha 系数虽然达到标准，但并非很高，主要原因在于本量表的项目数比较少，而 Cronbach's Alpha 系数容易受到量表的项目数的影响，项目数越多，系数可能越高；项目数不足，系数可能不太高。因此，当项目数比较少时，系数稍微低一点通常情况下也是可以接受的。综上可见，俄语跨文化交际课堂观察量表总量表和 3 个分量表的内在一致性较好，信度较高，能够满足数据分析的需要。

效度是指测量工具对测量对象的测量能力，它是调查研究中最重要的特征。效度越高，越能反映调查的目的，量表就越有效。效度包括内在效度和外在效度，其中内在效度又包括内容效度和结构效度。在社会科学领域，通常采用因子分析来进行结构效度分析。因此，本书对观察量表进行结构效度分析，以确定量表的效度是否满足要求。统计结果如表 5-2 所示。

表 5-2　观察量表效度分析结果

KMO 和 Bartlett 的检验		
取样足够度的 Kaiser-Meyer-Olkin 度量		0.873
Bartlett 的球形度检验	近似卡方	8370.375
	df	1162.000
	Sig.	0.000

KMO（Kaiser-Meyer-Olkin）检验值表示全部变量的方差比例，KMO 值越高（接近 1.000 时），表明变量间的共同因子越多，研究数据适合用因子分析。一般按照以下标准解释该指标值的大小：KMO 值达到 0.900 以上为非常好，0.800~0.900 为好，0.700~0.800 为一般，0.600~0.700 为差，0.500~0.600 为很差。从表 5-2 可以看出，KMO 值为 0.873，说明本观察量表的设计符合要求，数据适合用因子分析。

一般说来，如果球体检验的显著水平值越小（<0.050），原始变量间存在有意义关系的可能性越大；如果球体检验的显著水平值很大（>0.100），则表明数据不适合用因子分析。从表5-2可以看出，显著水平为0.000，说明本观察量表之间存在显著的关系，也就是说量表中有共同因子的存在，适合用因子分析。综上，俄语跨文化交际课堂观察量表效度较高，测量结果能够反映教师课堂教学的真实情况。

综上所述，对观察量表信度和效度检验所得的各项数据表明，本量表的信度和效度都比较高，量表的设计比较科学合理，适合本书的研究。

依据课堂观察量表的设计，本书将课堂观察数据从以下十个方面逐一进行分析与讨论。

1. 学生座位安排

学生座位的安排方式看似只是一种外在的表现形式，其实不同的座位安排方式对应着不同的教学模式，可以体现出教师课堂教学的方式和特点。同时，也会对教学产生不同的影响。

从统计数据中可以看出，学生座位以双列和圆桌形式进行安排，并且比重持平，而且只有这两种座位安排形式。这体现出在中学俄语课堂教学中，一部分课堂依然采取传统型的座位安排方式，另一部分课堂则进行了一些改革和创新，但创新的程度有限。虽然从表面上来看，这只是外在形式的一种差别，但在实际教学过程中，显而易见，采取圆桌形式的课堂更有助于学生积极参与教学活动中来，更有助于教师与学生、学生与学生之间进行交流互动，更有助于发挥学生的主观能动性。而且在这样的课堂上，教师相对而言会更多地采取多种教学工具和教学方式进行教学，更有助于学生达成文化理解，也就更有助于学生跨文化交际能力的培养。

不过，在实地课堂观察中我们发现，采用圆桌形式的课堂在跨文化交际能力的培养方面虽有明显的优势，但实际上这种优势并未充分发挥出来。有些课堂虽然表面上采取了这种座位安排方式，却流于形式，教师依然以传统的讲授方式进行教学，很少穿插文化知识，很少开展交互活动和合作学习，很少创设接近真实的交际情景及开展丰富多彩的主题活动，没能充分借助这种形式促进学生的文化理解及在情景中恰当得体地运用语言进行交际，显然不利于培养学生的跨文化交际能力的形成。之所以会出现这样的情况，主要是由于圆桌形式的座位安排是由学校的教育改革方向决定的，学校整体上都是这样的安排，教师只是在这样的大环境下进行教学，部分教师由于思想意识没有跟上教育改革的发展，对学生座位安排方式与课堂教学模式之间的关系并未真正提高认识，加之多年教学习惯的使然，使得这部分教师在教学中未能充分借助学生座位安排形式的优势开展教学，从而导致出现了为了改革而改革、改革流于形式的局面，实际上并未起到足够的效果和作用。

事实上，学生座位安排与课堂教学，尤其是与外语教学关系密切。比如量表中的第三种座位安排——席地环绕就更适合在俄语教学中采用。这种席地环绕的座位安排形式可以更大限度地促进学生积极主动地参与到教学活动中来，更便于教师与学生、学生与学生之间的交流互动，也更便于教师采用小组讨论、主题活动、情景演绎等多种方式进行教学，自然更有助于加深学生的文化理解，更有利于学生在不同的情景中、丰富的活动中实现语言的恰当性和得体性，这势必会更有利于促进学生跨文化交际能力的培养。

所以，在实际俄语教学中，教师应该有目的、有意识地丰富学生座位的安排形式，采用更适合的座位安排方式来促进教学的展开，并且学生座位安排方式可以不是一成不变的，应该依据不同的教学活动有针对性地选择不同的座位安排方式，这样更有利于达到预期的教学效果，促进学生跨文化交际能力的培养（图 5-1）。

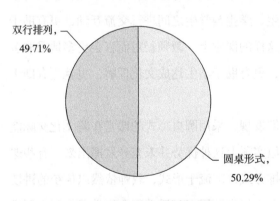

双行排列，
49.71%

圆桌形式，
50.29%

图 5-1　学生座位安排饼形图

2. 学生参与程度

学生参与程度是指学生在课堂上参与学习活动的显性行为，也就是能够观察到的学生的面部表情、行为动作等，以此反映学生学习注意力是否集中，是否全身心投入到学习活动中来。需要注意的是，学生在课堂上参与学习活动的隐性行为并不在观察范围之内。

图 5-2 中数字 1 表示学生参与程度 25%，数字 2 表示参与程度 50%，数字 3 表示参与程度 75%，数字 4 表示参与程度 100%。从图 5-2 中可以看到，参与程度 100% 的学生占比为 69.3%，参与程度 75% 的占 24.7%，参与程度 50% 及 25% 的所占比重较少。也就是说，有约 1/3 的课段不是所有学生都积极参与到课堂教学活动中来，加之此数据只代表学生的显性行为，一些诸如学生表面在听讲、

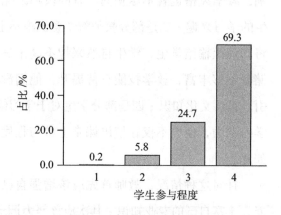

图 5-2　学生参与程度条形图

实际在走神等隐性行为并不在考查范围之内，所以实际上真正参与课堂教学活动的学生数量比数据呈现的还要少。由此可见，学生参与课堂教学活动程度并不很高，有相当一部分学生没有全身心投入到学习活动中来，他们对于学习内容并没有产生浓厚的兴趣，教师也没有将学生的学习积极性充分调动起来。

在课堂观察中我们发现，学生学习兴趣十分浓厚时一般主要有以下四点原因：一是教师授课风格幽默风趣，能够旁征博引、生动精彩；二是教师在授课内容中能够贯穿一些生动的俄罗斯文化知识，进行中俄对比，贴近生活；三是教师能够采用一些灵活新颖的教学手段，如运用多媒体、运用实物或图片进行展示、借助互联网进行延伸教学等；四是教师能够开展丰富的教学活动、主题活动，鼓励学生进行交际演示等。由学生课堂参与程度不高可以看出，很少有

教师能够做到以上几点，也就是说，很少有教师能够在课堂教学中以生动的方式旁征博引，采用多种教学手段和教学方式来渗透俄罗斯文化知识，也很少有教师能够根据教学内容创设接近真实的交际情景以及开展相应的主题活动，以此强调语言在运用中的恰当得体性，从而真正达成学生的文化理解，培养学生的跨文化交际能力。

之所以会出现这样的情况，主要原因有以下几点：一是教师性格千差万别，教学风格也就不尽相同。有的教师因循守旧、教学古板，很难调动起学生的学习兴趣；二是部分教师教学意识跟不上时代的发展，他们以讲授法为主将知识灌输给学生，学生自然兴趣不高；三是部分教师教学水平有限，知识储备不够丰富，教学技能有待提升，他们没有能力采用多种教学方式旁征博引、扩展文化知识；四是部分学生对于学习缺乏兴趣，没有良好的学习习惯和学习动力，他们不仅在俄语课堂上参与程度不高，在其他学科的学习中也是如此。

针对这种情况，教师首先应该增强自己的教学意识，提升自己的教学技能，丰富自己的专业知识；其次应该努力调动学生的学习积极性，使他们对学习尤其对俄语学习产生浓厚的兴趣和持久的动力。毕竟，如果学生课堂学习参与程度不高，那更无从谈及跨文化交际能力的培养了。

3.课堂氛围

课堂氛围是指师生参与课堂活动的总体活跃程度，包括教师的教学热情、鼓励程度和学生的参与热情。侧重于跨文化交际能力培养的课堂通常来说教师的教学热情都会很高，他们很少对学生进行批评否定，会更大程度鼓励学生在情境中、主题活动中交流互动，学生参与课堂活动的热情也相对较高。

图 5-3 中数字 1 表示课堂氛围不活跃，数字 2 表示比较活跃，数字 3 表示活跃，数字 4 表示很活跃。从图 5-3 中我们可以看到，课堂氛围很活跃所占比例为 34.0%，活跃占 42.1%，比较活跃占 22.4%，不活跃占 1.5%，即多数课段

课堂氛围活跃，多数学生能够积极参与课堂活动，课堂气氛比较轻松愉快，但课堂氛围很活跃得并不很高。

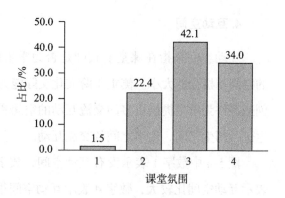

图 5-3　课堂氛围条形图

在实际课堂观察中我们发现，凡是教师在教学中能够有意识地通过多种方式渗透俄罗斯文化知识，进行相关文化知识内容的拓展时，课堂氛围都很活跃，学生会对中俄文化差异表现出很大的兴趣，甚至有时学生会主动进行提问、追问，求知欲很旺盛。虽然有时教师只是点滴渗透、略有涉及，但学生都会表现出很浓厚的兴趣，并且会正向影响后续的学习。尤其是教师组织开展主题活动，学生进行角色扮演，教师与学生、学生与学生进行交互活动时，课堂氛围尤其活跃。遗憾的是，在俄语课堂教学中，教师有意识地进行文化知识的拓展并不多，经常只是点到为止，没有进行更深入的扩展与更丰富的讲解，也鲜少开展主题活动、交互活动等。究其原因，一是由于部分教师在此方面的教学意识淡薄，疏于对学生进行跨文化交际能力的培养；二是由于部分教师本身文化知识和文化素养的积淀不够深厚，他们无法进行文化知识的传递；三是由于部分教师课堂把控能力不足，他们担心十分活跃的课堂会影响教学秩序，难以把控；此外，这种现状也和当前的考试评价体系有关，教师秉承的理念就是"考什么，教什么"，既然不考，又何必教，所以会淡化文化知识的扩展与交互活动的开展。

所以，教师应该意识到跨文化交际能力培养的重要性，并在此基础上不断更新教学理念、丰富文化知识、学习现代化教学手段、提高课堂把控能力、积极开展情景教学和活动教学，为跨文化交际能力的培养做好充分的准备。

4. 互动空间

互动空间是指在课堂上教师是否为学生提供互动的空间和机会及所提供的空间与机会的大小。侧重于跨文化交际能力培养的课堂通常来说教师会努力创造条件为学生提供更多的交流互动的空间和机会，更大限度地引导并鼓励学生进行师生之间、生生之间的交流互动。

图 5-4 中数字 1 表示没有互动空间，数字 2 表示有一点互动空间，数字 3 表示互动空间比较大，数字 4 表示互动空间很大。从图 5-4 中可以看到，互动空间比较大所占比重最大，而互动空间很大的所占比重却不是很大。也就是说，教师在课堂教学中能够给学生提供一些互动空间与机会，但这种空间不是特别大，机会也不是特别多。

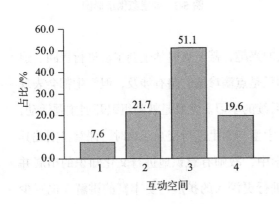

图 5-4 互动空间条形图

事实上，在课堂观察中我们发现，所谓互动空间比较大主要表现为教师提问、学生回答、教师反馈这样的三轮对话互动，真正属于学生的交流互动的机会和空间少之又少。多数教师只是能够做到与学生多交流、多反馈，而很少有教师能够真正放手让学生自己去发现、去探索、去做交际演练或情景展示与交流互动。并且教师与学生之间的反馈交流主要以教师提问、学生回答为主，很少有学生主动提问、教师回答的情况，尤其是在进行有关文化方面的教学时，教师很少进行相关文化知识的延伸与扩展，通常只是稍作提及、浅尝辄止，有时学生会因兴趣浓厚、求知欲强而对教师进行发问或追问，但基本都被教师主动忽略，径自进行下一阶段的教学。究其原因，一方面是由于有的教师认为，文化知识并不属于重点知识的传授范畴，没有必要对学生进行过多的讲解；另一方面是由于有的教师自身文化积淀不够丰厚，他们回答不出学生的提问，无法做更多的文化知识扩展，所以只能选择忽略不答、不做延伸。此外，跨文化交际能力的培养并未引起教师的足够重视，高考又不考核相关能力，教师自然也不愿为此过多地花费时间与精力。

所以，教师首先应该提高对跨文化交际能力培养的重要性的认识，在此基础上不断深入学习、提高专业知识与专业技能，加强文化修养，从而在课堂上增加学生之间的互动空间与机会，有意识地贯穿渗透相关文化知识，努力为学生创造良好的交际情景，开展更丰富的主题活动，鼓励学生积极进行角色扮演和交际演练，从而达到跨文化交际能力培养的目的。

5. 话语控制

话语控制是指在课堂教学过程中控制话题和教学活动的情况。一般而言，传统教学过程中基本都是由教师控制教学活动和话题。

图 5-5 中数字 1 表示教师控制，数字 2 表示学生控制，数字 3 表示师生共同控制。由图 5-5 可以看到，课堂话题和任务的控制权基本由教师掌握，由学生控制及由师生共同控制的情况较少，甚至少到可以忽略不计。表面上看，这体现的是课堂主体性的问题，但事实上，话语控制权也可以在一定程度上反映跨文化交际能力的培养现状。一个由教师完全控制教学话题和活动的课堂很难能够真正留有空间让学生在情景中、在活动中自主且充分地进行角色扮演、交互活动和交际演练，学生自然无法恰当得体地在不同的情境中运用语言，跨文化交际能力的培养自然也就无从谈起。

在课堂观察中我们发现，之所以会出现这样的情况，主要有以下几点原因：一是多数

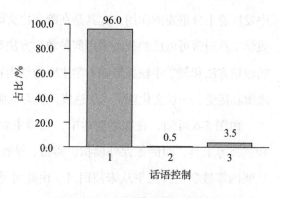

图 5-5　话语控制条形图

教师累年形成的教学习惯，他们很自然地习惯于采用传统的教学模式来进行教学，往往以讲授为主，很少采用多种灵活的教学方式，如活动教学、情景教学等；二是由于灵活新颖的教学方式对教师提出了更高的要求，需要他们做更多的课前准备，也需要他们具备较强的课堂把控能力，而这些多数教师是难以达到的；三是由于部分教师相关文化知识储备不够丰厚，他们不敢放手让学生来控制教学话题和活动，一旦放手，他们担心教师无法应对学生随时提出的各种疑问；四是由于部分教师忽视学生跨文化交际能力的培养，他们更多地只是让学生反复地就某词某句进行机械性的操练，而很少为学生创设接近真实的交际情景，以便让学生恰当得体地运用语言进行交际。

因此，教师应该积极更新教育理念，紧跟教育改革的脚步，积极学习研究新的教学模式，采用适合的教学方式，把课堂留出一部分空间给学生，带领学生一起控制或逐步过渡到由学生尝试着自行控制教学话题与活动，引导并鼓励学生积极主动地参与到教学活动中来，增加交流互动的机会，从而推动学生跨文化交际能力的培养。

6. 教师工具

教师工具是指在课堂教学过程中教师所使用的主要媒介，即教师是采用何种媒介辅助进行教学活动并完成教学任务的。事实上，教学工具的使用在课堂教学中发挥着十分重要的作用，尤其是在跨文化交际能力的培养方面。教师采用何种教学工具通常可以反映教师采用何种教学方法和教学手段呈现教学内容，而不同的教学方法和教学手段又影响着学生对教学内容的理解和接受，尤其是对文化的理解和接受。一旦文化理解无法达成，就无从谈及跨文化交际能力的形成。

由图 5-6 可知，在课堂教学中，教师主要采用教材进行教学，辅以练习册和黑板等工具，而诸如课外读物、实物、录音机、影碟机 / 电视、多媒体设备、互联网等教学工具几乎从未使用过。由此可见，教师在教学中所选用的教学工具种类十分单一，且多属于传统教学工具，现代化教学工具使用很少。教师在课堂教学中单一地借助教材进行教学并不能很好地提升学生的学习兴趣，也不利于学生更直观生动地感知理解俄罗斯文化，也就难以实现跨文化交际能力的培养。相反，倘若能够积极借助实物、卡片、音像资料等教学工具，更生动直观地呈现教学内容，会更有助于学生理解文化，从而促进学生跨文化交际能力的培养。

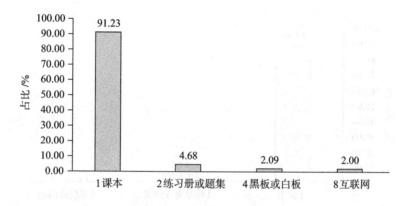

图 5-6　教师工具柱形图

之所以教师会在课堂教学中单一地采用教材作为主要甚至是唯一的教学工具，主要原因有二：一是受学校客观教学条件的制约。当地学校现代化教学设备不齐全，很多学校没有配备相关的教学设备，教师自然无法运用，而且学校各类教学材料匮乏、陈旧，可供使用的教学资源相对较少，这也制约了教师教学工具的选择；二是受教师主观教学意识及教学技能的制约，他们习惯于运用传统的教学工具，习惯于选择教材加黑板的不二组合，习惯于采用一支粉笔搭配一本书的模式进行教学，教学理念和教学技能没有及时更新换代，也鲜有热情去精心准备更为丰富的教学资料。部分教师尤其年龄大的教师反而认为没有必要费时费力额外制作教学材料、采用先进教学设备，他们认为这些教学工华而不实、空有其表，加他们本身的现代化教学技能水平有限，对于他们来说学习新媒体教学工具也是一种负担。

7. 学生工具

学生工具是指在课堂教学过程中学生所使用的主要媒介，即学生是采用何种媒介辅助参与学习活动并完成学习任务的。在课堂学习中，学生学习工具的选择基本上是由教师教学工具决定的，即教师怎么教，学生就怎么学，教师用什么教，学生就用什么学。

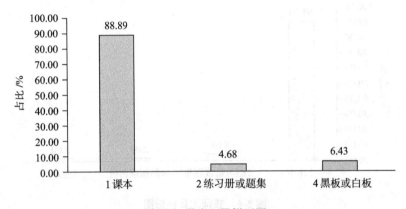

图 5-7　学生工具饼形图

由图 5-7 可知，在课堂学习中，学生主要采用课本进行学习，辅以练习册和黑板等工具，而诸如课外读物、实物、录音机、影碟机／电视、多媒体设备、互联网等工具学生几乎从未使用。由此可见，学生在课堂学习中所选用的学习工具种类十分单一，且多属于传统学习工具，现代化、直观性学习工具很少使用。仅仅依靠教材、黑板、练习册进行学习，很难激发学生的学习兴趣，也无法更直观生动地帮助学生形成文化理解，从而促进跨文化交际能力的培养。课堂观察中我们发现，凡是采用诸如卡片、图表、实物、多媒体等新颖直观的学习工具，学生都会普遍展现出极大的学习热情和探索欲望，并且文化理解普遍更为深入，十分有助于学生文化知识的学习以及跨文化交际能力的培养。

之所以学生会采用单一教材作为主要甚至是唯一的学习工具，主要甚至可以说完全是受教师教学工具的影响和制约。在课堂学习过程中，学生无权主动选择学习工具，只能跟着教师的节奏走，教师怎么教，学生便怎么学，教师用什么教，学生便用什么学，这样很难达到文化理解，形成跨文化交际能力。

8. 教学焦点

教学焦点是指在所观察的每个课段中教师所关注的语言焦点，它反映了教师在课堂教学过程中的教学侧重点，从中可以看出教师是否能够同时兼顾学生语言知识的掌握与文化理解的达成，是否能够在保证学生语言输出准确性的同时兼顾语言表达得恰当得体，是否能够既关注学生语言能力的学习又关注学生跨文化交际能力的培养。

从图 5-8 中可以看到，语言形式所占比例高达 94%，而语言功能、语言使用、交际策略三项所占比例小。由此可见，教师在课堂教学中更注重对语音、词汇、语法等基本语言知识的讲授，很少关注学生对篇章内容的深层理解、对交际策略的明确指引以及对所学语言的实际运用。这说明教师通常只是按部就班地进行语言基本知识的传授，很少引导学生对语言知识背后的相关文化因素进行深入的挖掘，很少为学生创设接近真实的交际情景或相关的主题活动，以便学生通过不同情境的实践演练来达到恰当得体地运用所学的语言进行交际，并且教师在课堂对于交际策略的渗透几乎没有，这对于培养学生的跨文化交际能力是十分不利的。课堂观察中我们发现，在语言形式的教学中，教师也仅仅局限于语音、词汇、语法等基本知识的反复讲练，即便涉及文化，如某词汇可展开进行俄罗斯文化知识的渗透，某语法可展开进行中俄不同文化背景下不同表达的对比，教师都很少能够做出进一步的延伸和扩展，很明显，这种只关注语言知识本身的教学只能导致学生毫无兴趣地死学硬记，从而保证学生语言表达的准确性，培养的仅仅是语言能力，却不能使学生通过一系列的教学情景和教学活动去亲身实践和体验，从而保证语言表达的恰当性、得体性，进而促成学生跨文化交际能力的形成。

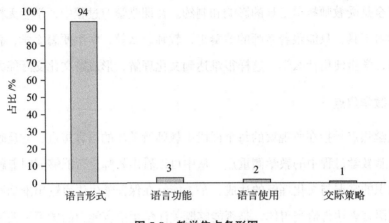

图 5-8　教学焦点条形图

究其原因，主要是由于多数教师理所当然地认为教学焦点就应该放在语言形式的学习上，他们很少重视语言功能、语言使用、交际策略这三个方面的培养，毕竟受考核评价机制的影响，能够量化考核学生学习结果、教师教学效果的只有一纸试卷，分数漂亮才是他们认可的最终目标。

9. 语言知识

《课程标准（2011 版）》将语言知识分为语音、词汇、语法、功能和话题五大类，在课堂观察中我们对这五大类知识逐一进行了数据观察，统计教师在这几类知识的讲授过程中是否进行了相关文化知识的渗透，从而判断教师是否积极促进了学生的文化理解，是否努力为培养学生的跨文化交际能力奠定坚实的基础。

从图 5-9 中可以看到，有 94.15% 的课段教师在完全、纯粹地进行语言知识的讲解，在这一过程中并没有进行任何相关文化知识的渗透，仅有 5.85% 的课段教师在进行语言知识的讲解时穿插渗透了一些文化知识，相对来说十分有限。由此可见，教师在课堂教学中更倾向于单纯传授语言知识，仅就语言知识本身进行教学，他们很少关注语言知识所承载的文化知识，甚至可以说是完全忽略文化知识的传递，这种教学很难调动起学生的学习主动性和积极性，学生仅凭对语言知识进行的机械重复的操练，也仅仅保证语言基本能够准确输出，对于文化知识鲜有学习；无法达到文化理解，不进行情景演练，就无法保证语言在具体情景中的恰当得体地运用和表达，这自然十分不利于学生跨文化交际能力的形成。

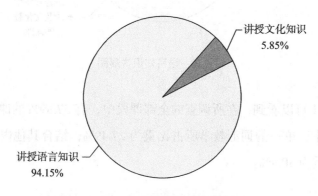

讲授文化知识
5.85%

讲授语言知识
94.15%

图 5-9　语言知识饼形图

从图 5-10 中可以看到，在所调查的全部课段中，只有 0.58% 的课段涉及了语音教学，并且在语音教学中很少涉及文化知识的渗透。这种情况与教学内容的性质息息相关，毕竟语音教学处于俄语学习的入门阶段，在这个阶段，学生刚刚迈进俄语学习的大门，刚刚开始接触俄语，尚未掌握基本的语言知识，此时最主要的教学任务就是夯实语音基础，为后续的学习打良好的基础，并且语音教学鲜少能够将语音与文化相联系，从而进行文化方面的渗透和理解。倘若能够把握教学时机，适时地进行一些文化渗透，对于初学俄语的学生来说是一件好事，因为俄语发音习惯与汉语发音不同，俄语语法繁难，学习起来就比较艰难，倘若能够以文化作为一个切入点，以此来吸引学生的学习兴趣，调动他们的学习积极性，为他们打开一扇门，会更有助于后续的学习，而且一旦慢慢建立起文化理解，也就为跨文化交际能力的培养与形成奠定了基础。

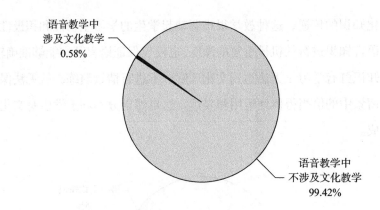

图 5-10　语音知识饼形图

从图 5-11 可以看到，在所调查的全部课段中，有 57.89% 的课段涉及了词汇教学，其中，单一的词汇教学所占比重为 27.49%，结合其他内容进行词汇教学所占比重为 30.4%。

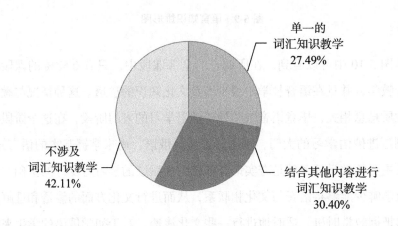

图 5-11　词汇知识饼形图

在课堂观察中我们发现，进行词汇教学时，只有一小部分教师能够有意识地将词汇教学引申延展到相关文化知识的渗透，但一般也只是局限于简单地介绍，并且以人名、地名、节日、特殊物品等具有鲜明俄罗斯特色的名词为主。

教师很少能够真正深入挖掘词汇背后所隐含的文化因素以及其中所蕴含的中俄文化的差异，从而引导学生进行文化对比和更深层次的文化理解，这势必会影响学生跨文化交际能力的形成。课堂观察中我们也发现，凡是教师能够结合中俄文化的差异进行词汇讲解的课堂，会更容易激起学生的学习兴趣，引发学生对俄罗斯文化的探索及对我国文化的热爱，会更容易促进学生达成文化理解，更便于学生恰当得体地运用合适的语言进行表达，从而促进学生的跨文化交际能力的培养。

从图 5-12 中可以看到，在所调查的全部课段中，有 25.15% 的课段涉及语法知识，单纯讲解语法知识的课段所占比重很小，仅为 2.92%。

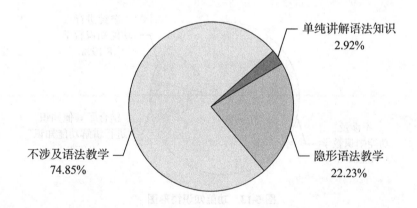

图 5-12　语法知识饼形图

这是由于新课改之后，中学俄语教学开始强调"隐形语法"，所以目前中学俄语课堂已经没有专门的语法课，语法知识教学贯穿渗透在各个教学板块当中。课堂观察中我们发现，虽然语法知识教学常常贯穿于各个教学板块中，与多种教学内容穿插渗透，但很少涉及文化知识的渗透。这主要是由于"隐形语法"是新课改后新提倡的一种教学理念，很多教师无论是从主观接受上还是从客观操作上均有所局限，尚不能游刃有余。加之俄语语法本就极为复杂，语法教学本就繁难枯燥，所以教师就更没有余力也没有意愿去增加相关文化知识的渗透。事实上，在俄语语法教学过程中，适当结合中文语法进行对比分析，结合中俄文化差异导致的表达差异进行教学，既可以帮助学生更好地消化吸收语法知识，又可以促进学生对于俄罗斯文化的理解接纳，自然会更有助于学生的跨文化交际能力的养成。

从图 5-13 中可以看到，在所调查的全部课段中，仅有 16.96% 的课段涉及功能知识教学，其中，单纯进行功能知识教学的课段所占比重为 8.19%，仅有 8.77% 的课段结合了其他知识进行讲解。

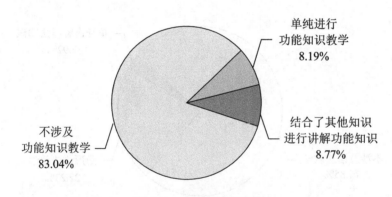

单纯进行
功能知识教学
8.19%

结合了其他知识
进行讲解功能知识
8.77%

不涉及
功能知识教学
83.04%

图 5-13　功能知识饼形图

课堂观察中我们还发现，与文化有关的知识渗透少之又少。正如调查数据所呈现的结果，在俄语课堂教学中，功能知识教学本身就不受教师重视，多数教师基本上都选择将其忽略，所以能够结合文化进行的功能知识教学就更加少之又少，甚至可以忽略不计。这反映出教师在课堂教学中都将重心放在基本的语言知识的讲练上，仅就知识本身进行教学，侧重于培养学生的语言能力，而不重视学生的文化理解，基本不会对相关文化因素进行深入的挖掘，学生无法通过各种教学手段、教学方式在情景中、活动中、角色扮演中去亲身实践和体验，自然无法恰当得体地运用语言进行交际，跨文化交际能力的形成也就无从谈起。

从图 5-14 中可以看到，在所调查的全部课段中，有 40.35% 的课段涉及话题知识教学，其中，单纯进行话题知识教学的课段所占比重为 21.05%，结合其他内容进行话题知识教学所占比重为 19.30%。

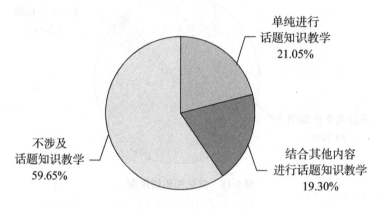

图 5-14　话题知识饼形图

这主要是与中学俄语教材中设计了多种话题教学的板块有密切的关系。借助于教材，依据教材的理念和设计，部分教师基本能够有意识地在话题知识教学中穿插渗透相关文化知识的讲解，使得教学内容相对丰富而有趣，从而促进学生的文化理解，帮助提升学生的文化素养及形成学生的跨文化交际能力。但从数据中我们也可以看到，能够做到的教师占比相对较少，而且课堂观察中我们发现，教师很少能够充分借助于教材中所设置的话题板块引导学生进行相关的主题活动和交际演练。事实上，学生是非常有意愿、有热情参与这样的教学活动的，而且只有教师努力为学生创设了这样的活动空间和交际情景，学生才能在一系列的活动中亲身感受和体验，才能在情景演练中、交互活动中、角色扮演中、合作学习中逐渐学会如何准确、恰当、得体地运用语言进行交际，这对于培养学生的跨文化交际能力是十分有利的。

10. 文化知识的呈现

文化知识在整个俄语课堂教学中所占比例极低。从图 5-15 中可以看到，有 94.74% 的课段教学内容没有涉及文化知识，只有 5.26% 的课段教学内容涉及文化知识。

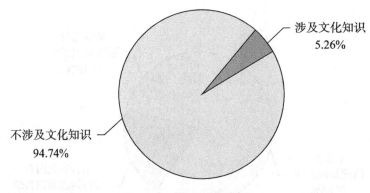

图 5-15　文化知识饼形图

在课堂观察中我们也发现，在这些涉及到文化知识的课段中，教师对文化知识传授的比重都非常低，很大一部分都是一带而过、浅尝辄止，很少进行深入丰富的延伸和扩展。

文化知识传授的主要有以下几类：文化知识的来源、文化背景知识、文化形成的历史变迁、成语或格言的文化典故、课后练习和原文注释。从图 5-16 可以看出，在所调查的俄语课堂中，文化知识的传授仅涉及文化知识的来源、文化背景知识和课后练习这三项，并以文化背景知识为主，而文化形成的历史变迁、成语或格言的文化典故、原文注释均没有涉及。并且从所占比重来看，最高的一项即语言背景知识所占比例仅为 4.68%。由此可见，在中学俄语课堂教学中，教师很少进行文化知识的传授，并且在课堂观察中我们也发现，即便进行文化知识的传授，大多数教师也都习惯于选择用直接翻译的方式来传递文化知识，或者只是对相关文化背景知识进行简单的介绍，很少对文化知识内容进行多角度的、更为详尽地阐述和呈现。如此一来，学生自然对相关文化知识知之甚少，难以达成文化理解，其跨文化交际能力自然也就难以形成。之所以出现这样的情况，一是由于部分教师没有意识到文化知识传递和文化理解达成的必要性以及跨文化交际能力形成的重要性；二是部分教师自身相关文化底蕴不够丰厚，无力进行文化知识的延伸与扩展；三是部分教师由于职业懈怠，懒于进行更多的教学准备。

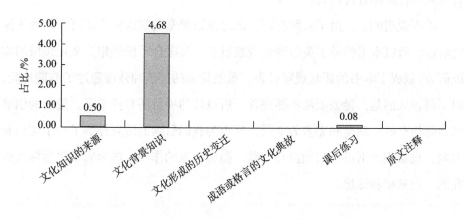

图 5-16　文化知识传授角度

综上所述，目前中学俄语教学中跨文化交际能力的培养状况不容乐观，课堂观察结果显示，在课堂教学中，教师对于俄罗斯语言文化知识的教学处理方式、教学手段的运用、教学情景的设置、教学活动的安排、教学焦点的关注，以及师生的互动方式等多个方面都存在不少问题，多数教师专注于语言基本知识的讲授和操练，仅就语言知识本身进行教学和训练，并且习惯于采用单一、传统的教学手段和教学方式，很少采用新颖、灵活、现代化的教学手段呈现教学内容，很少能够深入挖掘语言知识背后所蕴含的文化因素进行相关文化的对比、渗透和延展，很少能够创设接近真实的交际情景、开展丰富多样的主题活动以便学生能够在情景中、在活动中进行角色扮演和交际演练，如此一来，教师所能保证的只是学生能够基本准确地进行语言表达，所培养的也仅仅是语言能力，而无法保证学生能够恰当得体地运用所学语言在不同的生活情境中进行交际，无法真正形成学生的跨文化交际能力。虽然这其中有一些诸如学校硬件设施不够齐全、俄语学习本身繁难枯燥、考核评价标准不够全面等客观原因，但最主要也是最根本的还在于教师自身，很大一部分教师的教学理念比较陈旧、教学手段不够多样、教学活动不够丰富、教学意识没有及时更新、知识储备及教学技能都有待提高。

需要说明的是，由于时间有限，加之俄语课堂观察这种实证研究尚处于探究阶段，所以本书借助了英语课堂观察量表，又融合了俄语相关文化领域的实证研究，制成了本书的课堂观察量表。虽然量表的信度和效度通过了前期检验，但不可否认的是，量表依然不够完善，所设计的项目还有待丰富，量表的细节和整体均有继续调整和完善的空间，这也为我们后续的研究提供了一个切口和方向，也希望本书可以起到投石问路、抛砖引玉的作用，成为后续更为深入研究的一点基础和铺垫。

三、研究结论

本书以《课程标准（2011 版）》提出的文化素养中跨文化交际能力培养为研究目标，以语言、文化、交际三者在中学俄语课堂教学中的有机融合为本书研究的核心问题，在详细研读前人有关跨文化交际相关文献的基础上，确定这一问题的研究起点和理论依据。在对上述问题进行研究之后，对现阶段中学俄语教材的文本进行了分析，对中学俄语教材中文化知识的栏目设定、教材纵向及横向结构中文化知识内容的选择等进行了评价，以检验《课程标准（2011 版）》的内容目标——俄罗斯文化知识在教材中是否得到了有效落实。在对教材进行分析的基础上，又通过深入中学俄语教学一线，运用大量实证研究对中学俄课堂教学跨文化交际能力的培养进行了观察。通过上述研究讨论，现将本书的研究结论介绍如下。

（一）文化素养目标在现行教材中的落实情况

中学俄语教材中俄罗斯文化知识的编排基本遵循《课程标准（2011版）》提出的要求与建议，也基本吻合学生的认知发展阶段特点及俄语学习的规律，因此，基本适用于俄语教学。第一，从教材话题栏目中文化内容的设定来看，基本遵循了学生的认知发展阶段以及俄语学习的规律和特点，由少及多、由浅入深、由简到繁、由易到难逐步展开。第二，从教材纵向结构中文化内容的呈现来看，基本符合《课程标准（2011版）》的标准与要求，但仍有较大的进步和改进空间，尤其是高中教材。在文化知识所涉及的领域，并不十分丰富，过于单一和集中；在文化知识所出现的数量方面，相对较少，并且没有依据各年级阶段俄语学习的特点进行相应的增减，这都不利于学生学习兴趣的培养及文化素养的形成。第三，从教材横向结构文化内容的展开来看，基本符合《课程标准（2011版）》的建议与要求，具体呈现以下几个特点：①社会性。整套教材社会类题材所占比重较大，涉及范围广，内容丰富，张弛有力；②专题性。第三、四册教材呈现专题模式，以整体形式阐述知识，加强了课题的连贯性，更有益于整体的把握；③重复性。教材中有许多重复性课题，其呈现方式很有规律，其课题选择十分经典，有利于对课题的深层次理解；④复习性。整套教材的复习单元在分布上既匀称又规律，贯穿于教材的各个单元之间，有利于学生更牢固地掌握知识。可见，文化素养目标在现行教材中的落实情况既有值得肯定的方面，又有需要提升的空间。具体总结如下：

文化素养目标在现行教材中的落实情况做得比较好的主要有：第一，话题栏目中文化内容的设定基本能够按照由少及多、由浅入深、由简到繁、由易到难的循序渐进的方式展，便于教师教学实施以及学生理解接受。第二，文化知识所涉及的范围较广，内容相对较为丰富，便于提高学生的学习兴趣和文化素养。第三，部分教材以专题形式呈现文化知识，便于学生深入学习、理解与掌握。第四，教材中文化知识的选择能够突出中俄文化的差异，便于学生在学习俄罗斯文化的同时，加深对中华优秀传统文化的学习和感悟。

文化素养目标在现行教材中的落实情况有待提升的表现在：第一，教材中文化知识呈现的数量普遍偏少，个别教材尤甚。第二，教材中文化知识涉及的范围较广，但具体每册教材所涉及的内容相对较为单一，不够丰富多样。第三，高中教材文化知识内容相对较少，涉及领域单一，未能根据学生各阶段的学习特点进行相应的增减及调整。第四，高中选修教材原则上应更加体现文化内容的传递，更加侧重于文化知识的学习，更加注重跨文化交际能力的培养，但实际上，教材中有关文化的知识内容并不丰富。以上几点均不利于学生学习兴趣的培养及文化素养的形成，还需相应的调整和改善。

（二）文化素养目标在课堂教学中的落实情况

在现行中学俄语课堂教学中，教师对于文化素养目标的落实情况不容乐观。第一，大部分教师依然采用传统的教学模式进行教学，其教学手段及教学材料比较单一，只有一小部分教师能采用多样的教学方式进行教学，并在其中穿插相关文化知识。第二，只有一小部分教师能够有意识地进行文化知识的传与渗透，多数教师忽略语言所承载的文化知识，甚至主动避开相关文化知识的讲解，偶有涉及也只是点到为止，不会进行更为深入的扩展与更为丰富的呈现。整体而言，他们对学生进行跨文化交际能力的培养意识还很淡薄。第三，多数教师能够做到与学生多交流、多反馈，但很少有教师能够真正放手让学生自己去发现、去探索、去展示与交流，学生难以通过一系列的活动亲身实践与体验。教师与学生之间的反馈交流主要以教师提问、学生回答为主，很少有学生主动提问、教师回答的情形，尤其是在进行文化知识的讲解时，面对学生的发问或追问，教师很少作出解答，学生对于俄罗斯文化的兴趣很难被激发，甚至被遏制。第四，大部分教师更注重对语音、词汇、语法等语言基本知识的讲授，仅就知识本身按部就班地进行教学，这只能保证学生语言表达的准确性，培养的仅仅是语言能力，很少有教师在进行语言知识的讲授时同步关注语言知识背后所蕴含的文化因素。他们很少为学生创设接近真实的交际情景，很少开展丰富多彩的主题活动，以便学生在情景中、活动中通过角色扮演、交际演练等方式运用所学的语言进行恰当得体的交际，很显然这很难形成学生的跨文化交际能力。第五，在俄语课堂教学中，不仅文化知识所占比重低，而且文化知识的传授也很单一。很少有教师主动进行文化知识的传授，即使是进行文化知识的传授，大多数教师也都习惯于选择用直接翻译的方式来传递文化知识，很少对文化知识进行更为详尽深入的阐述。

四、本章小结

本章我们对俄罗斯文化知识在中学俄语教材中的编排、主题（话题）选择、栏目设置、知识分布等进行了统计分析，以此研究文化素养目标在现行教材中的落实情况。本书借助课堂观察量表，对黑龙江、吉林、内蒙古等地初中、高中 6 所开设俄语课的学校共计 21 位教师的课堂教学进行实地考察，观察记录了在中学俄语课堂教学过程中教师对于俄罗斯语言文化知识的教学处理方式、教学手段的应用、教学情景的设置、教学活动的安排，以及师生的互动方式等。在获得课堂各个方面第一手资料的基础上，对相关数据进行了统计分析，以此研究中学俄语课堂教学跨文化交际能力的培养现状。

总体来看，目前我国中学俄语教学中大部分教师注重俄语语音、词汇、语法等语言基本知识的讲授，他们仅就知识本身进行教学，较少关注俄罗斯文化知识的教学，较少对语言知识背后所蕴含的文化因素进行挖掘与扩展，较少对教材中所呈现的文化知识进行深入的讲解与丰富的呈现；很多教师依然采用传统的教学模式进行教学，其教学手段及教学材料都十分单一，只有一小部分教师能够有意识地采用新颖、多样、现代化的教学手段进行文化知识的传授与渗透；教师很少创设接近真实的交际情景，很少开展丰富多样的主题活动，很少引导学生在情景中、活动中进行角色扮演和交际演练。可以说，教师仅能通过教学保证学生语言表达的准确性，培养的仅仅是学生的语言能力，而无法保证学生语言表达的恰当得体性，难以培养学生的跨文化交际能力。这也在很大程度上印证了本书对中学俄语教学跨文化交际能力培养研究的紧迫性。

第六章　中学俄语教学的课堂实录与分析

在上一章我们借助课堂观察量表对 3 个省区 6 所开设俄语课的学校进行了课堂观察，通过观察，我们认为现行中学俄语教学中跨文化交际能力的培养状况不容乐观。在课堂教学中教师对于俄罗斯语言文化知识的教学处理方式、教学手段的运用、教学情景的设置、教学活动的安排、教学焦点的关注，以及师生的互动等多个方面都存在不少问题。多数教师不能在讲授语言知识的同时挖掘语言背后所蕴含的文化因素，未能通过多种教学手段和教学方式促进学生掌握文化知识、达成文化理解，更没有在此基础上进行情景教学和活动教学以便于学生在情境中、活动中学会如何准确、恰当、得体地运用语言进行交际，可以说，普遍忽略了学生的跨文化交际能力的培养。

然而，课堂观察方法更侧重于对观察量表中所制定的具体项目的量化考核分析，得出的数据虽然客观、准确，却难以很好地说明教师在课堂教学中是如何展开具体的文化教学的，也难以对教师如何进行文化知识的传递、如何促成文化理解的达成、如何提升跨文化交际能力的培养作出更全面、更直观的展示。因此，为了弥补课堂观察的不足，本书在上一章课堂观察的基础上，在这一章又进行了课堂实录分析，以期通过更具代表性、更为翔实的一手资料对本书的研究加以佐证。

一、研究方法与设计

本书从实际课堂观察实录的 40 节课中，选取了 2 位教师所讲授的 3 节具有代表性的课程进行了课堂录音语料的转写，转写时严格还原录音语料中的声音内容，未经任何人工的处理。为使所选取的课程更具代表性，最大程度上反映多数教师的普遍教学状况，我们在选取课程时综合考虑了以下因素：第一，省份不同。黑龙江省和吉林省各取其一；第二，学校类别不同。初中和高中各取其一；第三，教师性别不同。男和女各取其一；第四，教师从事俄语教学年限不同。10 年以下和 10 年以上各取其一；第五，课型不同。会话课和课文课各取其一。需要说明的是，其一，由于会话教学和课文教学相对于其他教学内容会涉及更多的文化知识，更容易直接观察到教学中跨文化交际能力的培养过程，所以选取了上述两个课型。其二，由于课文的篇幅一般较长，不可能在一节课中完整呈现教学内容，也不能完整地反映教师的教学情况。为了使本书的研究更接近实际，特选取一位教师的连续两节课。其三，除了依据以上不同因素的考量，还综合考虑了教师的教学水平。本书特地从 21 位教师中选取两位教学效果相对优秀的教师，希望通过优秀教师的教学来观察分析中学俄语课堂教学中跨文化交际能力的培养达到的程度，以此预测目前中学俄语课堂教学中跨文化交际能力培养的整体状况。

二、课堂实录样例分析

由于课堂实录的内容较详实完整，因此所占篇幅大，为了既能保证课堂实录内容的真实性、完整性、客观性，又能便于本书进行有针对性的分析，特将课堂实录中与本书研究不甚相关的部分做了省略处理，并说明了省略的内容。此外，为了清晰呈现材料中的文化知识及教师对于文化知识的处理情况，本书也对相关内容分别作了明显的标记：标注灰色底纹的为材料中出现的文化知识；标注下划线的为教师就材料中文化知识所做出的处理；符号【】中的内容是作者作出的俄文翻译；符号（）中的内容是省略的与本书研究无甚关联的内容。

（一）样例一：某初中教师讲解初二教材第十一课会话

1. 教学材料及译文

材料一：

Ли Мин, Лена и Антон на выставке школьных рисунков.

——Ли Мин, тебе этот рисунок нравится?

——Не очень. Рисунок странный, тёмный, непонятный.

——Ли Мин, но это же рисунок карандашом!

——Ну, может быть, Лена, ты права, но я не люблю такие рисунки.

——Ой, как жаль! А мне рисунок очень нравится. Я его хочу купить. Интересно, сколько он стоит?

——Здесь есть цена. ——150 рублей.

——Ой, как жаль… У меня только 100.

——Лена, не волнуйся, я подарю тебе этот подарок.

——Большое спасибо за такой замечательный подарок! Ну что, друзья, пора домой?

——Да, уже пора. До завтра.

——До завтра.

译文一：

会话三

李明、列娜和安东在学生画展上。

——李明，你喜欢这幅画吗？

——不是非常喜欢，这幅画很奇怪，很暗，令人费解。

——李明，这可是铅笔画。

——列娜，大概你是对的。但是我不喜欢那种画。

——哎呀，太可惜了。我非常喜欢这幅画。我想把它买下来。想知道多少钱？

——这有价格，150 卢布。

——哎呀，太可惜了。我只有 100 卢布。

——列娜，不用担心。我把这幅画赠送给你。

——非常感谢这么棒的礼物。朋友们，该回家了吧！

——是，该回家了，明天见。

——明天见。

材料二：

Упражнения и задания

——Ты любишь Айвазовского?

——Да, очень. Особенно его картину *Девятый вал*.

——А почему?

——Это картина——большое искусство. Айвазовский нарисовал здесь смелых людей. Они не боятся морской бури и смело плывут к светлому будущему.

——Ты очень хорошо объяснил. Теперь понятно, почему ты любишь Айвазовского.

Левитан *Март*

Репин *Бурлаки*

Серов *Девочка с персиками*

译文二：

练习与作业

——你喜欢艾瓦佐夫斯基吗？

——非常喜欢。特别是他的画《九级浪》。

——为什么呢？

——这幅画就是伟大的艺术。他们不怕海浪，勇敢地游向光明的未来。

——你解释的很好。现在明白你为什么喜欢艾瓦佐夫斯基了。

列维坦《三月》

列宾的《伏尔加河上的纤夫》

谢罗夫《拿着桃子的小女孩》

2. 课堂实录及分析

实录：片段 1

老师：Доброе утро, ребята.【早上好，学生们】

学生：Доброе утро.【早上好】

老师：Кто сегодня дежурный?【今天谁值日】

学　生：Сегодня я дежурный. Сегодня четверг. Погода хорошая. Сегодня все на лицо.【今天我值日。今天是星期四，天气很好，所有人都出席了】

老师：Садитесь.【请坐】今天我们继续学习第十一课，首先我们先复习一下上节课学习的内容。上节课我们主要学习了什么呢？

学生：对话。

老师：对话主要讲什么方面的内容？

学生：展览会。

老师：好，那我们现在就复习一下展览会。如果说具体的展会的时候，要用什么形式表达？

学生：所属二格。

135

老师：对，是所属二格对不对？那么我们现在就说几个展会。画展怎么说？

学生：Выставка картин【画展】

老师：花展怎么说？

学生：Выставка цветов【花展】

老师：邮票展怎么说？

学生：Выставка марок【邮票展】

老师：车展呢？

学生：Выставка машин【车展】

老师：照片展呢？这个要好好想一想怎么说。

学生：Выставка фото【照片展】

老师：对不对啊？后面的 фото【照片】用第几格？

（此处省略 2 个话轮：教师讲解名词变格）

老师：好，那我们说最后一个，电影展怎么说？

学生：Выставка фильмов【电影展】

老师：很好。那我现在想问一下你们，邀请谁去展会怎么说呢？

学生：Приглашать кого в выставку.

老师：说得对不对？

学生：不对，应该是 на。

老师：那这句话应该怎么说呢？

学生：Приглашать кого на выставку.

老师：对，一定要记住 выставка 这个词要和前置词 на 连用。好，我们复习一个词。我喜欢黑白照片，这句话怎么说？

学生：Мне нравится чёрно-белое фото.

老师：这里面谁喜欢用第几格？

（此处省略 3 个话轮：师生讨论主体三格）

老师：对，这里面要记住啊，这个地方是主体三格。那我们再说一个，我更喜欢俄语。

　　学生：Мне больше нравится русский язык.

　　老师：我更喜欢彩色照片。

　　学生：Мне больше нравятся цветные фотографии.

　　老师：好，这节课我们要学习一下新的对话，对话三。

　　分析：

　　本节课为会话教学，会话的主要内容是围绕三个学生欣赏画展展开的。以上实录内容为复习导入环节，教师首先请一名学生做值日生报告，之后对上节课所学的内容进行了复习，主要复习了两个单词：名词 выставка（展览）和动词 нравиться（喜欢）。

　　由实录可见，学生所做的值日生报告内容十分简略，值日生报告一般是在俄语课堂的教学初始由一名学生做，基本内容为该学生所表述的那样，介绍星期、天气、班级出席情况。但这只是值日生报告最基本的内容，除此之外，还可以引导、鼓励学生对一些身边的新鲜事件、感兴趣的话题、新闻热点、或国情文化等进行讲述，这样不仅能够对学生的口语表达起到很好的锻炼，有助于提高学生的口语表达能力，还有助于增进学生对文化的兴趣和了解，从而提高学生的跨文化交际能力。

　　复习环节，教师采用翻译的方式就两个重点词汇进行了复习。虽然教师给出了翻译示例，引导学生举一反三，但这样的方式并不能真正帮助学生活学活用，学生翻译得再熟练也仅仅是停留在翻译的层面上，只是对词汇本身进行了机械的操练，并未涉及学生独立、灵活运用语言进行交际，培养的也只是学生的语言能力，只能保证学生语言表达的基本准确性。如果教师能够引导学生两两一组在情景中进行角色扮演式的会话演练，将所学词汇融入到情景中进行使用，学生通过这种实践体验，效果一定会更好。采用这样的教学方式可以避免学就某词某句进行机械操练，从而恰当得体地运用语言进行交际，如此才能真正促进学生跨文化交际能力的形成。

此外，教师直接由复习环节过渡到会话三的教学，并没有真正的导入环节，教师没有为接下来的教学做出相应的铺垫。倘若教师能够在此环结合上节课所学的会话内容，再配合与本节会话主题相关的背景文化知识，引出本节课的会话内容，势必会使课堂教学环节的过渡衔接更为自然流畅，更有利于学生的文化理解以后续教学的开展。

实录：片段2

老师：大家先把书翻到对话三。现在我放一下录音，大家听一遍。

（此处省略会话录音播放）

老师：好，大家先自己读一下对话。

（此处省略6个话轮：学生自行朗读会话、两组学生示范朗读会话）

老师：好，现在我们一起来看一下这个对话。这个对话是发生在什么情景里的？

学生：展览会。

老师：是什么展会？

学生：画展。

老师：再具体一些，我们看一下 рисунок【画】，前面是不是有一个形容词？

学生：学生画展。

老师：对，是学生画展。这里是谁去画展了？

学生：李明、列娜和安东。

老师：也就是说，这是他们之间的对话对不对？

学生：对。

老师：那我们在看的时候就要注意，看看每句话都是谁说的。好，我们来看第一句。第一句话谁来？

学生：李明，你喜欢这画吗？

老师：这里面 тебе 是第几格？

学生：第三格。

老师：对，这里是第三格。一定要记住啊。谁喜欢，这里要用第三格。下一句。

学生：我来。

老师：好的，你翻译一下这句话。

学生：不是非常喜欢，画怪，暗，不太明白。

老师：好，我们一起看一下这句话。这里有几个词形容 рисунок【画】。странный, тёмный, непонятный 都是什么。странный 是奇怪的，古怪的。тёмный 是黑暗的，暗的。如果要形容头发的颜色，还可以译成深色的。непонятный 是不明白的，不理解的。我们看最后一个词 непонятный，是不明白的。понятный，大家想一想是什么意思？

学生：明白的。

老师：对，понятный 是容易懂的，合理的。这句话是谁说的呢？看一下。

学生：李明。

老师：对，这句话应该是李明说的。我们看下一句。

学生：李明，但这个是铅笔画。

老师：你能不能告诉我，铅笔是第几格？

学生：第五格。

老师：说明一下原因，为什么用第五格呢？

学生：因为是用铅笔画的画。

老师：对，我们知道用什么工具，什么工具就是第五格。所以说这个是第五格，也是工具格。很好，我们接着看。

学生：可能，你是对的，列娜。但是我不喜欢那些画。

老师：好，我们一起来看一下。может быть【可能，大概】前后为什么用逗号？

学生：因为 может быть【可能，大概】是插入语。

老师：对的，这里是 права，为什么用 права 呢？

（此处省略 4 个话轮：教师讲解形容词短尾）

老师：对，形容词短尾要记住了。

分析：

以上内容为会话的前半段教学，该部分主要讲了李明、列娜和安东在学生画展上欣赏一幅铅笔画。教师在这一部分的教学中，主要以听、读、译及语法讲解的方式进行会话内容讲解。首先，教师播放会话录音，请学生认真学习语音语调，并模仿朗读，之后请学生两两一组朗读会话；其次，教师讲解会话发生的情景——画展；最后，教师重点讲解了该部分的词句翻译，并强调了其中的重点语法知识点，比如工具五格的用法、形容词短尾的不同形式及用法、插入语的用法等。

由此可见，教师在该段落的教学过程中侧重于读、译及语法知识点的讲解，并未将语言知识背后所隐含的文化背景知识展开讲。单凭会话中这几句的很难使学生对该画展的展画有明确的认知和深刻的理解，如果教师在教学过程中适时增加一些与会话内容相关的文化知识，会有助于学生对会话中文化知识的掌握和文化内容的理解，也会促进学生跨文化交际能力的形成。比如，会话中提到铅笔画，讲到铅笔画很奇怪、很暗、很令人费解，那么这时教师就可以以图片或多媒体的方式来呈现不同画种的名画，以此来配合讲解依据工具材料和技法的不同以及文化背景的不同，分为中国画、油画、版画、水彩画、水粉画等不同画种，而铅笔画是一切图形艺术的基础。通过这样生动直观的方式，帮助学生了解不同的画种有何特点，让学生更深刻地认识到会话中所提到的铅笔画为何会显得如此奇怪。同时，也可对中国画进行进一步的讲解，让学生在这样的对比中，加深对中国传统绘画的兴趣以及对中国传统文化的热爱。这样会更加吸引学生的学习兴趣，更有助于学生掌握相关文化知识，达成文化理解，提高文化素养，从而促进跨文化交际能力的形成。

此外，本节课教师并没有对"画展"一词进行文化延展，在课堂观察中我们发现，"展览"一词是上节课就出现的，教师在上节课的教学中对这一名词做了相关讲解。然而教师在讲解这一具有文化背景的词语时并未有更多的解读，仅就词语本身进行了翻译解释。事实上，俄罗斯人对于各种展览有着浓厚的兴趣，他们热衷于参加各种展览，无论是画展、花展，还是邮票展、书展等，甚至包括听音乐会、参观博物馆等，俄罗斯人普遍对于文化领域的各类展览有着浓厚的兴趣，并且会盛装出席，高度重视，这与我国当前大众的审美追求有着较大的差异。通过这样的文化对比，可以加深学生对俄罗斯文化的了解，也会对自身一些问题引起一些反思。然而十分遗憾的是，教师却并没有把握住这一教育契机。

实录：片段 3

老师：好，下一句。

学生：太可惜了，我非常喜欢画。我想买下它。感兴趣，它值多少钱？

老师：好的，请坐。我们看一下，这里面 ой 是什么词？

学生：语气词。

老师：怎么翻译呢？

学生：哎呀。

老师：对，哎呀，太可惜了。我非常喜欢这幅画。这里面 мне【我】是第几格？

学生：第三格。

老师：对。一定要记住了，用 нравиться【喜欢】表示喜欢的时候，谁喜欢，谁就是第三格。我想把它买下来。интересно【有趣；想知道】这里面是想知道，画值多少钱。好，我们看一下，到底是多少钱呢？

学生：这有价格，是 150 卢布。

老师：很好，继续看。

学生：太可惜了，我只有 100。

老师：这里 100 什么？

学生：100 卢布。

老师：жаль 已经出现了两次了。是什么意思？

学生：可惜，遗憾。

老师：如果是我觉得太可惜了。怎么说呢？

学生：Мне очень жаль.

老师：如果是过去时应该怎么表示？

（此处省略 5 个话轮：教师讲解谓语副词的时间表示法）

老师：对，谓语副词的时间表示法要记住。我们继续往下看。

学生：列娜，不要担心，我把这幅画送给你作为礼物。

老师：这里面 волнуйся 是什么形式？

学生：命令式。

老师：对，这是命令式。подарить 这个动词，赠送给谁，谁是第几格？

（此处省略 2 个话轮：教师讲解动词用法）

老师：对，这个动词用法要掌握。谁来下一句？

学生：谢谢你的礼物。朋友们是不是该回家了？

老师：翻译得对不对？

学生：落了一个词。

老师：对，这里面 замечательный【极好的；非常好的】是不是没翻译出来？这应该译成什么样的礼物呢？

学生：非常好的礼物。

老师：对，非常好的礼物、非常棒的礼物对不对？这里面还有一个词 пора【是时候了】，它是什么词？

学生：谓语副词。

老师：那就是和刚才的 жаль【可惜；遗憾】的用法一样，对不对？

学生：对。

老师：该走了，怎么说？

学生：Пора уходить.

老师：对，后面要接动词不定式。好，看最后两句。

学生：该回家了，明天见。

老师：这里 пора【是时候了】后面省略了什么？

学生：Домой【回家】。

老师：这里 завтра【明天】为什么不变化？

（此处省略 4 个话轮：师生讨论不变化名词）

老师：对，要记住 завтра【明天】有两种词性，可以用作副词，也可以用作名词。"明天见"这个词组也要记住。

分析：

以上内容为会话的后半段教学，该部分主要讲了列娜很喜欢这幅画，李明和安东想要买下来作为礼物送给她。教师在这一部分教学中，主要以词句翻译和语法分析对内容进行讲解，重点讲解了几个语法知识点，比如语气词的使用、谓语副词的用法、命令式的用法等。

由此可见，教师在该段落的教学中侧重于对词句的直接翻译和语法知识点的具体讲解，并未将语言知识背后所隐含的文化背景知识进行挖掘和展开。如果教师能够在教学过程中适时增加一些与会话内容相关的文化知识，将会有助于学生对会话中文化知识的掌握和文化内容的理解，也会促进学生跨文化交际能力的形成。

例如，会话中提到这幅画值多少钱，是 150 卢布，那么这时教师完全可以适时引入卢布与人民币的兑换问题，诸如去哪里兑换、汇率目前是多少，这样无疑会引起学生的兴趣，具有实用性。倘若学生未来真的出国一定会用到的，这种与文化相关的扩展延伸对于学生的文化理解、跨文化交际能力的培养十分有益。

再如，会话中提到要把这幅画作为礼物送给列娜，对于赠送礼物这一话题，俄罗斯与中国有很大的不同。受西方开放性文化的影响，俄罗斯人更注重赠送礼物的仪式感，更愿意表露心声，而且俄罗斯人在收到礼物时一定会当面拆开礼物表示对赠送礼物的人的尊重和感谢，而中国人则恰恰相反。受儒家传统文化的影响，中国人普遍性格比较内敛含蓄，不习惯表露心声，收到礼物时也不会当面拆开，而且多以谦逊推辞的方式来勉为其难地收下礼物。这些由于文化差异导致的不同习惯更应该让学生了解，让学生在文化对比中，加深对于俄罗斯和中国文化的不同了解，增强对两国文化的兴趣和热爱。这不仅有利于学生掌握相关的文化知识，达成文化理解，提高文化素养，在此基础上提高跨文化交际能力。

实录：片段4

老师：好，对话的内容我们已经看过了，现在大家在下面自己读一下对话然后翻译出来。

（此处省略学生朗读及翻译会话。）

老师：有没有什么问题？

学生：没有。

老师：好的，现在我们分角色朗读一下对话。哪组先来？

学生：我们组。

老师：好的，你们组读一遍。

（此处省略一组学生朗读会话）

老师：有没有读错的地方？

学生：重音读错了。

（此处省略2个话轮：教师纠正发音错误）

老师：对，这个词在变格的时候重音后移，在最后一个音节上，记住了。还有哪组想试一试？

学生：老师，我们组。

老师：好的，你们来读一下，其他学生认真听，看看有没有什么地方读错的。

（此处省略一组学生朗读会话）

老师：有没有读错的地方？

学生：没有。

老师：读得很好。我们找一位同翻译一下。谁给大家翻译一下？

学生：我。

老师：好，你给大家翻译一下。翻译的时候看看有没有不懂的地方。

（此处省略学生翻译会话）

老师：看一下，翻译的地方有没有不明白的地方？

学生：没有了。

老师：既然大家都说没问题了。我就提几个问题，看看你们会不会。Какой рисунок не понравился Ли Мину?【李明不喜欢什么样的画？】

学生：Странный, тёмный, непонятный.【奇怪的，暗的，令人费解的】

老师：А Лене понравился этот рисунок?【列娜喜欢这幅画吗？】

学生：Да.【是的】

老师：Сколько стоит этот рисунок?【这幅画值多少钱？】

学生：150 рублей.【150 卢布】

老师：Почему Лена не купила этот рисунок?【为什么列娜不喜欢这幅画？】

学生：У неё 100 рублей.【她只有 100 卢布】

老师：对，她钱不够。Какой подарок сделал Ли Мин Лене?【李明送给列娜什么样的礼物？】

学生：замечательный.【非常好的】

老师：Последний вопрос. Кто сказал "пора домой"?【最后一个问题，是谁说的该回家了？】

老师：这里大家意见不一致了。我们看一下。这句话在哪啊？看前面说的话，这句话应该是谁说的？

学生：列娜。

老师：对，谢谢你这么棒的礼物，朋友们是不是该回家了。这句话是列娜说的。还有没有问题？

学生：没有了。

分析：

以上内容为会话讲解完成后的巩固环节，该部分主要对所学的会话3进行回顾巩固。教师在这一部分的教学中，主要以分角色朗读并翻译，以及就会话内容进行提问回答的方式进行的，相对来说，教学效果比较好，由课堂实录可以看出，学生对所学内容普遍掌握较好。

由此可见，教师在会话讲解之后能够带领学生再次回顾所学内容，采用比较合适的方式帮助学生进行知识巩固，有利于学生对会话内容的理解和掌握。但如果教师能够将分角色朗读翻译的方式提升为角色扮演、情景演绎就更好了，毕竟朗读和翻译还是停留在对语言知识本身的具体操练上，学生掌握得再好也只是巩固了所学的语言知识，而鼓励、引导学生用自己熟悉的词汇和感兴趣的生活场景进行会话内容的替换，采用角色扮演的方式进行情景演绎，无疑可以帮助学生在各种接近真实的交际情景中学会如何恰当得体地运用语言进行交际，这种方式会更加有利于学生通过亲身实践把握语言表达得准确、恰当、得体，有利于提高学生的跨文化交际能力。

实录：片段5

老师：好，没有问题了，我们看一下课后习题，看一下第四题并根据示例编写对话。大家先自己读一下这个示例。

（此处省略学生朗读会话）

老师：在读的过程中有没有什么生词？

学生：Вал.

老师：Вал 是波涛、巨浪的意思。这里是不是又出现了 большое искусство，是什么意思？

学生：伟大的艺术。

老师：对，要记住这个词组是伟大的艺术。还有哪个词不会呢？

学生：Буря.

老师：Буря是暴风雨的意思，这个词的转义也有激动和风暴的意思。

学生：老师，这有个人名。

老师：对，这个人是谁啊？ Айвазовский艾瓦佐夫斯基。这幅画就是这个人画的。好，现在大家自己读一下对话，翻译一下。

（此处省略学生自行朗读及翻译会话）

老师：谁来给大家读一下对话？

（此处省略学生起立朗读及翻译会话）

老师：翻译得很好，对不对。这个题是按示例编写对话。我们看下面需要替换的是什么？ Левитан *Март* 怎么翻译呢？

学生：三月。

老师：这个人是谁啊？

学生：不知道。

老师：这个是列维坦的作品《三月》。好，看下一个。Репин *Бурлаки*，这个是列宾的《伏尔加河上的纤夫》。最后一个，Серов *Девочка с персиками*，这个是谢罗夫《拿着桃子的小女孩》。大家把这些词替换到对话里，现在开始。

（此处省略学生商讨编写会话）

老师：都准备好了吗？

学生：准备好了。

老师：这里要怎么替换呢？

学生：把作家和作品替换。

老师：好，那我们一起来换一下。

（此处省略学生编写会话）

老师：很好，这节课的内容就讲完了。家庭作业是课后习题第五题。下课。

学生：老师再见。

分析：

以上内容为会话讲解完成后的课后习题环节，该部分主要通过课后习题对所学的会话 3 进行巩固和运用。需要说明的是，课后习题 4 的题目要求是根据示例编写对话，也就是说这道习题是要求学生综合运用所学的知识进行交际演练的，是一道十分明显的侧重于交际能力培养的题目。教师在这一部分的教学中，首先对会话中的几个词汇进行了翻译讲解，其次请学生朗读并翻译会话；再次对题目中给出的三套词语进行简单的翻译介绍并请学生进行替换，编写会话；最后布置作业，结束本节课的教学。

由此可见，教师善于挑选适合的课后习题进行教学内容的巩固和运用，有利于学生对会话内容的理解和掌握。但这道习题中蕴含大量的文化知识，教师并没有一一展开，没有及时传递相关的文化知识，帮助学生掌握其中的文化知识从而达成文化理解，也没有给学生充分的空间让学生在角色扮演中进行交际演练，以此来提升学生的跨文化交际能力。

习题中出现了四位俄罗斯著名的画家及其代表作，这些鲜明且重要的俄罗斯文化知识需要教师明确地传递给学生。

Айвазовский【艾瓦佐夫斯基】是 19 世纪下半叶俄罗斯著名画家，是一位运用色彩的大师，习惯以大海作为自己的绘画对象。《九级浪》这幅作品描绘了波澜壮阔的大海，惊涛骇浪，浪花溅起了白色泡沫，太阳升起时整个大海的景象，沉船上的船工与狂风恶浪的搏斗，歌颂了人们与自然抗争的精神。❶

Левитан【列维坦】属于 19 世纪至 20 世纪之交的俄罗斯著名画家，是 19 世纪俄罗斯最杰出的风景画大师。《三月》是其 19 世纪 90 年代下半叶的作品，作品格调明快，情绪高昂。三月的天气，春寒即逝。树丫开始膨胀，积雪渐渐消融。前景是积雪、马、雪橇、木屋、小路，立体感极强。后景是朦胧的针叶

---

❶ 课程教材研究所，俄语课程教材研究开发中心．俄罗斯国立普希金俄语学院．教师教学用书[M]．北京：人民教育出版社，2008：173．

林。整个画面呈现在暖调中，这是典型的俄罗斯乡间的初春景色。❶

Репин【列宾】是 19 世纪下半叶俄罗斯画坛巨匠。《伏尔加河的纤夫》描绘了宽阔的伏尔加河，淡紫色的蔚蓝天空，浅玫瑰色的帆船，悄悄发绿的河岸，展现出俄罗斯大自然的美景。画面上的纤夫，个个栩栩如生，各具特色，让人联想起他们每个人都有一段苦难的人生经历，他们勇于与命运抗争。❷

Серов【谢罗夫】是 20 世纪俄罗斯杰出的现实主义画家和工笔画家，他是列宾的学生。他的创作特点是结构巧妙、构图细致和富有表现力，在着色上有娴熟的技巧。《拿着桃子的小女孩》是他 19 世纪 80 年代末的作品。小女孩大大的眼睛，表情淳朴、可爱；室内的构图，布局十分细致，富有活力。❸

如果教师能够以图片或者多媒体的方式呈现这些画家的作品，再引导、鼓励学生以角色扮演的方式进行会话演绎，努力为学生创设接近真实的交际场景进行演练，这会更有利于学生掌握相关的文化知识，达成文化理解，也更有利于学生在情景演练中掌握语言，有助于学生跨文化交际能力的培养。

此外，教师布置的课后作业为习题五，如果教师能够引导学生在课后搜集、欣赏一些自己感兴趣的、喜欢的俄罗斯及中国的著名画家的代表作品，下节课一起分享、一起对比赏析，会有助于学生对本节会话课主题内容的理解和掌握，更有助于学生对中俄相关文化的了解和热爱，也有助于学生跨文化交际能力的提高。

综上所述，本节课的会话教学内容主要围绕三个学生欣赏画展展开的。教师从值日生报告、复习环节开始，逐步过渡到本节课的会话教学，并且采用录音播放会话、朗读会话、翻译会话、重点知识的语法讲解等方式进行学习，采用分角色朗读会话、翻译会话、就会话内容进行提问回答，又辅以课后习题进

❶ 课程教材研究所，俄语课程教材研究开发中心．俄罗斯国立普希金俄语学院．教师教学用书 [M]. 北京：人民教育出版社，2008：173.

❷ 同❶：174.

❸ 同❷.

行拓展训练，之后布置作业完成教学。可以看出，整个教学过程十分完整、流畅、连贯，但遗憾的是，教师仅就会话内容进行了具体的翻译讲解，对重点词句进行了语法讲授，对基本的语言知识进行了讲练，而会话中所涉及的俄罗斯文化知识及语言知识背后所蕴含的文化因素只是浅尝辄止，仅以简单翻译的方式加以介绍，并未对其进一步地分析和展开，并未采用合适的教学手段和教学方式进行文化教学，如采用图片、多媒体等教学手段呈现教学内容，采用情景演绎及角色扮演的教学方式帮助学生恰当得体地在各种情景中运用语言，从而进行跨文化交际能力的培养。可见，教师在教学手段的使用上、在教学方式的选择上还需要改进，在对学生文化素养的培育、文化知识的掌握、文化理解的加强、跨文化交际能力的培养上还有待加强。考虑到教师队伍的现状，本书认为，中学俄语教师在课堂教学中对学生跨文化交际能力的培养还任重道远。

（二）样例二：某高中教师讲解高二教材第二册第八课第一部分

1. 教学材料及译文

<u>材料：</u>

Времена года в России

Если спросить у иностранцев, с чем у них ассоцируется Россия, то часто можно услышать такой ответ: с морозами, снегом, холодом. Это традиционное представление иностранцев о погоде в России.

Конечно, зимой, если сравнивать с большинством стран Европы, в России холоднее. Иногда морозы достигают минус двадцати-двадцати пяти градусов. Иногда бывают очень холодные зимы, хотя в последнее время морозы стали меньше, и зима в европейской части России стала напоминать европейскую зиму со средней температурой ноль-минус десять градусов.

Русские очень любят зимнее время, первый чистый снег. Многие русские писатели посвящали зиме свои лучшие лирические стихотворения, наверное, потому, что у русских с зимой связаны самые любимые праздники-Новый год и Рождество.

译文：

俄罗斯的一年四季

如果问起外国人，俄罗斯会让他们联想到什么，那么经常会听到这样的回答：严寒、大雪和寒冷。这是外国人对俄罗斯气候的传统认识。

当然了，跟大多数欧洲国家相比，俄罗斯的冬天会更冷，有时候气温会达到零下20℃～零下25℃。有时冬天非常寒冷，虽然近一段时间变得并不那么冷了，俄罗斯欧洲部分的冬天开始变得像欧洲的冬天，平均气温是零度到零下10℃。

俄罗斯人很喜欢冬天的时光，喜欢洁净的初雪。许多俄罗斯作家把最好的抒情诗歌都献给了冬天，可能是由于冬天在俄罗斯人心目中总是跟他们最喜欢的节日——新年和圣诞节联系在一起的缘故吧。

2. 课堂实录及分析

实录：片段1

老师：Ну, ребята. Начнём наш урок. 【好的，学生们，我们开始上课】

学生：Здравствуйте, учительница. 【老师好！】

（此处省略2个话轮：教师纠正学生问好表达错误）

老师：Ребята, сегодня мы продолжим изучать урок восьмой, текст времена года в России. Что это значит? Кто знает? Что это значит? Переведите, пожалуйста. 【学生们，今天我们继续学习第八课课文，一年四季。谁知道这是什么意思？请翻译一下】

学生：俄罗斯的四季。

老师：Ребята, согласны? 【学生们，他翻译的对吗？】

学生：在俄罗斯。

老师：Согласны?【对吗？】好，听一下别人的意见。你想怎么说？Садитесь.【请坐】

学生：俄罗斯、在俄罗斯的季节吗？

老师：嗯，俄罗斯的四季、季节，是不是？好，你们俩坐下吧。времена года【一年四季】，是不是，复数，翻译成什么？四季。好，学生们，Когда говорятся о временах года в России，что мы можем вспоминать?【当我们提到俄罗斯的四季时，我们能首先想起什么呢？】就是说，Какое время года в России самое известное?【俄罗斯最著名的季节是什么？】什么呀？大家说是什么呀？

学生：冬天。

老师：肯定是зима【冬天】，对不对？俄罗斯的冬天啊，我可以这样说，应该是童话般的，因为冬天的俄罗斯白雪皑皑、银装素裹。那么俄罗斯人非常喜欢他们的冬天，这是为什么呢？今天，老师和大家一起来学习这篇课文的前半部分。作者用三个自然段，近乎半面的篇幅讲述了俄罗斯的冬天，我们来看一看。好不好？

学生：好。

分析：

以上内容为课堂导入部分，由课文题目引入课文正文。教师主要采用翻译的方式，虽有对俄罗斯冬天一句话的简介，但仅仅一带而过。这篇课文的题目是俄罗斯的四季，课文的内容也是就此展开。这是一篇典型的以俄罗斯文化为背景、围绕俄罗斯的气候展开的主题教学，十分有助于学生掌握相关的俄罗斯文化知识，达成文化理解，促进学生跨文化交际能力的培养。很显然，教师并没有意识到这一点，并没有很好地把握住这一教学契机，没能在课堂初始的导入环节就做好相关的引入和铺垫。

事实上，教师完全可以由中国的四季、本城市的四季作为切入口，引导学生畅所欲言，毕竟这对于学生们来说是十分熟悉的话题，可以结合自身的感受谈及认识，由此引发学生对俄罗斯四季的兴趣。并且，教师可以借助一些生动直观的教学手段，诸如中俄一年四季的风景图片或简短的小视频，以此来做个小小的展示，加深学生的文化认识，由此引导出接下来的课文内容，以便进行具体深入的学习。导入环节虽然简短，却意义重大，在导入环节围绕本课的主要内容进行相关的文化铺垫，对于后续的文化知识的掌握、文化理解的达成和跨文化交际能力的培养都十分有益。

实录：片段2

老师：Ребята, откройте учебники на странице сто семьдесят второй.【学生们，请把书翻到第 172 页】多少页？把书翻到第 172 页。单词应该没问题了吧，同学们？

（此处省略 3 个话轮：教师朗读课文、学生各自朗读课文、一学生起立朗读课文）

老师：Хорошо. Садитесь.【好，请坐】老师觉得她读的，整体来讲很不错。但是有没有错误呢？

（此处省略 2 个话轮：教师和学生一起帮助朗读文的学生的发音错误）

老师：好。单词，咱们都学过了，这一段，同学们，你们觉得难不难？

学生：还行吧。

老师：还行吧，能不能翻译出来？

（此处省略 3 个话轮：教师请一名学生翻译课文）

老师：啊，关于俄罗斯天气的传统认知。好，坐下。同学们，翻译得入味不？到位不？

（此处省略 3 个话轮：师生探讨该学生的翻译）

老师：你觉得第一句话应该怎么翻？

学生：如果问外国人，经常会有人这样回答：严寒、雪，还有寒冷。这是外国人对俄罗斯天气的传统看法。

老师：嗯，好，坐下。大家有没有发现该同学翻译的时候有两个细微得不一样的地方。第一句话翻译成：如果外国人问，他们和俄罗斯有什么联系？如果翻译成：如果向外国人打听，提到俄罗斯他们会想起什么？哪一种更好？哪一种对？看看。哪一种对？对，应该翻译成：向外国人打听，是不是？问外国人。Если спросить【如果问】，是不是问的意思？学过这个单词吧？

学生：对。

老师：у иностранцев, у кого【向外国人，向谁】，向谁去打听，对吧？不要给它弄反了，不是说外国人问。如果去问外国人，提到俄罗斯能想起什么，你通常会听到这样的回答。对不对？和什么联系起来呢？是严寒，也可以翻译成严冬，和雪、和冷联系在一起，是不是？这就是外国人对于俄罗斯天气的传统认识。对不对？

学生：对。

老师：这段还有什么问题吗？

学生：没有了。

老师：没有了，好，我们往下看。

分析：

以上内容为课文的第一段，该段落主要讲述了外国人对俄罗斯气候的传统认知。该教师在这一部分的教学中，主要以朗读和翻译的方式进行段落内容的讲解。首先依次进行教师示范朗读、学生自行朗读和学生示范朗读，之后教师与学生一起为示范朗读的学生纠正在朗读过程中出现的发音错误，然后教师重点进行了该段落的词句翻译，并强调了其中的一个语法知识点，在段落翻译完成后即宣告该段落讲解结束。

由此可见，教师在该段落的教学中仅侧重于读和译，侧重于学生对篇章内容的具体理解，侧重于学生对具体语言知识的操练，并未将课文中所涵盖的文化知识及语言知识背后所隐含的文化因素进行挖掘和展开。如此一来，学生只能就知识本身进行学习和巩固，从中获得语言能力，而无法通过一系列教学活动在情景中、活动中学会准确恰当、得体地运用语言，从而获得跨文化交际的能力。既然文中提到外国人对俄罗斯气候的"传统认知"，那么教师就应该就此稍作延伸，比如，外国人对俄罗斯气候有这样的传统认知，那么学生们对俄罗斯气候有何了解呢？外国人对中国气候是否也有一些传统认知？与我国实际情况相吻合吗？那么我们对俄罗斯气候的传统认知又是否与他的实际情况相吻合呢？如此一来，不仅可以由此直接过渡到下一段落的学习中来，而且在这样的对比探讨中加深了学生对中俄气候的不同认知，有助于接下来具体的文化知识的掌握和文化内容的理解，有助于为培养学生的跨文化交际能力做好铺垫。

实录：片段3

老师：第二段，Кто хочет читать?Пожалуйста.【谁想读一下这段？】

（此处省略一学生起立朗读课文）

老师：Молодец.【很好】非常好。语流，老师觉得她的语流非常好。同学们，有没有读错的地方？发现没有？老师一时也没发现出来，不过，我还是想纠正一个音。

（此处省略4个话轮：教师纠正学生一个单词发音、一断句方式）

老师：好，这一段老师认为，有点考验性，有点小困难。咱们就一句一句地来翻译，好不好？我们来看第一句：Конечно, зимой, если сравнивать с большинством стран Европы, в России холоднее.【当然了，跟大多数欧洲国家相比，俄罗斯的冬天会更冷】这句话谁会翻译？啥意思？

（此处省略4个话轮：教师请一学生翻译句子并不时纠正）

老师：嗯，跟欧洲大部分国家相比，俄罗斯更冷，是不是？同学们，如果你们觉得挺别扭的话，那个 зимой【在冬天】怎么跑前面来了呢？那就拿起铅笔在 зимой【在冬天】上画个小圈，画一个小箭头，把这个 зимой 放在哪呢? 放在 Европы【欧洲】后面, в России【在俄罗斯】前面。你再去理解, 看看这样好不好理解了? 听老师说, Конечно【当然】, 这个没事了, если сравнивать с большинством стран Европы,【如果和大多数欧洲国家相比】这里老师昨天讲单词是不是已经讲了, сравнивать, сравнивать 比较是不是? с большинством стран Европы,【和大多数欧洲国家】和谁比较呢? 和大多数的欧洲国家相比较, 然后再说 зимой, в России холоднее.【俄罗斯的冬天更冷些】这样是不是好理解一些? 这样好理解一些了吧。接着往下看, Иногда морозы достигают минус двадцати-двадцати пяти градусов.【有时严寒会达到零下 20℃~零下 25℃】Ребята, смотрите на доску, пожалуйста.【同学们, 看黑板】看这句话咋翻译。老师先不讲, 让同学们给我说一说。Кто хочет?【谁想翻译一下? 】谁想把这句话翻译一下?

(此处省略 2 个话轮: 教师请一学生翻译句子并即时反馈)

老师: 嗯, 达到零下 20℃~零下 25℃, 对吧? 字面意思, 挺好理解的。非常好, 坐下。那老师想强调的是什么呢? морозы【严寒】, 对不对? 但是这个 мороза【单词 "мороз" 的复数形式】它变复数还有一层意思就是严冬的意思, 我们也可以把它翻译成……有的时候这个严冬、严寒可以达到 достигать【达到】, 后面接几格?

(此处省略 2 个话轮: 教师讲解动词接格)

老师: 看它后面是不是二格啊? минус【零下】意思啊?

学生: 零下。

老师: 那它怎么不是二格呢? 怎么这里不是二格呢? 记住, 零上、零下不变格。минус двадцати-двадцати пяти【零下 20℃~零下 25℃】原来应该是什么形式?

学生: двадцать【20℃】

老师: двадцать -двадцать пять【20~25℃】。

(此处省略 5 个话轮: 教师讲解数词变格)

老师：двадцати-двадцати пяти градусов【20~25℃】。这个 градусов【度】的二格都变过好多次了，是不是，没什么问题了吧？老师强调了 достигать【达到】这个动词后面接二格。我们再往下看。

分析：

以上内容为课文的第二段第一句话，该句主要讲述了俄罗斯的冬天非常冷。教师在教学过程中，主要以朗读、翻译、讲解语法的方式进行句子内容的讲解。首先请学生示范朗读，之后教师纠正在朗读过程中出现的发音错误和断句错误，然后着重对该段落的词句进行翻译，并强调了其中的几个语法知识点。

由此可见，教师在该部分的教学中仅侧重于读、译以及语法知识点的讲解，并未将课文中的文化知识和语言知识背后隐含的文化背景知识进行挖掘和展开。既然文中提到与大多数欧洲国家相比，那么教师就应该就此稍作延伸，比如，为什么要与欧洲国家相比呢？这些欧洲国家主要有哪些？由此引出俄罗斯地跨欧亚大陆的相关文化知识。同时，教师也可以将其零下 20℃～零下 25℃的低温与我国冬季，或者与所在城市冬季气温对比，看看有何相同或不同之处，这样可以帮助学生加深对俄罗斯冬季气候寒冷的认知与理解。

实录：片段 4

老师：Иногда бывают очень холодные зимы, хотя в последнее время морозы стали меньше【有时冬天非常寒冷，虽然近一段时间变得不那么冷了】，就看到先看到这。这句话很长，逗号后面还有好多，前半部分意思？Вы можете?【你能试试吗？】让我试试。Иногда бывают очень холодные зимы【有时冬天很冷】，怎么翻译？Иногда【有时】啥意思？

学生：有时候。

老师：有时候。бывают очень холодные，【很冷】холодные【冷的】，是什么意思？冷的，对不对？Зимы【冬天】，是什么呀？冬天，是不是复数一格？

非常冷的冬天。然后 хотя【虽然】呢？

学生：хотя 是虽然的意思。

老师：是不是虽然的意思？后面呢？в последнее время【近期】，同学们，в последнее время【在近一段时间】，是啥意思？

学生：在最后的时间。

老师：等会。последнее 单词表里给的意思是最后，是不是？但是我们说最后的时间是什么时间呢？

学生：最近的。

老师：是不是在近期？

学生：是。

老师：近期，同学们注意，这个 в последнее время【近一段时间】在这里，在具体的语言环境中，这个近期可不是指十天八天，也可能是指一段时期，近几年，懂吗？在最近的一段时期，接着说 морозы【严寒】，怎么啦？严寒怎么啦？

学生：严寒比较少。

老师：стали【变得】怎么翻译，同学们？

学生：变得。

老师：对，严寒，变怎么啦？少了。好，组织一下语言，再翻译一遍。

学生：有时冬天非常冷。

老师：嗯，对，有时呢，冬天很冷。

学生：虽然在最近一段时间，严寒少了。

老师：严寒变少了。变少，把这个"变"字，翻译出来。好，Садитесь.【请坐】以前老师是不是给大家讲过 стать【开始，变得】，有两个意思，一个是成为，一个是变。в последнее время，在近期，最近一段时期。都会了吗？再看这个逗号后边的后半句。同学们，Смотрите на доску【看黑板】，老师把这句话写在黑板上。зима【冬天】，对不对？提到这个 зима【冬天】老师多说两句，它的变格是咋变的？文章里面出现了 зима【冬天】好多种格的形式，它四格是什么？

（此处省略 15 个话轮：教师讲解 зима 的变格、в 加第六格、定语变二格）

老师：老师再说一遍，России【俄罗斯】它原形是啥？Россия【俄罗斯】是不是？在这做了 части【部分】的什么？定语，修饰了，是不是？在什么地方？在欧洲部分，哪有欧洲部分？在俄罗斯欧洲部分的冬天，是不是这么个关系？

学生：对。

老师：对吧！然后 стала 为啥 ла 啊？

（此处省略 5 个话轮：教师讲解动词词尾变化原因）

老师：冬天 стала【变得】怎么了？напоминать напоминать 啥意思？

学生：提醒。

老师：提醒、使谁想起，对不对？напоминать кому что，напоминать кому о чём 对不对？这里边有 кому 没有？没有 кому 是不是？没强调提醒谁，对不对？就是说使人想起。想起什么了？后面几格？

学生：四格。

老师：四格。使人想起什么啦？европейскую зиму【欧洲的冬天】，看看是不是 зиму【冬天】。

学生：是。

老师：嗯，想起了欧洲的冬天。其实这句话最主要的部分是 зима стала напоминать европейскую зиму【冬天开始变得像欧洲的冬天】，就是冬天使人想起了欧洲的冬天。再看 средней температурой【平均气温】。

学生：平均气温。

老师：средней температурой【平均气温】，什么意思？средней температурой【平均气温】已经讲过了。

学生：平均气温。

（此处省略 2 个话轮：教师讲解前置词 со. с 接五格）

老师：co средней температурой【平均气温】，这又是什么意思？这个成分是干什么用的？修饰谁？

学生：欧洲冬天。

老师：后边这个平均温度，是指谁的平均温度？

学生：欧洲的。

老师：欧洲的平均温度，对不对？欧洲的平均温度是多少度？后边同位语出来了，多少啊？ноль-минус десять градусов【0～–10℃】。

学生：0～–10℃。

老师：欧洲冬天的平均气温是零到零下十度。我们再看一看这句话该怎么翻译？Зима【冬天】，什么样的冬天呢？俄罗斯欧洲部分的冬天，开始让人想起了……

学生：欧洲的冬天。

老师：欧洲的平均气温是零到零下十度的冬天。对不对？

学生：对。

老师：你们能不能组织一下语言，看咋翻译好？是不是都会啦？别把自己绕进去啊。老师看你长叹了一声啊，来，Пожалуйста. Попробуйте【请试一试】，试试翻译一下。

（此处省略3个话轮：一学生起立翻译课文，教师和其他学生辅助翻译）

老师：好，坐下，老师再说一遍。俄罗斯欧洲部分的冬天，让人想起了平均气温在零度到零下十度的欧洲的冬天。对不对？

学生：对。

老师：好了，那你们说为什么呢？我们来看看这个地图。老师画了一幅欧洲地图，能看出来吗？

学生：能看出来。

老师：欧洲地图。看，利比亚半岛、亚平宁半岛。这是什么？巴尔干半岛。欧洲部分的冬天，平均气温在多少度？0℃到–10℃，它怎么那么暖和呢？

学生：因为它是海洋季风、海洋气候。

老师：啥气候？欧洲大部分地区的纬度跟我们相当，还有大部分地区比我们这儿的纬度还要高，它更靠北极？对不对？但它怎么就那么暖和呢？

学生：那不是海洋性气候吗？

老师：欧洲受这个季风带影响，而且还有一条世界上最强大的暖流——北大西洋暖流，影响了欧洲大部分的气候。所以，欧洲大部分地区冬天的气候非常的 мягкий【温和】，对不对？

学生：对，暖和。

老师：是不是 тёплый【温暖】？

学生：温暖。

老师：我们再看俄罗斯啊，俄罗斯境内的乌拉尔山，这边是欧洲，这边是亚洲，文中提到的，俄罗斯欧洲部分，是不是就在这？

学生：对。

老师：乌拉尔山以西，对不对？

学生：对。

老师：这边海风它吹不着了，所以说它受海洋性的影响比较小，这地方叫温带大陆性气候，不是温带海洋性气候，所以说它通常冬天比较冷。但是这几年全球气候变暖，受此影响这里也变暖了。欧洲部分的冬天零到零下十度左右，挺暖和的。懂了吗？

学生：懂了。

老师：再往下看最后一段。

分析：

以上内容为课文的第二段第二句话，该句主要讲述了俄罗斯冬天最近不那么冷了。教师在这一部分的教学中，主要以翻译、讲解语法的方式进行句子内容的讲解。教师延续之前的教学方式，逐词进行翻译，并在讲解过程中一一强调了其中涉及的诸个语法知识点，如名词变格、动词变位、前置词的使用、固定短语的搭配等。由此可见，教师在该部分的教学中更侧重于篇章内容的翻译以及语法知识点的讲解。

令人欣慰的是，在该部分讲解完成后，教师在黑板上画了一幅简单的欧洲地图，以解释为什么俄罗斯欧洲部分的冬天变得并不那么冷了。这在本书的课堂观察中尚属首次，也是唯一一例教师采用手绘方式进行的教学。课堂观察中我们发现，学生对教师手绘地图表现出了极大的兴趣，一方面学生对于教师能够手绘地图十分钦佩，另一方面也吸引了学生对这一问题的求知欲望。我们看到学生在这一环节参与度非常高，与教师的交流互动也比较好。但如果教师的表达能更清晰准确一些，效果会更好。例如，俄罗斯是世界上面积最大的国家，幅员辽阔，地处亚欧大陆；俄罗斯各地的气候差异通过气候类型表现出来，自北向南有四种气候类型，分别是寒带、亚寒带、温带和亚热带。俄罗斯大部分领土位于温带，气候特点是冬冷夏暖。这样的表述会帮助学生理解得更加清晰和透彻，再配合地图的使用，能更好地帮助学生达成文化知识的掌握和文化内容的理解。

实录：片段 5

老师：谁能读一下？行，Пожалуйста.

（此处省略 2 个话轮：学生各自朗读课文，一学生起立朗读课文）

老师：有没有错啊，同学们？

（此处省略 3 个话轮：师生一起纠正朗读错误）

老师：我们一句一句来。Русские очень любят зимнее время【俄罗斯人很喜欢冬季】，啥意思？Русские【俄罗斯人】，啥意思？

学生：俄罗斯人非常喜欢冬季。

老师：非常好。这个地方翻译成俄罗斯人太对了，俄罗斯人非常喜欢冬天。还喜欢什么？

学生：第一场雪。

老师：对，第一场什么样的雪？

学生：干净的雪。

老师：чистый снег【干净的雪】. чистый【干净的】学过吗？

学生：干净的雪。

老师：俄罗斯人非常喜欢冬天，喜欢第一场纯净的雪。对不对？

学生：对。

老师：Многие русские писатели посвящали зиме свои лучшие лирические стихотворения【许多俄罗斯作家把诗歌奉献给冬天】。

学生：许多俄罗斯作家奉献给冬天自己更好的诗。

老师：对。许多俄罗斯作家把什么贡献给冬天？

学生：诗歌。

老师：把自己最好的诗歌、作品，奉献给了谁啊？

学生：冬天。

老师：俄罗斯的冬天，是不是？

学生：对。

老师：посвящать что кому 把什么东西贡献给谁。昨天是不是讲了？

（此处省略教师带领学生复习动词词组的用法）

老师：Наверное【大概，可能】，插入语，大概、可能的意思。

学生：大概、可能。

老师：可能因为什么呢？ потому, что【因为】у русских с зимой связаны самые любимые праздники【俄罗斯人把最喜欢的节日和冬天联系在一起】。同学们，связать 是什么意思啊？

（此处省略4个话轮：教师讲解动词的被动行动词）

老师：связанны【被联系】是什么？被动行动词以后大家学俄语时还会接触到，被动形动词还有短尾，短尾在这里面做什么？

学生：做谓语。

163

老师：зимой связаны 是不是把什么联系在一起？

学生：跟冬天相联系。

老师：给省了 связаны。看黑板。

（此处省略教师讲解动词的被动形动词）

老师：其实就是联系着的。也许可能因为什么？因为 у русских【在俄罗斯人】是不是在俄罗斯人眼里。

学生：在俄罗斯人眼里。

老师：самые любимые праздники【最喜欢的节日】，什么意思？最喜欢的节日。

学生：最喜欢的节日。

学生：新年。

老师：老师把顺序调一下。самые любимые праздники связаны с зимой【最喜欢的节日和冬天联系在一起】，懂了吗？

学生：在俄罗斯人眼中，把最喜欢的节日与冬天相联系。

老师：他们最喜欢的节日和冬天相连在一起了。他们最喜欢的节日是？一个是 Новый год【新年】，一个是 Рождество【圣诞节】。

学生：一个新年，一个圣诞。

老师：俄罗斯诗人喜欢把他们最好的抒情诗献给冬天，老师找了一首普希金写的诗，就是把这首诗献给了冬天，叫 Зимнее утро，翻译成汉语：《冬天的早晨》。老师用汉语给大家念一段听听。"严寒和太阳，这是多么美好的日子。你还在睡吗？我美丽的朋友。是时候了，朋友，醒来吧，睁开你最甜蜜的梦，紧闭的双眼，去迎接北方曙光的女神。让你也变成北方的星辰吧，昨夜，你还记得吗？风雨交加，烟雾扫过了混沌的天空，月亮上的苍白的污点透过乌云射出朦胧的黄光。而你悲伤地坐在那，现在呢，朝着窗外吧，在蔚蓝的天空底下，白雪铺盖着，像条华丽的地毯，在太阳下，闪着光芒。"

分析：

以上内容为课文的第三段，该句主要讲述了俄罗斯人对冬天的热爱。教师在这一部分的教学中，主要从朗读、翻译、语法对句子进行讲解。首先进行学生朗读，之后教师纠正学生在朗读过程中出现的发音错误，然后教师着重对该段落的词句进行翻译，并在这一过程中强调其中涉及的多个语法知识点，比如固定短语的搭配使用、插入语的使用、被动形动词的词尾变化和用法等。

需要注意的是，在该段落讲解完成之后，教师由文中"俄罗斯的诗人喜欢把他们最好的抒情诗歌献给冬天"引出了一首普希金的诗作——《冬日的早晨》，并用汉语进行朗诵展示。这在我们的课堂观察中尚属首例，也是唯一一例教师以诗歌朗诵的方式进行教学。课堂观察中我们发现，由于该诗歌十分优美，加之该教师中文朗诵水平较高，学生基本能够享受、沉浸其中。然而，教师对于这一文化点的处理仅仅是自行提出一首诗歌，且仅进行中文朗诵，在朗诵结束后就进入下一环节，其处理得并不妥当，未能充分把握住这一教学契机。

我们认为，教师完全可以请学生说说对俄罗斯诗歌有哪些了解，能否说上一两句，然后教师在此基础上对俄罗斯诗歌尤其是有关冬天的诗歌加以介绍，再以普希金的一首诗歌为例进行朗诵展示。需要强调的是，一定要进行俄语原文的朗诵展示，教师可以自行朗读，也可以借助录音机或多媒体设备等进行音频或视频播放，让学生徜徉在俄罗斯诗歌的海洋中，领略它的韵律美和意境美；再带领学生试着朗读其中几句经典诗句，鼓励感兴趣的学生在课后进行延展和探究。如此，能更好地激发学生对俄罗斯文化的学习兴趣，达成学生对俄罗斯相关文化的深入理解，从而提高学生的跨文化交际能力。

此外，课文中涉及到俄罗斯人心目中最喜欢的节日是新年和圣诞，教师并没有对这两个节日进行文化延伸。Новый год，也就是新年，是俄罗斯最古老的节日之一，也是最受人们喜爱的节日之一。节日前夕，人们会在商场、公园、广场等地会摆放新年棕树，这是新年的象征。按照传统习惯，全家人一起迎接新年。克里姆林宫的钟声敲响，人们会开香槟来庆祝新年，彼此祝福，赠送节日礼物。Рождество，也就是圣诞节，对俄罗斯人来说也同样重要。在俄罗斯的宗教节日中，圣诞节具有重要的意义。因为圣诞节是基督教的主要节日，为纪念耶稣诞生，而俄罗斯是一个多宗教的国家，信仰人数最多、影响最大的是东正教，所以圣诞节也就十分重要。教师应该对这两个节日进行相关的介绍，通过图片、视频等方式为学生做出展示，同时也可以将俄罗斯的新年与我国的新年做出对比，让学生了解其相同或不同之处，这都有助于学生在中俄文化的对比中加深对中国文化的喜爱和对俄罗斯文化的兴趣。

实录：片段6

老师：还有三分钟。今天，老师给大家留一个作业，把今天老师讲的第一、第二、第三自然段，熟读几遍。

学生们：三遍。

老师：最起码，读五遍。读的语速要快，明天我看谁读得最快、最流利、最好。现在，老师给大家留一点时间，读一读、背一背。Читайте, пожалуйста, ребята.

【大家读一下课文】

（此处省略学生读课文）

老师：时间到了，这节课就上到这里，下课。

分析：

以上内容为布置家庭作业的环节，表面上看，布置作业的环节没有什么具体的内容，看似不太重要，其实我们可以从中看出一些教学问题。

首先，教师完成第三段落的教学后，直接开始布置作业，并未进行当堂课程的回顾与总结。如果教师能够引领学生一起回顾总结今天所学的内容，会有助于学生清晰理顺今天的教学内容和学习点，尤其是对于这样一篇以俄罗斯文化为内容的课文教学，归纳总结显得尤为重要，这可以帮助学生加强文化知识的学习和达成文化理解。

其次，教师仅仅让学生课后熟读课文，甚至是背课文，下节课提问，可见，教师侧重的还是词句的操练和篇章内容的理解，并未引发学生对俄罗斯气候的关注。如果教师考虑时间因素无法在课堂上就课文中涉及的文化知识进行更多的延展，那么引导学生课后进行相关信息的查阅、搜集和探索也是一种帮助学生形成文化理解的方式。可是教师并没有这样去引导学生，尤其是这篇课文教学尚未结束，此时学生在学习了前半段课文之后，已经对俄罗斯的气候特点、地理环境、诗歌、节日有所了解，这时如果教师能够引导学生对相关文化知识进行更多的了解，会有助于学生加深对本课内容的理解，也有助于下节课对课文后半段内容的学习。

综上所述，教师在这节课的教学中，主要通过朗读、翻译、语法的讲授对课文内容进行教学，在授课过程中，教师讲解十分细致，重视对语言具体知识的挖掘，但仅就知识本身进行具体的讲练，只能保证学生在语言表达时的准确性，仅能培养学生的语言能力，不通过一系列的活动让学生去参与和实践，依然无法保证学生能够恰当得体地运用语言进行交际，不能保证学生跨文化交际能力的形成。虽然该教师采用了手绘地图、朗诵诗歌的方式进行俄罗斯文化背景知识的介绍，遗憾的是，教师只是有意识地采用了合适的方式呈现文化知识，却没能充分利用这种方式的优势，而且还有几处教学材料中明显涉及到了文化内容，但该教师却并未进行相关教学。如此一来，势必影响学生对文化知识的掌握和文化理解的达成。

（三）样例三：某高中教师讲解高二第二册第八课第二部分

1. 教学材料及译文

材料：

Времена года в России

Русские весна и осень очень похожи на эти времена года в других странах Европы. Весна-солнечная, осень-дождливая. Русские часто называют это время межсезоньем. Осенние дни сентября-октября, когда светит последнее летнее солнышко, у русских принято называть бабьим летом. Это время, когда уже начинается листопад, но ещё стоят прекрасные солнечные дни.

Лето в России бывает самым разным. От холодного и дождливого (15~18℃) до сухого и жаркого (30~40℃). Но обычно период летних жарких дней непродолжителен. Для русских лето - это время детских школьных каникул, путешествий, отпусков и отдыха. Многие русские предпочитают проводить его на своих дачах или на море. Сегодня отдых за границей или на даче наиболее популярен.

译文：

俄罗斯的一年四季

俄罗斯的春天和秋天非常像欧洲其他国家的季节。春天阳光明媚，秋天阴雨绵绵，俄罗斯人常常把这段时间称为季节交替期。九、十月份的秋天，当夏日的最后一抹阳光照耀大地的时候，俄罗斯人习惯称之为晴和的初秋。这段时间已经开始落叶，但还是阳光明媚的好天气。

俄罗斯的夏天是多种多样的，从寒冷多雨（15~18℃）到干燥炎热（30~40℃），但是通常夏天的炎热天气不会持续很长。对俄罗斯人来说，夏天是孩子们学校放假的日子，是旅游、休假和休息的时间。很多俄罗斯人更喜欢在自己的别墅或海边度假，如今在国外或别墅休息是最受人欢迎的。

2. 课堂实录及分析

实录：片段 1

老师：上课。

学生：Здраствуйте, учительница.【老师好！】

老师：Здраствуйте, ребята.【同学们好！】坐好了。我们今天继续学习课文 Времена года в России【俄罗斯的一年四季】。首先我们还是复习一下前三段的内容。现在，请一名学生朗读一下课文，听完后回答课件上的问题。

（此处省略一学生朗读课文）

老师：现在看一下 Вопросы к тексту【问题】。第一个问题，读一下。

学生：С чем ассоцируется Россия у иностранцев?【外国人通常把俄罗斯和什么联想在一起？】

（此处省略 3 个话轮：学生回答问题）

老师：Садитесь【请坐】，对不对？下一个，Сначала читайте, потом отвечайте.【先读问题，然后回答】

学生：Какой климат зимой в России？【俄罗斯的冬天是什么样的季节？】俄罗斯的冬天是什么样的？

老师：冬天俄罗斯的气候怎么样。翻译得特别好。请同学们回答一下俄罗斯冬天的气候怎么样？

（此处省略 17 个话轮：学生回答问题）

老师：Садитесь. Правильно.【请坐，对的】就是这段。这段都是讲俄罗斯冬天的气候怎么样。我们看下一个问题。它问的是啥？看课件，сначала читайте, потом отвечайте.【先读一下，然后回答问题】

学生：Почему русские писатели посвящали зиме свои лучшие лирические стихотворения？【为什么俄罗斯的诗人把最好的抒情诗献给冬天？】为什么俄罗斯诗人、俄罗斯作家把自己的诗歌献给冬天？

（此处省略 2 个话轮：学生回答问题）

老师：Правильно, хорошо, садитесь.【对，好，请坐】为什么呢？因为俄罗斯人通常把冬天和他们最喜欢的季节新年和圣诞节联系在一起，是吧！

分析：

本节课为《俄罗斯的四季》这篇课文的后半段，教师首先对上节课所学的三段课文进行了复习。教师先请一名学生朗读了前三段的课文，然后以课件的方式呈现了三个与课文内容相关的问题，并请学生逐一朗读并翻译，之后就所学课文进行相应回答。

由实录可见，教师在复习环节仅就课文内容进行了相应的复习，并且只采用了读、译的方式，虽然只有三个问题，并且这三个问题的答案都是课文的原话，但学生的回答并不流畅，甚至占用了大约三分之一的课堂时间，这足以验证上节课的教学效果不尽如人意，学生对知识的掌握以及对课文的理解还不够熟练、到位。课文有难度是其中一个原因，最主要的原因还是出在教师的教学上，教师过于侧重词句的翻译及语法知识点的讲解，反而不利于学生对篇章内容的理解。这是一篇典型的以俄罗斯文化为内容的课文，很显然，在经过课堂教学后，学生并没有很好地掌握文化知识，也没能达成文化理解，更不用说跨文化交际能力的培养了。

需要注意的是，教师在呈现问题时采用了课件的方式，也就是说，该学校具备使用多媒体进行教学的条件，该教师也具备运用多媒体进行教学的技能，然而该教师却并未在课文教学中合理地采用这种方式配合教学，比如制作课件、运用多媒体呈现俄罗斯气候图片、视频，呈现中国或所在城市气候的相关资料，适时进行对比展示。

此外，教师直接由复习环节过渡到后半段的课文教学，并没有导入环节，教师没有为接下来的文化知识的学习和理解做出相应的铺垫。倘若教师在此能够以启发思考、图片展示等方式承上启下，由俄罗斯的冬季气候特征引出俄罗斯的春、夏、秋三个季节的气候特征，势必会使课堂环节的过渡衔接更为自然流畅，更有利于后续教学的开展。

实录：片段 2

老师：我们今天继续学习第四段、第五段、第六段的内容。

（此处省略 3 个话轮：教师朗读课文、学生各自朗读课文、一学生起立朗读课文）

老师：Хорошо, Садитесь.【好的，请坐】有没有哪个地方读得有问题？

（此处省略教师纠正发音）

老师：我们一起看一下这段讲了什么内容。我们先看第一句话。第一句话我们要注意一个单词 похожи【和……像】。是什么形式？

（此处省略 4 个话轮：教师讲解形容词短尾）

老师：对，这个词的词义是"与什么像"，这里像什么是怎么接格的呢？

（此处省略 3 个话轮：教师讲解语法）

老师：Садитесь.【请坐】对，这个词一定要记清楚接格，на 加第四格。在这一段里是像什么呢？

学生：похожи на эти времена года【像这些季节】。

老师：这里面 времена 是什么形式？

（此处省略 3 个话轮：教师讲解名词复数第四格）

老师：время 用单数的时候表示"时间"，复数的时候表示"季节"，变格的时候特殊，一定要记清楚变格形式。我们现在就复习一下单数二格。

（此处省略 11 个话轮：复习 время 的变格）

老师：这一句是俄罗斯的春天和秋天像一年四季，那么像哪里的一年四季啊？

学生：像欧洲其他国家的一年四季。

老师：Садитесь.【请坐】好，我们继续往下看，春天是什么样的？

学生：有阳光的。

老师：秋天又是什么样的？

学生：秋天是下雨的。

老师：对，дождливый【多雨的】和我们以前学的哪个词比较像？

学生：дождь【雨】。

老师：Садитесь.【请坐】对，这两个词是同根词，秋天是多雨的。我们继续往下看。下一句话里面有一个动词 называть【把……称作……】，这个词是什么意思？

（此处省略 2 个话轮：教师讲解动词用法）

老师：межсезонье【季节交替】这个词是季节交替的意思。那么谁能说一下这句话是什么意思？

学生：俄罗斯人经常把这个时候称为季节交替。

老师：Садитесь.【请坐】很好。我们继续往下看，这句话比较复杂一点，我们一点一点地看。首先这里面是不是有一个从句？我们看一下这个时间从句说的是什么。主语是阳光，那什么样的阳光呢？

学生：最后的，夏天的阳光。

老师：对，这个时候是几月份？

学生：九、十月份。

老师：这里再一次出现了называть【把……称作……】，但是这里大家要注意принято【通常，照例】这个词，这个词是个什么副词啊？

（此处省略 4 个话轮：教师讲解语法）

老师：这有一个固定词组бабье лето【晴和的初秋，小阳春】。连起来看一下，这句话谁能试着翻译一下？

学生：最后夏天的阳光照射的时候，人们习惯把秋天称为晴和的初秋。

老师：Садитесь【请坐】.翻译的对不对？

学生：九月和十月没翻译。

老师：这里九、十月份的秋天是第几格？

学生：第一格。

老师：Садитесь.【请坐】对吗？好好看一下，先不看从句，只看主句，这里是第几格？

学生：第四格。

老师：对，这里是называть【把……称作……】要求的第四格。好，我们看最后一句，这里是不是还有从句？我们先直译一下，这是时间，什么样的时间呢？

学生：开始落叶的时间。

老师：这个时间已经开始落叶了。后面出现一个动词，这里大家需要注意
стоять【有，在，是】，在这里的意思不是站立，而是有、在、是的意思。

（此处省略 2 个话轮：教师讲解动词）

老师：我们看一下最后这句，是什么样的好天气？大家一起说。

学生：阳光明媚的好天气。

老师：最后一句谁能给大家翻译一下？

学生：老师我来。这段时间已经开始落叶，但是还是阳光明媚的好天气。

老师：Садитесь.【请坐】翻译得非常好。看一下这段有没有问题？

学生：没有了。

老师：那我们找一个同学翻译一下第四段。谁想翻译一下？

（此处省略学生翻译整段课文）

分析：

以上内容为课文的第四段，该段落主要讲述了俄罗斯的春天和秋天这两个
季节的气候特点。该教师在教学中，主要以朗读和翻译的方式进行段落讲解。
首先教师示范朗读、学生自行朗读和学生示范朗读；其教师与学生一起为示范
朗读的学生纠正发音错误，然后教师重点进行了该段落的词句翻译，并强调了
其中的几个语法知识点；最后请学生完整翻译这一段落，随后宣告该段落讲解
结束。

由此可见，教师在该段落的教学中仅侧重于读、译以及语法知识点的讲解，
并未将课文中涵盖的文化知识及语言知识背后隐含的文化背景知识进行展开。
单凭课文中这三句的描述很难使学生对俄罗斯的春秋气候有明确的认知和深刻
的理解，如果教师能够在教学中适时增加一些与课文内容相关的文化知识，会
有助于学生对课文中文化知识的掌握和文化内容的理解，也会促进跨文化交际
能力的形成。比如，以卡片形式或运用多媒体呈现画家列维坦的画作——《春
天·大水》和《金秋》，展示俄罗斯春季和秋季的不同风景；或者以诗歌欣赏

的方式呈现诗人普希金的诗作——《春天》和《致娜塔莎》，来展示俄罗斯春季和秋季的浪漫风情；或者利用录音机以歌曲播放的方式呈现歌手阿卡德舍娃的作品《春》和《秋》，来展示俄罗斯人对于这两个季节的喜爱。此外，还可以以图片方式展示俄罗斯著名的街道——普希金大道：洒满金黄色落叶的草地被皑皑白雪轻轻覆盖，郁郁葱葱的大树挂满或绿或黄或红的叶子，远处是湛蓝如洗的深邃天空，以此来展示作为季节交替期俄罗斯无与伦比的美丽。

实录：片段 3

老师：我们现在看下一段。

（此处省略 3 个话轮：教师朗读课文、学生各自朗读课文、一学生起立朗读课文）

老师：Достаточно.Хорошо, Садитесь.【足够了，好，请坐。】读的怎么样？有没有错？

（此处省略 5 个话轮：教师纠正 4 处发音）

老师：这段老师只讲两句话。第一句话，Лето в России бывает самым разным.【俄罗斯的夏天是多种多样的】这里的 бывать【有】是什么意思？怎么翻译？

（此处省略 6 个话轮：教师讲解动词的未完成体）

老师：现在找个同学来翻译一下这句话。

（此处省略 2 个话轮：学生翻译句子）

老师：好，Садитесь.【请坐】我们注意翻译 Лето в России【俄罗斯的夏天】。这个 в России【在俄罗斯】，它其实是修饰限定 Лето【夏天】，所以我们翻译的时候不应翻译为：夏天在俄罗斯。应该翻译为……

学生：夏天的俄罗斯。

老师：对，俄罗斯的夏天。你们说得非常对。应翻译为俄罗斯的夏天。后面是 бывать【是】，老师说是"是"的意思。所以说，这句话应该翻译为：

俄罗斯的夏天是最不同的。我们看第二句话，От холодного и дождливого до
сухого и жаркого. 我们看一下这句话应该怎么理解？之前老师是不是给你们讲
过 от【从】什么 до【到】的用法？

（此处省略 4 个话轮：教师讲解语法）

老师：注意上面是地点，下面是时间。我们看，от【从】什么 до【到】，
我们看书上这句话，От холодного и дождливого до сухого и жаркого.【从寒冷
多雨到干燥炎热】现在它表示的是空间，那我们应该怎么翻译呢？

学生：从雨天到干燥的，干燥的那什么。

老师：这表示的是空间上的距离。空间上的距离。应该怎么翻译？

学生：从雨天，15~18℃，到……炎热的夏天 30~40℃。

老师：大家理解一下这句话。

（此处省略一学生翻译句子）

老师：零上。这句话翻译得非常好。其实这句话是说，从寒冷多雨
15~18℃，到干燥炎热 30~40℃。我们再具体看一下。首先，我们看一下这幅
地图，俄罗斯的这一部分位于北极圈以内，所以即使是夏天，这里也是非常冷的。
其次，因为这里受海洋气候的影响，所以夏天也是雨水很多的。所以这部分就
是 холодный и дождливый【寒冷多雨】，又冷又多雨，明白了吗？我们再看这
里，地域广袤的西伯利亚地区，这部分因为纬度要低一些，所以这里的夏天比
较热。同时，又因为这里距离海洋很远，是在大陆的东部，所以这里下雨就很少。
Сухой，干燥的。地域广袤的俄罗斯的西伯利亚部分，这里的夏天就是 сухой
и жаркий【干燥炎热】，因此俄罗斯夏天的气候变化就是从北部的 холодный и
дождливый【寒冷多雨】到中部西伯利亚的 сухой и жаркий【干燥炎热】，它
体现的是一个空间上的距离。这句话大家懂了吗？

学生：懂了。

老师：接下来，看一个短语。最后一句话 за границей【在国外】，什么意思？

（此处省略教师讲解短语）

老师：现在看这一段，有哪里不会翻译的？第五段，会不会翻译？

（此处省略 4 个话轮：老师找学生翻译课文）

分析：

以上内容为课文的第五段，该段落主要讲述了俄罗斯夏季的气候特点。该教师在这一部分教学中，主要以朗读、翻译和语法讲授的方式进行段落内容的讲解。该教师延续之前的教学方式，首先依次进行教师示范朗读、学生自行朗读和学生示范朗读；其次教师与学生一起为示范朗读的学生纠正发音错误，教师重点该段落的词句翻译，并强调了其中的几个语法知识点，如动词的未完成体、固定短语搭配等；再教师结合地图进行讲解；最后请学生完整翻译。由此可见，教师在该部分的教学中更侧重于篇章内容的翻译理解以及语法知识点的讲解。

需要注意的是，在该部分内容讲解中，教师借助地图来解释说明为什么俄罗斯的夏天是多种多样的。该教师在第一节课文教学中就采用了这种方式，在本节课的教学中继续沿用了这一方式。可以看出，教师课程准备比较充分，在教学中运用合适的手段强化了文化知识的传递，帮助学生达到文化理解，取得了较好的效果。但这仅仅局限于帮助学生理解为什么俄罗斯的夏天是多种多样的这一问题，并没有在整体上使学生对俄罗斯夏季的气候有明确的认知和深刻的理解。如果教师能够在教学中适时增加一些与课文内容相关的文化知识，会更有助于学生对课文中文化知识的掌握和文化内容的理解，比如，以卡片或运用多媒体呈现画家列维坦的画作——《夏夜》，来展示俄罗斯夏季的美丽风景；或者以诗歌欣赏的方式呈现诗人普希金的诗作——《高加索》，来展示俄罗斯夏季的与众不同；或者利用录音机以歌曲播放的方式呈现歌手阿卡德舍娃的作品《为什么是这个夏天》，来展示俄罗斯人对这一季节的喜爱。

实录：片段 4

老师：我们来翻译一下。

学生：俄罗斯夏天的不同。从 15~18℃，到干燥炎热的 30~40℃。

老师：非常好。

学生：但是，通常夏天热的时间不长。俄罗斯人的夏天这个时间，是学校旅游……

老师：каникулы【假期】。

学生：каникулы【假期】。

老师：大家听一下同学翻译得对不对。

学生：许多的俄罗斯人更喜欢……

老师：проводить【度过】，什么意思？

学生：度过。

老师：Дальше【继续】，继续翻译。

学生：许多俄罗斯人更喜欢在海边度过他们自己的假期。

老师：前面的 на своих дачах.【在自己的别墅】

学生：在自己的别墅，在海边。但是现在在国外。

老师：на даче【在别墅】，是什么？

学生：在别墅。

老师：翻译得比较好。Садитесь.【请坐】我们再找一个同学来翻译一下。看能不能翻译得更好。

学生：俄罗斯的夏天是不同的。

老师：注意不同的，разным.【各种各样的，不同的】

学生：从寒冷多雨 15~18℃，到炎热干燥的 30~40℃，但通常热的时期不是那么长。所以说俄罗斯的夏天，这个时间，学生们放假了。然后出去旅游、休息，许多人喜欢在别墅，在海边，但现在出国，在国外……

老师：慢点。最后一句话，我们……

学生：现在出国比待在别墅里更流行。

老师：Садитесь.【请坐】好，我们看一下第三句话：Но обычно период

177

летних жарких дней непродолжителен.【但通常夏天炎热天气不会持续很久】这句话和最后一句话大家普遍翻译的不是特别好。我们看一下这句话，но【但是】什么意思？

学生：但是。

老师：但是。Обычно。

学生：通常。

老师：通常。период。

学生：时间。

老师：时间。后面有一个 летних жарких дней，这里它是几格？

学生：二格。

老师：二格。它修饰的是什么？

学生：修饰 период。

老师：период【时期】什么样的 период？夏天炎热的 период，就是夏天炎热的时期。后面有一个 непродолжителен.【不长的】

学生：不长。

老师：不长的。这地方 непродолжителен 是 непродолжительный 的短尾形式。这句话应该怎么翻译？

学生：通常夏天热的时间不长。

老师：对，通常夏天热的时间不长。或者是暂时的。就是说，没几天热的时候、热的天儿没几天。

学生：对。

老师：就是热的天儿没几天。我们看最后一句话，Сегодня отдых за границей или на даче наиболее популярен.【如今在国外或别墅休息是最受人欢迎的。】

老师：我们一句一句来。Сегодня 现在，отдых 休息，за границей или на даче 是在国外或者是在别墅，是吧？我们看一下 за границей или на даче，在

这个句子里是什么成分？

学生：六格。

老师：它修饰的是啥？

学生：在国外现在，最流行的是在别墅休息。

老师：同学们这句话翻译得有点意思。这地方 за границей или на даче【在国外或者在别墅】，它其实做 отдых【休息】的定语。休息，怎样的休息，在哪儿休息？在国外或者是在别墅休息，后面是 наиболее популярен，最为流行。好，再翻译一下这一段话。

（此处省略学生翻译第五段）

老师：Разный 是啥意思？

学生：不同的。

老师：Разный，不同的。

学生：不同的，从寒冷多雨的 15~18℃，到炎热干燥的 30~40℃，但通常……

老师：обычно【通常】刚才是不是讲了？一个一个来。Но обычно....【但是通常】

学生：但是通常……

老师：Период 看书后的单词表，период 什么意思？

学生：时期。夏天的炎热是时期吗？

老师：夏天炎热的时期，非常好。

学生：很短。

老师：非常好。接下来。

学生：俄罗斯……

老师：Для русских，什么意思？

学生：对于俄罗斯人来说，这个时间……

老师：他翻译得对吗？

学生：学校这个时候……学校对吗？

老师：对于俄罗斯人来说，夏天，是什么时候呢？ детских школьных каникул.【孩子们学校假期】

学生：学生们在学校放假的时候。

老师：然后，旅游的时候，后面……

学生：和休息。

老师：休假的时候和休息的时候。Дальше.【继续】

学生：Многие 是什么意思？

老师：Многие русские 是什么意思？

学生：很多俄罗斯人。

老师：Дальше，предпочидают 是什么意思？ предпочидают 是什么意思？ предпочидают.

学生：更喜欢。

老师：更喜欢。刚才已经说了，更喜欢。

学生：更喜欢去海边或者在别墅里玩。

老师：在自己的别墅里度过假期，是吧！

学生：嗯。度过假期。现在在国外休息和在别墅里休息很流行。

老师：Садитесь【请坐】，非常好。这段，还有没有不会的？

学生们：没有。

分析：

以上内容依然为课文的第五段，主要讲述俄罗斯夏季的气候特点。在实录片段 3 中教师已经以朗读、翻译和语法讲授的方式对该段落内容进行了具体的讲解。但很显然，教学效果不太理想。所以教师又请两位学生依次翻译这段课文，并在学生翻译的过程中随时给予帮助，之后在学生翻译完成后，教师发现学生普遍对其中两句掌握得不太好，又对这两句课文进行了进一步的讲解，讲解方式主要对其中的单词、词组进行重点语法讲解和翻译。最后又请一位学生完整翻译这段课文，并在学生翻译的过程中随时进行点拨，随即结束这段课文的教学。

由此可见，教师在该部分的教学中更侧重于对篇章内容的翻译理解以及对语法知识点的重点讲解。教师虽然已经发现学生对课文内容掌握得有点吃力，但依然没有更换其他适合的教学方式进行教学，依旧延续词句的语法讲解和翻译，这样，既占用了更多的课堂时间，又收效甚微。如果教师能够在教学中适时采用合适的教学手段来传递文化知识，进行中俄相关文化的对比分析，会更有助于帮助学生在文化理解的基础上达到对文化知识的掌握和对课文内容的理解掌握，课堂教学效果会更好。

比如，课文中谈到 Школьные каникулы【假期】，可以以图表方式对比俄罗斯学生的假期安排与中国学生寒暑假安排的不同之处。以 2017—2018 年为例，俄罗斯学校的春假：3 月 24 日—4 月 1 日，夏假：6 月 1 日—8 月 31 日，秋假：10 月 30 日—11 月 6 日，冬假：12 月 29 日—1 月 10 日，而中国则分为寒假、暑假两个假期，且时间相对更长。

又如，课文中谈到 На дачах【在别墅】，可以用图片方式呈现中国和俄罗斯的不同建筑，以此来帮助学生更为直观地了解中俄建筑风格上的差异。俄罗斯的别墅分为两种，传统风格的别墅和现代风格的别墅，文中所说的 дача【别墅】是俄罗斯传统风格建筑的代表，通常都是木制的。在俄罗斯有另一个词来表达豪华别墅 вилла，指的是现代风格的别墅，建筑材质更加多样化，整体风格也与传统别墅有很大的区别，功能更加完善。而中国的别墅通常比较豪华，分单体和连体别墅，设施齐全。

再如，课文中谈到 На море【在海边】，可以以短视频的方式呈现俄罗斯人海边度假的情景，帮助学生了解俄罗斯人通常更喜欢选择去海边度假。这是由于俄罗斯的西南面是黑海，附近有很多旅游城市，比如索契是世界著名的旅游城市，是俄罗斯最受欢迎的旅游胜地之一。那里依山傍水，是俄罗斯冬季最暖和的地方，温度常年高于 5℃，夏季温度不超过 30℃，十分宜人。

如果教师能够在教学过程中适时增加以上这些与课文内容相关的文化知识，会有助于学生掌握课文中的文化知识。

实录：片段5

老师：下一段。

（此处省略3个话轮：教师朗读课文、学生各自朗读课文、一学生起立朗读课文）

老师：Очень хорошо【非常好】，读得非常好，非常流利，没有错误。

分析：

以上内容原本应该为课文的第六段，但由于时间所限，教师朗读课文、学生各自朗读课文、一学生起立朗读课文后下课的时间便到了，教师就直接结束了课程。很显然，这样的课堂教学是不完整的，该教师不仅没有依据教学计划完成教学任务，而且匆匆结束课程，没有对该节课的教学内容进行总结和回顾，也没有布置课后作业，课堂收尾十分潦草。

由课堂实录可知，该教师之所以出现这样的状况，主要有两点原因：一是由于学生对上节课的内容掌握有限，导致复习环节占据了大约三分之一的时间，挤压了正课的学习；二是由于教师在课文教学中反复讲解课中翻译、语法知识点，第五段甚至要讲译三遍才能完成，耗费了大量的课堂教学时间。如果教师能够分出一点时间用来对课文中涉及到的文化知识做出延展渗透，会更有利于学生达成文化理解，促进文化知识的掌握，增进学生对课文内容的学习以及跨文化交际能力的培养。

以上两节课出自一位教师的课堂教学，该教师基本完整地讲授了课文的主要内容，即俄罗斯的春、夏、秋、冬四季的气候特点。教师主要以朗读、翻译、语法讲授的方式进行教学，授课十分细致，也采取了手绘地图、诗歌赏析的教学手段，并且使用了课件进行辅助教学。相较而言，在我们观察的诸多课堂中，这位教师的教学手段和教学方式新颖多样，在跨文化交际能力的培养上意识较强,因此能够在课堂中有意识地对学生进行文化渗透和跨文化交际能力的培养。然而,该教师在教学中像大多数教师一样侧重语言基本知识的教学,确保学生能准确掌握基本的语言知识,注重培养学生的语言能力,而没有对课文中所呈现的文化知识进行更多的传递,更没有对语言知识背后所蕴含的文化因素进行挖掘,没能充分利用教学手段进行深层次的文化延展,尤其没有创设交际情景、组织主题活动让学生进行实践演练,以此来提升学生的跨文化交际能力。所以该教师在对学生文化素养的培养、文化知识的掌握、文化理解的加强、跨文化交际能力的提升上还有待增强。

三、研究结论

本章通过对课堂观察录音语料的实录转写,分析目前中学俄语教师在教学中对学生跨文化交际能力的培养现状。由于所选择的这两位教师具有一定的代表性,并且教学经验相对比较丰富、教学水平相对较高,属于优秀教师之列,加之所选的课程涵盖了丰富的文化知识,十分适合对学生进行跨文化交际能力的培养,所以本书的研究样例基本可以代表现阶段中学俄语课堂教学中跨文化交际能力培养的最高水平。然而,通过实录分析我们看到,教师对于文化素养目标的落实情况、对跨文化交际能力的培养现状并不乐观,我们的结论对中学俄语教学具有普遍意义。

首先,教师对跨文化交际能力培养的意识淡薄,他们并没有深刻认识到文化素养培养的重要性和跨文化交际能力培养的迫切性,因而在教学中对教材中出现的文化知识进行重点关注,因此也不会关注文化知识的掌握和理解的基础上进行跨文化交际能力的培养。

其次,教师的教学侧重点主要集中在对词汇、语法等基础知识的具体讲解和操练上,虽然这在一定程度上有利于学生对语言知识的初步掌握,但对知识本身进行反复操练和强化巩固只能保证学生能够掌握语言知识、准确输出语言，提升语言能力，对语言知识背后所蕴含的文化因素学生很难真正达成理解，形成跨文化交际能力。

再次，教师的教学手段不够新颖多样，基本还是一方讲台、一本教材、一块黑板、一支粉笔的教学方式，很少有教师能够合理借助实物、图片、录音机、多媒体、网络等教学手段进行辅助教学。如此一来，文化知识很难以生动直观的方式呈现出来，学生对于文化知识也很难有具体清晰的感知，自然不利于学生更好地达成文化理解，从而为跨文化交际能力的培养做好铺垫。

最后，教师的教学方式不够灵活多样，虽然有的教师能够进行分角色朗读等教学，但基本维持在比较浅显的层面，很少有教师能够积极创设接近真实的交际情景，开展丰富多彩的主题活动，引导、鼓励学生在情境中、活动中亲身实践演练，也就很难准确、恰当、得体地运用所学语言进行交际，从而获得跨文化交际能力的提升。

四、本章小结

本章在课堂观察的基础上从 21 位教师中选取了 2 位优秀教师的 3 节涵盖丰富文化知识的俄语课进行语料转写及实录分析，以期为本书研究提供更具代表性的、更为翔实的一手资料。首先，在课堂录音的样本选择上最大限度地保证各方面因素的差异性，目的是期望能够预测出目前中学跨文化交际培养的总体现状；其次，在课程选择上最大限度地考虑到有利于文化知识呈现的课型，如会话和课文教学；再次，在教学内容上最大限度地考虑内容的完整性，如对一位教师的连续两节课的一个完整课文内容的录音转写分析；最后，严格遵循原录音语料中的声音内容，不做任何人工处理，最大限度确保内容的真实性。

通过对三个课程的课堂录音分析，总体情况与我们在上一章所获得的结论基本一致。我们听到的依然是教师对俄语语音、词汇、语法等语言基本知识的讲授和操练，侧重于对语言能力的培养，而较少关注俄罗斯文化知识，在课文教学中鲜少听到教师有意识地将文化内容单独提炼或融入在课文情境中，并且教师采用的教学手段和教学方式比较单一，很少创设接近真实的交际情景、开展丰富多彩的主题活动，以便于学生在情景中、活动中亲身实践和体验，从而提升跨文化交际的能力。

第七章　俄语跨文化交际能力培养的 课堂教学建议

如前所述，本书以《课程标准（2011版）》目标中文化素养在中学俄语教学的贯彻实施状况为研究起点，在文化素养涵盖的文化知识、文化理解和跨文化交际三要素中选取跨文化交际能力的培养作为研究的总目标，依据文化语言学理论和《课程标准（2011版）》课程目标的要求，分析评价跨文化交际能力培养在中学俄语课堂教学中的贯彻执行情况。

首先，本书对目前中学俄语教材中目标语国家的跨文化知识的呈现状况进行了分析。通过分析发现，目前中学俄语教材与《课程标准（2011版）》中文化素养目标所要求的内容基本吻合。教材中的话题选择不仅反映了当下俄罗斯社会、政治、经济、科学技术、文化艺术等最新发展，同时在话题的题材选择上也考虑到运用学生易于接受的叙述性的生活题材。话题栏目的分布及各栏目的教学要求清晰、合理，且包含了训练学生听、说、读、写、译技能的单项或综合练习，非常有益于学生对目标语国家跨文化知识的理解，更有益于学生跨文化交际能力的培养。

其次，对一线俄语教师的课堂教学进行观察和实录，以重点考察跨文化交际能力培养在俄语教学中是否得到有效落实，以及教师通过何种途径对学生进行跨文化交际能力的培养。通过课堂观察和课堂实录发现，目前我国中学俄语教学中大部分教师更注重对俄语语音、词汇、语法等语言基本知识的讲授和操练，十分关注并且倾注大量精力的依然是中高考的测试题。他们较少关注俄罗斯文化知识，鲜少对教材中的文化知识进行扩展与呈现，尤其在会话和课文的教学中，很少有教师能有意识地将跨文化知识内容单独提炼或融合在课文情境中。很多教师依然采用传统的教学模式进行教学，其教学手段及教学辅助材料比较单一。

最后，基于《课程标准（2011 版）》中文化素养的目标，提出跨文化交际能力培养的教学建议。

一、课堂教学建议的总体设计

众所周知，俄罗斯文化知识并不是自成体系地体现在教材的某一个板块中，而是渗透在教材各栏目的语言知识、会话、课文和课后练习中，这就需要教师在教学中充分挖掘教材中的俄罗斯文化知识，按照《课程标准（2011 版）》对俄罗斯文化知识的内容和呈现顺序进行教学。然而，文化是一个广泛的概念，它基本包含了人类社会发展中所创造的所有的物质和精神财富。并且，人们对文化的认识角度也各不相同。一些学者依照"大写字母的文化"和"小写字母的文化"从宏观层面来理解"文化"，另一些学者从中观层面按照物质文化、制度文化和心理文化来理解文化，还有一些学者从微观层面将文化划分为知识文化和交际文化。由于本书是在课堂教学中通过语言学习来探讨目标语国家的文化问题，所以更倾向于从知识文化和交际文化这一角度对俄语教学的跨文化交际能力培养问题提出建议。

（一）以词的文化意义为载体

在语言学中，词是语言的组合，词和词的组合表示了人们所处的大千世界中林林总总的物件和事物。因此，俄语词的意义也反映了俄罗斯民族对所处大千世界的认识成果和认知观点，并且这一成果与观点无不反映着俄罗斯民族的文化。所以说,俄语词的意义就是俄罗斯文化知识的一个重要载体。具体来说，一个俄语词首先要表达的是概念意义，它是词义中将词与外部世界现象联系起来的那部分意义。这部分意义就是语义中所包含的最基本、最本质的意义成份，是词义体系中最核心的部分。概念意义正是一个民族认识世界的成果，它准确无误地表达了俄罗斯民族的文化。除了概念意义，词还有其内涵意义，它是该词在人们心中所暗示的一种情感方面的联系,它会因社会和文化背景不同而异，还有可能会因人因时而异。除此之外，词还有社会意义，这是因为每个民族都有自身的民族情感。都有对自己民族的独特认识，都有对情感的不同表达。所以，从本质上来说，词的概念意义、内涵意义，情感意义和社会意义等都与该语言的国家文化有关。在俄语教学中，俄语词就是通过这些意义在传递着俄罗斯的民族文化、民族心理等信息，这就是文化因素在词义中的反映。正是基于俄语词的上述现象，俄罗斯里兰卡语言学家韦尔夏京（Верщагин）和柯斯托马罗夫（Костомаров）提出了词汇背景理论。可见，以词的文化意义为载体对学生进行跨文化交际能力培养，既符合俄罗斯语言国情学理论，也符合俄语教学实践的要求。

当然，在俄语教学中，对词的意义的认识不能仅仅局限在词的讲解上，近年来语言学对词义研究已经上升到了句子层面，俄语教学还要考虑到词的意义理解的具体情景，这样词义的研究就必然地走到语篇。所有这些信息都告诉我们，对俄语词义的研究不能只是就词而研究词，而是要在句子、情景中展开研究，这样才能对词义所承载的文化意义有更深刻的认识和更准确的把握。

（二）以语篇的文化情境为载体

在俄语教学中，对俄罗斯的文化理解和跨文化交际能力的培养，除了依据俄语词的意义所反映的俄罗斯文化知识，还要借助语篇这一俄罗斯文化知识的载体，达到跨文化交际能力的培养目的。首先，语篇的文化内容比较综合，既有词的意义所反映的文化，也有目标语国家的国情知识文化，还有俄罗斯社会历史、科学教育、文化艺术等的社会文化，更有语篇中不同人物语言中表现出的个性文化特点。可以说，语篇就是俄罗斯国家语言文化知识、不同语体文化知识的集合。其次，语篇的语言形式多种多样，既有会话式的，也有独白式的；既有叙述式的，也有应用式的。学生通过语篇可以掌握更多的语言表达形式，通过不同语言形式可以更好地感受和体验俄罗斯文化，更有益于对学生进行跨文化交际能力的培养。

本书认为，语篇是实际使用的语言单位，是由一次交际过程中的一系列连接的语段或句子所构成的语言整体。它可以是对话，也可以是独白；它既包括书面语，也包括口语。从语言功能上来讲，它相当于一种交际行为，它是人们在交际过程中使用的语言。语篇教学就要从语篇的整体角度出发，将语篇作为一个整体情境来理解语言文化和国情文化。也就是说，俄语教学不能只停留在对目标语孤立的词、句的分析上，而应该从语篇的形式和内容两方面入手，结合语言运用的环境和背景来理解和掌握语篇中语言背后所反映出来的文化。

众所周知，思想的交往和信息的获取都是在一定的环境中进行的。也就是说，语言的使用总是与一定的情境相联系，人们在某一情景中为什么这样说而不那样说，为什么用这个词而不用那个词，这些都与语言环境有关。语言环境既包括语言方面的知识，也包括所学语言国家文化背景方面的知识、语用方面的知识、认知方面的知识等。具体来说，如果我们教的语篇是书面文章一类，我们就要在引导学生理解语言形式结构的基础上，分析作者布局语篇的特点和遣词造句的手法，并结合文章的语言特点讲练目标语国家有关社会文化和其他各种知识；如果我们教的语篇是口语会话类，则要充分注意口语会话的特点，结合交际双方的目的和关系，结合目标语国家社会行为模式和文化背景等因素来处理所接触的语言材料。总之，语篇教学不仅仅强调语言知识，而且在教语言知识的同时，将语用知识、认知知识、目标语国家的文化背景知识等同时传授。可见，以语篇的文化情境为载体进行跨文化交际能力的培养是俄语文化知识教学的重要渠道。

（三）以语言国情的文化知识为载体

本书对学生文化知识的掌握提出了以词汇语义为载体的设计思路，以此帮助学生通过语言本身词的意义来了解和学习俄罗斯文化。在此基础上，又提出以语篇中语言表达和语篇情境来学习、掌握和体验俄罗斯文化知识。然而，上述文化内容仍然限定在语言层面，这还不足以了解俄罗斯文化知识的全貌。基于此，本书提出以语言国情的文化知识为载体获取俄罗斯文化知识的思路。

语言国情这一概念最初是由俄罗斯学者维列夏金和科斯托马罗夫在《语言与文化》中提出的，后发展成为俄罗斯的一门独立学科——语言国情学。语言国情学最初是基于语言（对外俄语教学）教学的需要而产生，其建立和发展的目的是促进对外俄语教学、推动跨文化交际能力培养。他们认为，首先，语言国情是社会语言学的内容，具体指在语言中所反映出的文化痕迹或语言中的民族文化因素，它主要研究反映在语言中的民族文化语义，即语言中词语的文化内涵和涉及交际的风俗文化、生活方式、风土民俗、社会传统、集体习俗、生活习惯、言语礼节、民族心理、道德标准、行为规范、伦理观念、社会意识形态等。其次，还包括国家层面上反映社会历史、文化艺术、宗教等的社会文化知识。主要解决学习者对目标语国家一般知识的概括性了解，即目标语国家的地理、历史、政治、经济、教育、文艺、社会制度等方面的知识文化。基于语言国情学所关注的研究领域，本书认为，以语言国情的文化知识为载体的课堂教学设计可以促进俄语教学的跨文化交际能力的培养。依据上述论述，本书将课堂教学的设计思路图式展示出来。见图 7-1。

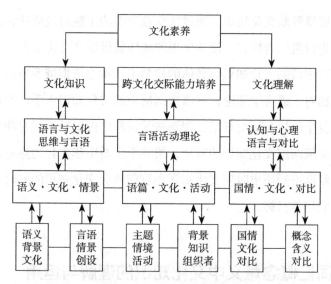

图7-1　跨文化交际能力培养课堂教学设计思路

《课程标准（2011版）》中的文化素养由三个要素组成，包括文化知识、文化理解和跨文化交际。也可以说，三个要素共同构成中学生文化素养培养的全部。本书认为，在课堂教学中，文化知识、文化理解和跨文化交际的培养活动是一个整体，教师在教学过程中要综合运用各种教学手段、各种交互方式，使学生掌握俄罗斯文化知识，理解俄罗斯文化，最终达到跨文化交际能力的有效培养。在这一过程中，以词的文化意义、以语篇的文化情境、以语言国情的文化知识为载体展开教学，更有益于俄语课堂教学内容的展开，更有利于跨文化交际能力的培养。

在以词的文化意义为载体的教学中，本书依据语言文化学的语言与文化关系和俄罗斯心理语言学——思维与言语理论，从语义入手，通过挖掘词义背后的文化，掌握俄罗斯文化知识。通过创设教学情景理解文化知识，通过情景教学达到跨文化交际能力的培养。

在以语篇的文化情境为载体的教学中，本书依据俄罗斯心理语言学——言语活动理论，从语篇入手，通过分析、理解语篇中的文化知识和不同人物的语

191

言特点，掌握俄罗斯文化知识。通过课堂教学中的主题情境活动和语篇背景文化知识——先行组织者模式，使学生理解和体验俄罗斯文化知识。

在以语言国情的文化知识为载体的教学中，本书依据俄罗斯心理语言学的历史文化观和对比语言学理论，从语言国情中的文化知识入手，通过分析、解读教学内容发生的社会历史背景，理解教学材料中俄罗斯不同时期的历史文化知识。通过中俄两国文化知识的对比，培养学生对中华文化的热爱，从而使学生在了解俄罗斯不同历史时期文化知识和目前社会文化知识的同时，达到跨文化交际能力的培养目标。

二、词汇概念意义中文化知识的理解与运用

在俄语学习中，最让学生倍感困难的莫过于掌握俄语的语法规则了。然而，随着时间的推移和学习内容的不断深入，学生逐渐意识到，当自己俄语语法规则的学习接近终结时，俄语词汇的习得依然远离目标。他们深切地感受到，要做到准确并恰当得体的言语表达，突出的困难不仅是语法规则的掌握，更加难以把握的是词汇概念意义的理解、选择和运用。这直接导致在言语交际中经常出现汉语式的句子而引起一些交际上的失误。教学实践也证明，学习者词汇运用的输出量远远低于他们的输入量，其中一个很重要的原因就是学习者对词的概念意义和文化意义不甚明确，"不会用"也"不敢用"。这说明，词汇学习不仅仅是要掌握发音和规则变化，更重要的是要掌握词汇的概念意义，要清楚地分辨出俄、汉语词汇概念意义的文化差异，了解俄语词汇的文化含义，这样才能保证所输出的语言是恰当准确的。

词汇概念意义中的文化知识是指俄语词汇中反映出的具有俄罗斯民族个性的词的意义范畴，主要是指在语言中所反映出的文化含义或从语言中能考察得到的俄罗斯民族文化因素，这是词汇中最直接反映出来的民族文化元素。在

中学俄语教学中，词汇意义中反映出的文化知识主要是词汇中表达概念的部分，也就是词义的主体部分，这部分意义在两种语言中既有相同的部分，也有不同的部分。恰恰是中俄词汇意义表达不同的部分体现了不同语言之间的民族文化特点。例如，汉语中"兄"和"弟"是分别用两个单词表达的，俄语则用一个词 брат；汉语中"稻""米"和"米饭"是分别用三个单词表达的，俄语则用一个词 рис；汉语中"钟""表"是分别用两个单词表达的，俄语则用一个词 часы，可是俄语需用另一词 куранты 表示钟楼上的"钟"，而汉语却没有与之相对应的词。再如，汉语中"外衣"，俄语用"верхняя одежда"，而不用"внешняя одежда"来表达。汉语中"多穿衣服"，俄语用"одеваться потеплее"，而不用"одеваться побольше"来表达，等等。实践证明，如果我们不能正确理解词义、不正确理解不同语言中对应聚合体各个词在语义上的差别、不掌握俄语的意义范围有别于本族语的特点，就会在言语交际中造成用词不当或失误。

（一）俄语词汇的概念意义结构

综合不同时期、不同学者的观点可以发现：俄语词汇概念是俄语语言结构的基本单位，是俄语中使用的词的总称。❶ 其基本特征可以从音结构、形态结构、义结构三个方面进行探讨。俄语词汇概念是集音、形、义紧密结合而成的意义整体。其中，词义是词汇概念的核心要素，每个词汇概念的意义都是人们对现实世界的一种概括性反映，是人们对客观世界同类事物进行概括而得出的，它不仅反映一个民族对客观世界的认知的文化成果——概念意义，也反向制约着一个民族的思维方式、语言文化和价值观。同时，俄语词汇概念附载着社会集体约定俗成的词音，并通过词汇概念的外部形态（词形）体现出来，使人们将对世界的认识成果带入社会集体中进行交流。如此一来，俄语词汇概

---

❶ 高凤兰．俄语学习论 [M]．长春：东北师范大学出版社，2008：8.

念的意义既有内在心理层面的思维特征，也有外部言语层面的有声性特征。词汇概念的有声性特征使人们内心思想（思维）通过声音进行外在表达（言语）具备了可能，而其过程在于词义对心理和事物的表征作用。作为思维与言语中既相互作用又相互制约的整体，词汇概念在社会历史进程中不断推动人类认知活动向前发展。因此，俄语词汇概念的教学活动，不只是在语言层面进行的单纯的记忆过程，而且通过学习该民族文化，走进该民族的文化心理去获得词汇概念及其内涵，最终形成恰当得体的俄语表达能力。

（二）儿童母语词汇概念学习的心理过程

相对于母语词汇概念学习，学习者对俄语词汇概念的学习多基于已经形成的母语词汇概念体系而展开，是学习者在已经形成一套用母语词汇概念体系看待世界的规则和方法之后而进行的外语词汇概念的学习活动。在这一学习过程中，学习者一方面要将外语词汇概念与母语进行比对，另一方面要不断克服母语思维模式的限制和干扰来重构一套外语词汇概念的意义体系。

苏联心理学家维果茨基对学习者的概念学习活动进行了大量的实验，研究结果发现：在概念学习过程中，学习者的认知水平基本经历了"无组织聚集""复合思维""真概念"三个由低到高的阶段。在"无组织聚集"阶段，学习者通常以"堆积"的方式把若干自认为一样的事物聚集在一起并予以命名，倾向于把最为多变的要素凭借某种偶然的印象结合在无序的意象之中。❶ 在此阶段，学习者只能感知一些具体事物，尚不具备按客观联系将事物进行综合的能力。在"复合思维"阶段，学习者能通过实际存在于某些事物之间的联系把个别事物聚集在一起。❷ "复合思维"阶段存在着不同的复合种类，学习者先从联想复合开始，在经历了聚集复合、连锁复合、扩散复合之后达到"复合思维"的最高阶段——"假概念"。在这一阶段，学习者能够根据事物之间的

❶ Л.С.Выготский. Мышление и речь [M]. Москва：Лабиринт，2005：35.

❷ 同❶：63.

客观联系进行综合，但并不具备抽象概括的能力。在"真概念"阶段，学习者经历了"新结构"和"潜在概念"两个发展阶段，并出现概念思维。在这一阶段，"新结构"标志着学习者抽象概括能力的出现，具有一定能力在综合的基础上进行分离。❶此后，"潜在概念"的出现则进一步标志着学习者抽象概括能力的形成。❷

　　学习者对概念认知的发展过程表明：概念的形成开始于无意识直接经验的感知，终结于有意识抽象概括的形成。其间，词汇发挥着关键作用，能够通过表现为学习者概念形成的外部特征来指导真正概念的形成。学习者在无意识中通过感知、注意、记忆、抽象而逐步形成的概念被称为"日常词汇概念"（以下简称日常概念）。日常概念的形成是由无意识到有意识，由具体到抽象的自下而上的发展过程。需要指出的是，学习者词汇概念体系的形成不仅要依靠日常概念的学习而获得，还需要通过对"科学词汇概念"（以下简称科学概念）的学习来最终形成。在这里，日常概念与科学概念是相对独立而又密切联系的概念系统。

　　科学概念是外语学习者最原始的概括（日常概念）经智力的不断加工后被高级类型的概括（科学概念）所取代而形成的。一般而言，学习者对科学概念的获得通常需要进入学龄期后在教师的指导下有意识地掌握。维果茨基指出，外语学习者在同化科学概念与形成日常概念时存在着不同的运行方式。❸在外语课堂教学中，学习者面临的通常是一个陌生的科学概念，而在生活的交往互动中面临的通常是亲历的日常概念。因外语课堂教学无法或很少能够让学习者先接触生活实际再进行综合、分析和概括，故科学概念和日常概念多因与学习者的经验有着不同的联系而最终影响学习者对事物的看法。❹

---

❶ Л.С.Выготский. Мышление и речь[M].Москва：Лабиринт，2005：97.

❷ 俞约法. 俞约法集 [M]. 哈尔滨：黑龙江大学出版社，2008：142.

❸ 维果茨基. 思维与言语 [M]. 李维译. 杭州：浙江教育出版社，1997：56.

❹ 同❸：98.

在外语词汇概念学习中，日常概念是从概念的低级属性向高级属性"自下而上"的发展，而科学概念则是"自上而下"的发展。但相反的路径并没有消除两种概念形式相互联系和相互作用的发展规律。日常概念为科学概念及其向下发展打开了通道，科学概念则依次为学习者有意识地和审慎地使用日常概念的向上发展提供了指导结构。[1]换言之，科学概念通过日常概念向下运行，日常概念通过科学概念向上运行。在科学概念发展中，学习者的日常概念扮演了正面的促进角色。学习者亲历的具体生活经验始终在帮助他们理解和掌握新的科学概念，促进他们从日常概念向科学概念迁移。这里需要说明的是，科学概念的发展需要学习者具有与之相适应的智力水平。但科学概念的掌握并非是在等待学习者智力成熟时才进行的，这就要求教学要走在学习者发展之前并引领其发展。

（三）学生外语词汇概念学习的心理过程

维果茨基对日常概念和科学概念的相互作用关系进行了科学的论证，并进一步阐明了学习者对外语词汇概念学习的心理过程。首先，在时间起点上，外语词汇概念的学习通常发生于课堂上教师有计划的教学中，而非与家人在日常生活情境中的交往互动过程，这一点类似于学习科学概念的时间起点和学习外语的认知心理情境之间的关系。其次，在认知心理过程中，外语词汇概念的学习通常从学习者有意识认知外语的抽象规则开始，再经过大量言语实践活动达到正确运用。也就是说，外语词汇概念学习的心理过程是从有意识的和审慎的认知外语规则开始的，是从有意识到无意识的自上而下的过程，这一点类同于学习者对科学概念掌握的心理过程。二者相似性如图 7-2 所示。

图 7-2 儿童外语学习与
科学概念掌握的类比

---

[1] 维果茨基. 维果茨基教育论著选 [M]. 余震球译. 北京：人民教育出版社，1994：23.

　　由于学习者对日常概念与科学概念的掌握是相反的两个学习过程，因此，学习者对日常概念的学习过程必然与外语的学习过程呈相反路径。这使得学习者在开始学习外语词汇概念时会表现出特定的外部言语特征。第一，在语音方面，学习者能够对外语词汇概念正确地发出单音，也能够意识到自己发出的声音，他们懂得发音规则，可以进行正确书写，但难于在具体情境中恰当准确地运用外语词汇概念。第二，在语法方面，外语学习者能够意识到语法规则的基本形式，能够清楚地区别出词汇概念的性、数、格等，但在语法规则的运用中会经常出错，甚至在很长一段时间内都难以达到运用自如的程度。第三，在词义方面，外语学习者在言语发展的起始阶段就能充分把握语言符号（词汇外部特征）和意义（词汇概念意义）之间的关系，明确词汇概念表征着事物的名称及其概念属性。第四，在言语表达方面，外语学习者能够表现出对简单言语能力获得在前、对复杂言语能力获得在后的基本顺序。但受制于教材中交际话题的出现顺序和学习者自身对教学内容把握的个体差异，外语教学活动会形成独特的序列结构，导致在具体教学实践中，教师很难使这一基本顺序与学习者生活成长经验的内部规律保持一致。第五，在心理过程方面，外语学习者起初需要借助原有的母语词汇概念体系进行外语学习，但由于母语词汇概念体系与外语词汇概念体系分别建立于不同民族文化的基础之上，两种语言词汇概念意义的差异较大。在这一状况下，母语词汇概念就很难顺利迁移到外语词汇概念体系中。这就需要学习者在外语学习中不断地将两种词汇概念的意义进行对比，排除负迁移，促进正迁移。❶这也说明，外语学习能够促成更高形式的母语掌握。❷学习者能否成功地学习外语在很大程度上需要依托母语的成熟程度而定。

　　以上表明，外语学习过程类同于科学概念的掌握过程，二者均表现为"自上而下"的运动。在外语学习过程中，学习者需要在教师的指导下从认识词汇概念的外部特征开始，如词汇概念的发音规则、拼读规则、词形与词性的确立

---

❶　А. А. Леонтьев.Язык，речь，речевая деятельность [M]. Москва：URSS，2005：41.

❷　同❶：55.

规则等，即外语学习者必须先借助语言规则来感知、理解、获得词汇概念的意义。●因此，学习者的注意力首先会集中于外语词汇概念的外部特征，而后在教师的带领下进行大量的应用练习，学习者对外语词汇概念掌握的心理过程是由对词汇概念的外部特征逐步向词汇概念的内部语义进行的。这反映出学习者对外语词汇概念的获得是在不甚了解的背景下开始的，缺少对外语词汇概念理解的具体生活情境。

（四）俄语词汇概念中文化知识培养的教学建议

1. 规避对词汇概念的机械讲授

俄语词汇概念的学习不仅需要学习者的综合、分析、抽象、概括等思维能力，而且也需要学习者通过在真实生活情境中的应用过程去发现、感受、领悟词汇概念的真正意义。因此，在俄语课堂教学中，直接教授词汇概念的难度较高，也难取得明显效果。正如教师用一个不熟悉的词汇概念或已学过的抽象的词汇概念去解释另一个正在学习的新的词汇概念一，其结果往往会加大学生对词汇概念理解的困惑。在此状况下，尽管学习者在表面上模仿使用了相应的词汇概念知识，但学习者的心理仍是"一片空白"，无法理解词汇概念的确切意义，其原因在于新学的词汇概念尚不能够完全进入学习者已有的认知结构中。对此，托尔斯泰指出，单纯解释一个词汇概念是不可能的，例如解释"印象"这个词概念时，如果试图用某一个同样不可解释的词语概念或一套词语概念去替代它，那么这些词语概念所表征的意义就像"印象"这个词语概念一样不可理解。❷因此，俄语课堂教学中不能用人为的解释、强记和机械重复来教授、传递词语概念的意义，学习者需要在上下文关联的情境中去寻找获得新的词语概念的机会，进而内化词语概念的意义。

---

❶ 曹阳，高凤兰.外语课堂教学中词汇概念学习的心理过程研究 [J].教育理论与实践，2018（2）.

❷ 维果茨基.维果茨基教育论著选 [M].余震球，译.北京：人民教育出版社，1994：65.

2. 引导学习者对词语概念的自主认知

从教与学的双边角度看，要使学习者顺利获得俄语词语概念，俄语课堂教学需要为学习者提供能够在言语情境中去发现新的词语概念意义的空间与条件。每一个词语概念的获得都是建立在学习者具体经验基础上的概括活动，这种概括活动是一个动态的认识过程，而非静止的思维样态。因此，在外语课堂教学中，学习者应该是一个积极主动的探究者和发现者，而不是消极被动的接受者。❶学习者参与学习，不仅要形成所学外语及相关词语概念的知识体系，更重要的是通过学习活动使自身的认知能力、语用能力得到发展。在这一过程中，教师要引导学习者掌握发现问题、解决问题的方法与思维，为学习者创建独立自主、主动探究问题的时空环境和教育条件，而不是提供现成的静态知识。

3. 创设词语概念学习直观感知的文化情境

对于学习者来说，俄语词语概念和母语词语概念存在着不同的内化机制。在母语词语概念学习中，学习者是在具体的生活情境中获得日常概念，进入学校后则借助原有的日常概念获得科学概念，最终形成对词语概念抽象的思维能力。这说明，母语词语概念的学习始于直觉思维，后逐渐融入分析思维，二者相互作用并最终建立抽象的词语概念思维体系。与之相反，俄语词语概念的学习始于抽象的科学概念，学习者思维认识中关于词语概念的具体经验普遍不足，对外语词语概念缺乏直观的、具体的、形象的表征。因此，在俄语教学中，教师要为学习者创设具体的学习情境，通过影像或图像性帮助学习者在言语情境中感受、理解所学词语概念的意义，并进一步借助图、表等表现形式帮助学习者建立词语概念的抽象体系，使其发现并获得词语概念。

---

❶ 施良方 . 学习论 [M]. 北京：人民教育出版社，2001：163.

199

4. 加强学习者对词语概念的实践应用

词语概念获得的目的不在于储存，而在于提取。[1] 对于词语概念是否真正被学习者所获得，只有依靠在具体言语情境中的正确运用才能得以证明。在俄语教学中，教师不仅要关注学习者的言语理解是否正确，更重要的是让学习者在具体的言语情境中学会准确、恰当、灵活地应用词语概念。否则，词语概念只能成为学习者信息组织结构中的静态知识，难以向言语实践进行动态转化，更难以使学习者形成对词语概念的语用能力。毕竟，只有在言语生成和言语应用过程中，学习者才会采用符合自身信息加工结构的方式、方法、手段去提取信息、组织信息、运用信息、迁移信息，从而实现对自身词语概念信息系统的改造与重构。也正是如此，学习者才能获得参与发现新事物、掌握新的词语概念的积极心理体验。

三、课堂活动中文化知识的综合运用

在俄语教学中，文化知识的理解与运用除了教师在课堂上依循词语概念意义中文化知识的理解与运用的讲练，还需要借助语篇，通过课堂活动创设大量的主题情境去实现。

我们知道，语篇是人们在交际过程中使用的语言，语篇涉及的文化内容比较综合，是俄罗斯国家的国情文化知识、词汇中的文化知识、言语交流中的文化知识，以及不同人物、不同语体文化知识的集合。学生通过语篇可以掌握更多的语言表达形式，通过参与课堂活动可以更好地了解俄罗斯文化，通过活动的角色扮演可以亲身体验俄罗斯文化。所以，在俄语教学中教师应在语篇教学的基础上，创设的主题活动可以使学生所学的俄罗斯文化知识得到综合应用。

---

[1] 施良方. 学习论 [M]. 北京：人民教育出版社，2001：196.

（一）俄语课堂活动设计的理据

"活动"（деятельность）是俄罗斯心理学中的一个重要的概念。根据俄罗斯心理学理论，"活动"始终被认为是"人同周围世界发生联系的基本形式，是联系主观世界和客观世界的桥梁"，即主体与主体在发生联系过程中的相互作用。从宏观层面看，"活动是指最抽象的心理学概念范畴"；从中观层面看，"它是指不同种类的活动"，例如，认知活动、智力活动、交际活动以及言语活动等。本书使用了活动的中观层面概念。

1. 课堂活动应最大限度模拟社会交际情景

苏联心理学家维果茨基关于"活动"的研究主要基于两方面的理论：一方面，心理是人拥有的确定生理组织和大脑的基本功能和特征，也就是说，人的心理是以生理物质特征为前提的。另一方面，人的心理现象是社会的，也就是说，揭示人的特性之谜不在孤立的"精神"或"心理"规律中，也不是在人的生物特征之内，而是在人类社会历史发展中。依据这一观点，维果茨基提出了活动的社会历史文化观。维果茨基在人的社会实践活动特性中找到了活动发生生理基础和心理基础两种理论的统一，即人的心理的形成是一种特有的生理前提和社会文化的统一。人只有掌握并获得这些方法，个体成为实践活动的一部分，人才能成为人，而人的实践活动具有的最基本特征——动机、目的和执行在人类认知发展中起到了至关重要的作用。活动的产生源自需要，然后借助社会手段和符号（语言）手段，再通过计划实践活动、确定目标和设计实现它的方法等，最后使活动的目的得以实现。由此可见，人的实践活动就是这三方面因素的统一：实践活动的行为开始于动机和计划，以结果的形式完成，进而达到既定的目标。在这其中还有为达到目的而进行的操作和采取行为的动力系统。言语活动也是如此，它不是一系列言语行为的简单综合，也不是随意语句的综合。严格来说，言语活动本身并不存在，它只是构成某种实践活动一系列的言语行为。这种活动完全是理论上的、智力上的或者说具有部分实践的特征。人只有言语什么也做不了：言语本身并不是目的，它是手段和工具，虽然可以按不同方式以不同形式加以利用。

2. 课堂活动应最大程度体现跨文化的交际性

在俄罗斯心理语言学中，言语活动通常被界定为"主体参与言语活动的过程及过程的结果"。从根本上来说，言语活动是建立在交际双方相互作用的前提下，侧重于对言语活动发展过程本身的心理机制分析，而不是对活动的结果进行研究。言语活动的相互作用可以从以下三个方面来追溯：首先，就言语活动这一概念本身而言，它既有内在的思维成分，也有外显的言语特点。换言之，言语活动包括内在思维活动和外部言语活动。内部活动表现为人的心理的、思想的内容，而外部活动表现为人的生理的、物质的内容。这样一来，言语活动既同人的内在思维活动相联系，又同人的外部交际活动相关联，二者相互作用、相辅相成。其次，言语活动属于人的社会实践活动，它主要指在社会环境下人与人的交往活动。在活动中交际者必然受所在社会环境（民族文化）的影响。因而言语活动是在人与社会、主观与客观、自然与文化的相互作用下展开的，即言语活动在社会外部环境和个体内部语言意识的相互作用下产生。最后，言语活动是说话者和听话者的交际活动，其言语的产生与理解必然受交际者语言意识和话语水平的影响，因而言语的产生与理解是在交际者内在思维与外部言语、内部言语与外部言语、内部话语意义与外部话语形式相互作用的条件下展开的，即言语活动者的言语产品经历"外—内—外"的思维与言语的相互作用而产生。

根据言语活动的相互作用性，结合学校教育中活动课程设置的特点，概括起来可以得出以下结论：在俄语学习活动中，交际者需不断地把社会文化现实或交际对方来自社会的言语整合到自己的认识结构中，与此同时，也在不断调整自己的言语以适应社会文化现实或交际对方的言语，使自己的认识达到一个新的高度。在活动课程的设计中要充分考虑活动的内容、形式和社会情境，以保证学生最大限度地参与到合作的互动学习中来。

（二）俄语课堂教学应始终体现实践性

任何学科都有其自身的个性特征，俄语学科也不例外。作为一门以掌握一种语言为目的的学科，其最终目标就是使学生能在社会交际中熟练且恰当得体地运用该种语言，培养学生的跨文化交际能力。因此，语言学科的教学目的不仅要掌握该种语言的知识体系和听说读写等技能，而且还要将渗透在上述知识中的俄罗斯文化知识提炼出来，通过课堂活动的练习方式，形成该语言熟练的跨文化交际能力。这就决定了俄语课堂教学必须要有大量的言语实践活动。

1. 言语实践活动是跨文化交际能力培养的有效途径

本书认为，语言教学应该把握这样一个大原则，即语言在社会实践中产生，那么语言的掌握就要回归到社会实践。这是掌握一种语言的最佳途径，也是最科学的方法。这样一来，课堂教学的实践性及其实践性教学原则就包含了比较广的概念意义。首先，实践性包含了交际性的元素。也就是说，语言的首要功能是在社会实践中进行交流和应用的功能。语言教学的目的不仅要使学生掌握语言知识本身，保证所输出的语言是正确的，而且还要了解该语言的社会文化等知识体系，学会在不同的交际情境中恰当得体地使用语言。因此，课堂教学要以学生形成不同情境中恰当得体使用语言的实践能力为最高目标；其次，实践性包含了情境性的内容。也就是说，在社会中，人的各种言语活动总是在各种语言情境中发生，没有哪一种言语活动的发生是没有社会情境和社会背景的。因此，在俄语教学中大量的言语交际活动必须在情境中展开。否则，学生就不会了解俄罗斯的文化，也不会获得在各种情境下进行成功交际的能力；最后，实践性又包含直观性的教学特征。也就是说，在俄语课堂教学中，言语的实践性通过情境体现，而情境体现的形式大多又具有直观性的功能，如图画、图表、投影、影像、视频、活动的使用。俄语教学应该根据教学过程中不同环节的特点，运用不同的直观教学形式，设计不同的、有利于学生可视的教学情境、可参与的教学活动，使他们借助形象直观的教学手段，体验不同的角色情感，掌握所学知识，形成各种技能。以上我们对实践性的内涵进行了三个方面的解读，并概括得出：在俄语课堂教学中，实践性包含了交际性、情境性和直观性的特征。那么，在俄语课堂教学中，实践性教学原则具体应该怎样理解和应用呢？

2. 言语实践活动是了解俄罗斯文化知识的重要渠道

第一，实践教学过程是学生对俄罗斯文化知识的认识过程。这一过程是指学生在学习新知识的过程中，总是从社会情境中言语事实的感知开始，经过教师组织的大量语言实践活动，在教师的引导下理解并认识语言，了解俄罗斯文化。当学生通过言语实践巩固并掌握规则之后，就可以在模拟的语言情境中大量运用，在运用中体验俄罗斯文化。从认识论角度看，实践的认识过程就是实践、认识、再实践、再认识，循环往复，直至最终对语言的掌握。俄语教学无论面对何种内容，不论是语义、语法、语篇的知识教学，还是听、说、读、写、译的言语技能训练，都要求在情境下感知，学会在情境下运用，最终培养学生的跨文化交际能力。这就要求在俄语课堂教学中，教师要引导学生在大量言语事实的基础上，在词语意义经过综合、分析、归纳、概括、抽象的学习和认识过程后逐步发现语言规律，并通过大量听、说、读、写、译言语训练形成言语技巧，从而有效掌握语言。在这一过程中，学生经历了对事物的感性认识，从而达到理性认识上的飞跃。此外，学生还学会了依据言语事实，通过综合、分析、归纳、概括、抽象的思维方式发现事物的规律与规则，形成了正确判断与逻辑推理的能力。

第二，实践教学过程也是师生、生生之间的交际过程。如前所述，实践性包含了交际性的元素，即人们的言语交际总是在社会实践中展开。在俄语课堂教学中，师生共同创建的言语交际活动本身就是言语的实践活动。当然，教学中创建的实践活动与社会中的言语交际活动还是有一定差别的。首先，课堂上的交际活动其情境是模拟的，不是自然的；其次，活动是反复的，不是在真实环境中一次性发生的；再次，活动的过程是需要教师提示的，不是在自然状态下交际者独立操作完成的；最后，活动的形式与内容是由易到难、循序渐进的，不是自然情境下事件呈综合性出现的。这样一来，课堂上的言语交际活动，就需要在师生共同创设的情景下，在学生模拟不同角色的亲身经历中，通过"模仿交际—复用交际—活用交际"等情感认知的互动过程，逐步从教学交际走向真实的社会交际。那么，在课堂上的交际活动中，学生获得了什么？

本书认为，首先，通过交际，学生获得了对俄罗斯民族这一独特的世界观、价值观、思维模式的认识，从而提高了文化素养，最终形成了具有多元文化的国际意识；其次，通过交际，学生丰富了自身情感，形成了相互理解、相互尊重的合作意识；再次，通过交际，使学生原有的认识得以提高，形成新的认识，即通过交际对客观世界有了更深刻的认识；最后，通过交际，学生能够在交际对象的不断反馈中，认识自我，达到完善自我的目的。

（三）俄语课堂教学应最大限度地创设接近真实的情境

如上所述，在俄语教学中，学生不仅要掌握俄语的语言知识，还要形成熟练的听、说、读、写技能，以保证语言的输出是正确的。然而，跨文化交际能力的培养还需要通过了解俄罗斯民族的文化知识而获得，以保证语言的输出是得体的。由于课堂教学不可能把真实的俄罗斯文化情境搬入，因此就需要教师创设大量的模拟情境，以帮助学生在交际情境中感受体验文化。为此，本书认为，在课堂教学中情境创设可以从以下两方面进行分析和理解。

1. 创设情境使学生更直观地感受俄罗斯文化知识

情境性的教学手段是指课堂教学中教学手段的映像性和教学对象的直观性。从认识论角度看，人类对世界的认识首先来源于事物的外部形式，即事物的映像。映像是人类对客观现实的第一反应,在映像里可以同时出现事物的空间形式、时间顺序、运动方式和事物发生的情境,即事物的形象。所以,事物的映像是人类认识活动的第一步。从生理、心理学角度看,映像不仅是知识储存的一部分,也是知识提取必不可少的内容。一般情况下,学生对知识的掌握通常是在视觉上看到实物或事物图像的同时,伴随出现实物的文字符号和文字的声音信号进行的。这时,知识的声音信号、文本符号及图像(或实物)等一起经由大脑感觉记忆的选择注意后被保存到短时记忆中。在短时记忆中,学习者不断对知识进行系统归类,之后进入长时记忆库中储存,以备再用。当学习者需要提取知识用于新情境的时候,需要遵循信息的储存过程,反向搜索并提取。可以说,在信息输入过程中符号、映像、声音三者可以相互促进,使信息的保存效果更好、更牢固;而在信息提取过程中符号、映像、声音三者可以相互启发,使信息的生成更迅速、更准确。在课堂教学中,教师要最大限度地为学生的认知活动提供更为直观的图像手段,如实物、图片、图表、影像、视频等启发学生的直觉思维,帮助他们形成丰富的想象,切忌单纯语言化或过多的使用讲解性语言。

2. 创设情境使学生更深入地认识俄罗斯文化

情境下的教学指的是跨文化交际能力的培养需要将俄语知识、俄罗斯文化知识置于创设的情境中,使学生在情境中感受、体验俄罗斯文化。

格式塔心理学认为,人们在认知活动中需要把感知到的信息组织成有机的整体,在头脑中构成或组织成一个完形,然后对事物、情境的各个部分及其相互关系进行整体理解,而不是对各种经验要素进行简单的集合,因为"整体不是部分之和"。格式塔心理学还认为,一个人的知觉场始终被分成图形与背景两个部分,图形是一个格式塔(整体),是突出的实体,是我们知觉到的事物;背景则是衬托图形的东西,人们在观看某一客体时,总是在背景中看到图形。俄罗斯心理语言学"言语活动"理论也指出,在自然界中,一个人的生存和发展离不开活动，而"活动总是要伴随一定的发生环境"，没有哪一个活动可以脱离环境而独立出现。可以说，活动是"人同周围环境发生联系的基本形式"。

本书认为，所谓周围环境，就是指人在交际中所处的社会文化情境。从言语交流这一层面看，就是话语展开的社会文化背景和言语发生的上下文情境。没有哪一个活动是可以脱离社会文化情景的。在俄语课堂教学中，师生要讲解各种各样的教学内容，有针对语音、语义、语法、语篇的知识教学，有侧重听、说、读、写的言语技能训练，还有上述知识中包含的社会文化知识，而在每一节课中都要有一个侧重。无论我们面对何种内容：综合的还是分析的，单项的还是多项的，知识的还是技能的，都要求在创设的社会文化情境下感知、理解，并最终学会在社会文化情境下运用。

在课堂教学中，通常要把学生学习知识、形成技能、获得能力的过程转换为课堂的教学环节，在不同的课堂环节中使教学内容与情境得到有机融合。根据学习理论对课堂教学环节的阐述，我们可以把课堂教学分为"动机—感知—理解—巩固—运用"五个环节。在动机阶段，教师应以学生感兴趣的、熟悉的社会生活情境或话题引出要学习的新知识，使学生对俄罗斯文化知识产生好奇心和新奇感；在感知阶段，教师应运用音频、视频、图片等直观手段，将教学材料承载的抽象知识与直观的、形象和生动的情境结合起来，形成关于客观事物的正确表象，引发学生对俄罗斯文化知识的感性认识，从而有利于学生对抽象知识的理解，对文化知识的感悟；在理解和巩固阶段，教师应运用大量的社会交际情境实例，引导学生通过积极地分析、对比、综合、抽象、判断等方法启发学生进行积极的思维活动，通过大量的情境下的言语实践活动，理解和巩固俄语知识和俄罗斯文化知识；在运用阶段，教师要根据学生学过的内容，系统地为学生创设不同的话语情境，鼓励学生在情境中广泛运用所学过的知识。

四、社会背景下文化知识的理解与运用

众所周知，每一种语言都是在具体的、特定的社会历史环境中产生和发展起来的，因此每一个国家的民族语言中都有大量的、只为该国该民族语言所特有的，带有特定社会历史色彩，具有鲜明个性的现象。只有了解所学目标语国家和人民的过去和现在才能深刻理解其语言。

从广义上来说，社会背景下的文化知识几乎囊括目标语国家国情文化知识的全部，其中包括目标语国家的地理、历史、政治、经济、教育、文艺、社会制度等以及社会背景、生活方式、风土民俗、社会传统、集体习俗、生活习惯、言语礼节、民族心理、道德标准、行为规范、伦理观念、社会意识形态等方面。因此，社会背景下文化知识指的就是俄罗斯语言国情学所研究的文化知识。

在俄语教学中，社会背景知识是指课文内容中所述事件发生的社会历史背景。了解并认识事件所发生的社会历史背景，可以帮助学生从更宏观的角度理解课文内容，从而获得不仅仅是语言知识与技能，而更多的是获得了社会文化知识。通常情况下，上述社会语言背景文化知识不是自成体系地体现在教材的课文中，且这部分知识一般也不列入课文中，只有少部分社会文化背景知识列在课文之前或者是以注释的形式列在课文之后。但是不论教材中列入或不列入这些内容，每个课文所述事件都有其发生的社会历史背景。这就需要教师在教学时做好准备。

（一）理解社会背景下文化知识依循的理据——"先行组织者"

戴维·奥苏贝尔（David Ausubel）于 20 世纪 60 年代提出了"先行组织者"（advance or-ganizer）这一概念。戴维·奥苏贝尔是世界著名教育心理学家，他的研究领域主要在学校教学和学生学习的理论与实践方面。奥苏贝尔认为，学生"应该知道的知识"与"需要知道的知识"之间总是存在着一定的间隙。所以，在教学生掌握一般的、包摄性较广的命题时，除了要唤起学生已有的有关概念之外，还需要为学生提供一些他们还不了解的事例，以便学生较全面地掌握该命题。❶ 而促进学习和防止干扰的最有效的策略，是利用适当的和包摄性较广的、最清晰和最稳定的引导性材料，这种引导性材料就是"组织者"。

该模式认为，"在学习新材料前，给学习者以一种引导性的材料"，指的是在认知结构中已有的、具有普遍意义的背景观念材料，即利用相关的、包摄性较广的、最清晰和最稳定的引导性材料，目的在于用它们来帮助确立意义学习。由于组织者通常是在呈现教学内容本身之前介绍的，因此又被称为"先行组织者"。奥苏贝尔认为，先行组织者模式在三个方面有助于促进学习和保持信息：首先，如果设计恰当，可以使学生注意到自己认知结构中已有的那些可能起到固定作用的概念，并把新知识建立其上；其次，它们通过把有关方面的知识包括进来，并说明统括各种知识的基本原理，从而为新知识提供一种"脚手架"；最后，这种稳定的和清晰的组织，使学生不必采用机械学习的方式。❷ 因为，新的观念只有在它们能与已有的、起固定作用的观念联系起来时才能有效地促进学习和保持。先行组织者比起将要学习的新内容来，抽象性、概括性的水平要更高，以便为学生即将学习的更分化、更具体的材料提供固定点，其主要功能是在学生能够有意义地学习新内容之前，在他们"已经知道的"与"需要知道的"知识之间架设起桥梁，可以清楚地表明同新的学习内容之间的联系，简化新材料的学习难度。

奥苏贝尔区分了两类组织者："一类是陈述性组织者（expositive organizer），它用于提供适当的类属者，它与新的学习内容产生一种上位关系。"❸ 即通常我们所说的社会文化的背景知识，如事件产生的历史背景，以及事件核心概念的原理解读等。陈述性组织者可以帮助学生同化新知识，其作用在于为新知识的学习提供适当的起固定作用的旧知识，提高有关旧知识的可利用性；另一类是

---

❶ 施良方 . 学习论 [M]. 北京 : 人民教育出版社，2001：229.

❷ 同❶：239.

❸ 同❶：241.

比较性组织者（compartive organizer）。这类组织者既可以用于新观念与已有知识结构中基本类似概念的整合，也可以用于增加本质不同而貌似相同的新旧概念之间的可分辨性。❶比较性组织者可以帮助学生辨析新旧知识异同，其作用在于比较新知识与认知结构中有关相似知识的区别和联系，从而增强似是而非的新旧知识之间的可辨别性。

奥苏贝尔、梅耶等心理学家又进一步揭示了在课堂教学中先行组织者具体的引导性材料内容。他们认为：引导性材料应该在学习新材料前给予学习者，它必须以学习者的原有认知结构或知识原型为基础，应该比新学习的材料更抽象、更概括、更综合，它可以是一条定律、一个概念、一个故事、一首诗歌、一份图表或一段说明性文字，甚至可以是教师或学生的一次言语活动行为。与此同时，这个引导性材料一定要影响学习者在学习时记忆编码的过程，因此，它必须遵循"逐渐分化"和"整合协调"的原则。最后，奥苏贝尔提出，在课堂教学中，"先行组织者"通常在呈现本课教学内容之前予以介绍。

但是随着研究的深入和在实践教学中的实验，奥苏贝尔又发展了"先行组织者"这一概念。他认为，"先行组织者"既可以在学习材料之前呈现，也可以在学习材料之后呈现；在抽象性、概括性和包摄性水平方面，既可以高于学习材料，也可以低于学习材料。

（二）课文内容中背景知识的"先行组织者"

在中学俄语教材中，每一个课文都叙述了在社会实践中发生的事件，而每一个事件都有其发生的社会背景，这个社会背景对于课文内容来说即是一个包摄性较广的、最清晰和最稳定的引导性材料。这个引导性材料不仅可以更好的帮助学生理解课文中语言知识，而且通过这个引导性材料可以了解事件发生的社会背景，从而使学生从更宏观的角度把握课文内容，更准确地把握课文中人

---

❶ 施良方.学习论 [M].北京：人民教育出版社，2001：241.

物的语言特点和心理变化等。可以说，这样的引导性材料有利于对学生进行跨文化交际能力的培养。那么，先行组织者与教学材料是怎样结合的？在教学中如何利用先行组织者提高学生对所学语言材料的理解？以下呈现的是高中选修教材 1-1 第一课的课文节选。

Путешествие в космос

Ли Мин принёс в класс журнал *Наука и жизнь*, все ребята стали смотреть его.

Что может быть интересного для школьников в этом взрослом техническом журнале?

Оказывается, для учащихся средних школ разных стран в июле устраивают Международный космический лагерь.

Перед вами информация, с которой вы сможете знакомиться в лагере...

（译文：李明带到班级一本《科学与生活》杂志，所有同学都来看。

中学生怎么可能对成年人的技术性杂志感兴趣呢？

原来杂志上有一则关于举办世界各国中学生航天夏令营的消息。

这则消息对于你们来说，能在夏令营中了解到什么呢⋯⋯）

这篇课文以一名学生带到班级的一本《科学与生活》杂志为事件故事的起点，通过该事件故事引出学生被杂志中一则有关举办国际航天夏令营的消息所吸引，接下来课文对夏令营中举办的一系列与世界航空航天发展有关的活动予以介绍。在这样一篇课文中，如果学生对国际航空航天历史有所了解的话，将帮助他们增强对这一领域文化知识的学习，也会使学生对航空航天事业产生更浓厚的兴趣。

为了让学生了解国际航空航天历史，在这篇课文之后，教师设置了一个引导性材料——组织者。这个引导性材料将世界航空航天历史向学生作了介绍。

Первый в мире искусственный спутник Земли вышел в космос 4 октября 1957 года. Он находится в космосе 90 дней. Так началась эра освоения космоса.

Впервые в истории человечества 3 ноября 1957 года в космический полёт отправилось живое существо. Это была собака Лайка.

Космический корабль *Восток-1* поднялся в космос 12 апреля 1961 года. На нём взлетел первый в мире советский космонавт Юрий Гагарин. Он облетел Землю 1 раз.

（译文：世界上第一颗人造地球卫星于 1957 年 10 月 4 日发射。它在宇宙运行了 90 天，至此，宇宙创新时代开始了。

1957 年 11 月 3 日人类历史首次将生命物体送入太空飞行，这是一只叫 Лайка 的狗。

"东方 1 号"宇宙飞船载苏联宇航员尤里·加加林于 1961 年 4 月 12 日进入太空，他环绕地球飞行一周）

在教学中，教师需要在讲练课文之前，或在讲练课文之中，亦或在讲练课文之后，将介绍世界航天历史的引导性材料呈现出来，以帮助学生更好地理解课文中有关航天夏令营的内容及形式。

（三）课文内容中概念知识的"先行组织者"

在俄语教学中，学生接触的话题内容多种多样，课文内容涉及众多的历史故事、自然现象、社会政治、科技教育、科普读物等，如果我们在教学中，在学习课文之前让学生了解一些与文章有关的核心概念，帮助学生理解概念的内涵及其提出的历史背景等，或者一些科普读物对学生来说比较陌生，如果能够提前给他们普及一下科普知识，唤起他们对自然界各种现象的好奇心，那么接下来的教学一定会收到事半功倍的效果。这种教学策略无疑是促进学习迁移的一种有效策略，它可以唤醒学习者原有知识结构中与新知识有关的旧知识或旧观念，增加新、旧知识之间的联系性，提高旧知识的可利用性和稳定性。例如，在 "Министр в отставке"（退休的部长）这篇文章中，为了让读者了解苏联的集体农庄，在这篇课文之后以 "Краткие справки"（简短解读）的形式向读者介绍了苏联的农业集体所有制，这就使学生对文章中主人公退休之后在家乡所从事的工作有了一个可理解的依据。再如，在 "Охраны природы"（保护环境）这篇文章中，首先运用注释的方式向学生概括阐述了生态学的概念及其研究领域，这样就使学习者对环境保护的意义、措施，以及由于没有环境意识给人民生活带来的伤害等有了更深刻的认识。除此之外，还可以借助文章的题目和体裁帮助学生理解课文。例如，当学生接触到 "Свадьба"（婚礼）这篇课文时，马上就会意识到文章介绍的是有关俄罗斯的婚礼，就会把重点放在了解俄罗斯婚礼习俗等民族文化知识上。再如，在学习 "Общение с компьютером：возможно ли такое？" 这篇文章之前，给学生普及电脑的知识和议论文的文章体裁，会帮助学生借助有关电脑方面的知识来理解文章。

五、中俄文化知识的对比与运用

语言对比是对比语言学中重要的研究课题，它主要运用对比的方式找出两种语言的异同，从而达到确切掌握语言的教学目的。所以，语言对比通常应用在外语教学中，是外语教学常用的一种教学方法。它通过对比找出两种语言在语音、语法、词汇、语义、语用等方面的异同，还可以通过对比从两种语言的文化、心理、民族等视角进行对比研究，从而透过语言深入了解目标语国家人民的思维方式和价值观。近些年来，随着社会对多元外语人才的需求热，对比语言学的研究领域越来越得到各国科学家和学者的重视。

对比语言学的第一个研究领域是两种语言本身表现出来的差异，这样本文首先将对比的语言对象设定在词语层面，通过在俄语教学中把中俄语言词汇的文化意蕴和中俄语文知识进行对比，然后再将对比的文化内容移到语言社会文化背景方面。

（一）中俄语言之间的词义对比

俄语词汇与中文词汇在概念意义的解读上与具体使用上并不呈现一一对应的关系，同一概念的词汇由于两国文化层面上的差异经常会导致出现不同的内涵和用法，这种差别不仅体现在日常生活用语上，也体现在具有感情色彩的词汇上。因此，在俄语教学中，教师需要对这类俄语词汇进行重点解读与对比，并在此基础上进行文化延展，以便学生能够在了解两国文化差异的基础上，深刻理解词汇概念、词汇用法，有效促进跨文化交际能力的形成。

1. 中俄日常生活用语的对比

由于中俄两国文化上的差异，在日常生活中，中俄两国人民即使表达完全相同的意思，并且两种语言中也存在相同概念的词语，也有可能出现使用完全不同的词语进行表达的情况，例如：

——Анна, я хочу пригласить вас в ресторан. Как вы думаете?

——С удовольствием.

——Прошу к столу.

——Спасибо, пожалуйста.

——Что вы хотите кушать?

——Я хочу пить чай, есть суп.

（对话译文：

——安娜，我想请你去餐厅吃饭，怎么样？

——好的。

——请入座。

——谢谢。

——你想吃什么？

——我想喝茶，喝汤）

对话中，同一个动作"喝"，俄罗斯人用不同的词表达为 пить（喝），чай 喝茶，есть（吃），суп 喝汤，而中国人则习惯用同一个词表达喝茶、喝汤。

除此之外，由于中俄文化上的差异，中俄日常生活用语中还存在一些词语在概念意义的界定上会出现交叉重叠，找不到一一对应的情况，比如：

Мой день

Я теперь живу и учусь в университете.

Утром я встаю рано, делаю зарядку. Потом я завтракаю и иду в аудитории на занятия. Там я много работаю.

Днём я обедаю и немного отдыхаю. А потом занимаюсь в библиотеке. Затем ужинаю.

Вечером я занимаюсь и отдыхаю в общежитии: читаю книги, делаю задания, потом смотрю телевизор. Поздно вечером я ложусь спать.

（课文译文：

《我的一天》我现在在大学学习和生活。

早上我起得很早，做早操。然后吃早饭，去教室上课。

我在教室里会学习很长时间。白天我吃完午饭之后，休息一会儿，然后在图书馆学习。

之后吃晚饭。晚上我在宿舍学习和休息：读书、做习题，然后看电视。夜晚我躺下睡觉。）

俄罗斯人的时间划分方法是：утро（早晨），05:00—11:00；день（白天），11:00—17:00；вечер（晚间），17:00—23:00；ночь（深夜），23:00—05:00（次日）。

而中国人的时间划分是：早晨（утро），上午（первая половина дня），中午（полдень），下午（вторая половина дня），晚上（вечер），深夜（ночь）。

可见，中俄日常生活用语在概念意义的解读上和具体使用的方法上确实并不呈现一一对应的情况，由于两国文化上的差异导致人们即使表达相同的内容也可能出现使用不同概念的词语，或者找不到与之完全相匹配的词语，而需要借助其他词语进行表达，这都需要教师在课堂教学中着重进行对比分析，从而帮助学生更清晰地理解词汇的概念和用法，促进学生跨文化交际能力的达成。

2. 中俄具有感情色彩的词语对比

中俄词语中，除了部分日常生活用语存在明显的差别，还有部分具有感情色彩的词语也同样存在显著差异，甚至这种差异会更加明显。相对来说，这种词语差异在更大程度上是由于中俄两国在文化上的差异造成的，其中涵盖了更多、更深层次的文化内容。因此，这更需要教师在课堂教学中对这类词语进行重点延伸与拓展，以便于学生更好地理解词语概念的内涵和外延，在掌握词语知识的基础上，达成文化理解，实现跨文化交际能力的形成。

比如，Медведь（熊）是俄罗斯人十分崇拜的动物，在俄罗斯，Медведь（熊）是吉祥的图腾。在古罗斯时期就认为熊原本是人，具有人的特征，因此对熊特别敬畏。斯拉夫人的祖先就被称为 Медведь（熊）。在现代社会中，俄罗斯人常常把熊亲切地称为 Миша（米沙），是俄罗斯男人名 Михаил（米哈伊尔）的爱称，体现的也是对熊的崇拜和敬畏。

在中国与之类似的词语当属 Драгон（龙），龙是中华民族传说中的一种神异的动物，是中华民族崇拜的一种动物形象，是权力、力量、吉祥的象征。在封建时代，龙在中国人心中占据至高无上的地位，它是帝王的代用词。现在我们也常把中华民族比喻为"龙的传人"。

这样的例子还有很多，由此可见，由于中俄两国在文化上有很多差异，导致在中俄词语中也的确有很多具有感情色彩的词语对比鲜明、差异明显。这些词语承担的不仅仅是词语本身的含义，还承载了更多的俄罗斯文化内涵。因此，教师在课堂教学中对这类词语进行重点延伸与拓展就显得非常重要。

（二）中俄国情文化知识的对比

任何一种在特定的社会历史环境下产生和发展起来的语言都带有大量的只为该国该民族所特有的文化特点，学生只有深入了解学习所学目标语国家和民族的文化知识才能更好地掌握语言，达成文化理解，形成跨文化交际能力。这就需要教师在课堂教学中对中俄语言文化知识进行对比分析、深入讲解、适当扩展，以便学生在认识和理解俄罗斯文化的基础上更好地掌握语言知识，在达成文化理解的前提下促成跨文化交际能力的形成。

1. 中俄国情知识的对比

中俄姓氏对比：姓名代表了一个人的标签与符号，不同的国家与民族有着不同的姓名组成方式，这也体现了该国家与民族区别于异国、异民族的文化与传统，带有深刻的文化、风俗、传统的烙印。中俄由于风俗习惯、民族文化等差异，称呼用语也存在着显著差别。

俄罗斯的姓氏是俄罗斯人名三元结构的组成部分之一，即 имя（名字）+ отчество（父称）+ фамилия（姓）。父称是由父亲的名称构成的，姓是区别家族。俄罗斯人的姓名由三部分组成，但不同的组合使用的范围也不一样。如：

（1）Антон Сергеевич（名字 + 父称），一般指下级对上级、晚辈对长辈、学生对老师表示尊敬和礼貌用语。

（2）Тоня（小名托尼亚）Антюша（小名安秋莎），俄罗斯人的名字一般都有小名。在日常交际中，非正式场合长辈对晚辈、亲戚朋友之间常使用的称呼。

（3）Товарищ（同志）Иванов（Товарищ + 姓），在公共场合、正式场合以及彼此不熟悉的情况下庄重的称呼用语。

（4）Господин（先生）Иванов（Господин + 姓），在公共场合、外交事务性中非常庄重的礼貌用语。

（5）Гражданин（公民）Иванов（Гражданин + 姓），在法律范围内使用的正式用语。

（6）Иванов（姓），军官对士兵、老师对学生或学生之间使用的称呼。

（7）Антон Иванов（名字＋姓），一般用于政界、文学艺术界等知名人士。

而中国人的姓名由姓＋名组成，日常生活中习惯用姓＋职务、姓＋职业、姓＋身份等，如成老师、贺经理、祝女士等。如果用这种方式来称呼俄罗斯人则完全违背了俄罗斯人的习俗，因此在交际中应禁忌使用。

中俄地理名词对比：地理名词是一个国家的"国土语言"，它是一部反映一个国家、民族历史文化的百科全书，具有丰富的历史和民族文化内涵。例如：

（1）城市。Санкт-Петербург（圣彼得堡），它的河流、桥梁、岛屿数量位居俄罗斯之首，又是一座水上城市，人们称之为"Северная Венеция"（北方威尼斯），因为它经历了第二次世界大战的洗礼，有"Колыбель революции"（革命的摇篮）之称；又由于在夏日时有极昼现象，又被称为"Город белых ночей"（白夜城市）。在中国也有类似的地理名称，如漠河——北极村、井冈山——革命的摇篮、长春——汽车城、哈尔滨——冰城、重庆——山城、景德镇——瓷都等。

（2）河流。俄罗斯河流众多，其中最著名的 Волга（伏尔加河）被誉为"Волга-Матушка"（母亲河），是"Царица великиз рек"（河中之王）。而 Дон（顿河）又被称为"Дон-Батюшка"（父亲河）。在中国，黄河被称为"母亲河"，哺育了中华大地的中华儿女，但中国却没有与之相对应的"父亲河"。

（3）成语。俄语中由地理名词构成的成语也比较多。如 Москва слезам не верит（莫斯科不相信眼泪）；В Тулу со своим самоваром не ездит（去图拉不必带自己的茶炊，意译为多此一举）。在中国由地理名词构成的成语、谚语也很多，如上有天堂，下有苏杭；庐山真面目；但有柳丝堪系马，处处有路通长安等。

中俄饮食文化对比：由于地理、历史、风俗习惯等的差别，不同的国家形成了别具特色的饮食风格，这些风格迥异的饮食特点蕴含了不同的饮食文化。

俄罗斯人的正餐由第一道菜、第二道菜和第三道菜构成。汤是俄罗斯正餐的第一道菜。俄罗斯人特别喜欢喝汤，汤凝聚着俄罗斯的古老文化和历史。汤的种类繁多，有素菜汤、肉汤、鱼汤、杂拌汤、凉汤等，著名的有 суп（罗宋汤）。第二道菜是主菜或热菜（основное блюдо или горячее блюдо），多为牛肉、羊肉、猪肉或鱼及配菜，但忌食狗肉。甜食是俄罗斯餐最后一道菜，包括甜点心、冰淇淋、水果和糖煮水果等。吃俄餐时使用刀叉和汤匙，盛汤时用稍微深一点的盘子。

中餐比俄罗斯餐要复杂得多，中餐分为八大菜系，每个菜系又各具特色，都有冷菜和热菜之分，且每个菜系区别很大，但都是以素食为主，五谷杂粮、瓜果蔬菜占较大比重。中餐是不分次序上菜的，一般都是菜肴上齐后一起进餐。中餐的主食繁多，东南西北中各不相同。吃中餐时用筷子、碗、汤匙。

可见，中俄两国由于社会历史环境的不同，其语言都带有大量的、鲜明的文化特点。在课堂教学中，教师应将中俄两国语言国情知识进行对比分析，扩展讲解，帮助学生认识语言知识背后所蕴含的国情文化知识。

2. 中俄宗教节日的对比

西方国家的宗教节日是全民庆祝、十分重要的。宗教节日与其国家的历史发展、文化传统密切相关。由于我国没有全民庆祝的宗教节日，所以很多人对宗教也知之甚少，在这样的国情文化下，学生很难对相关的文化知识有清晰深刻的理解。所以，在课堂教学中，教师有必要对中俄宗教（传统）节日做出对比、以便帮助学生透彻理解相关文化知识。

俄罗斯人信仰东正教，东正教的精神和道德给劳动的态度打上了深深的烙印，即尊重劳动、鄙视懒惰、反对不劳而获，在俄罗斯仍然保持着禁止节日劳动的风俗习惯。俄罗斯的节日众多，分为三类：礼拜日；国家和教会的正式节日；民间节日，即教堂命名节日或习俗节日，这类节日大多具有宗教文化色彩。如：

(1) Масленица（谢肉节）又称狂欢节，是多神教时期古斯拉夫人告别严冬和迎接春天到来的节日，是一年之中最快乐、最热闹的节日。Масленица 每一天都有特定名称和一定的庆祝活动：依次是 встреча（迎接日），准备过节的美食和吉祥物；заигрыш（开庆日），各种游戏活动拉开序幕；лакомка（美食日），美食和狂欢；разгуляй-четвёрток（开心日），狂欢周的高潮，大人小孩尽情欢乐，姑娘和小伙子寻找意中人；тёщины вечера（岳母夜），女婿宴请岳母；золовкины посиделки（大姑子、小姑子聚会日），走亲戚串门，必须要包括大姑子、小姑子们；прощение（宽恕日或告别日），焚烧谢肉节的偶像"масленица"。这个节日表示人们送走了冬天，让逝去的冬天带走一切不快，人们彼此宽恕一切过错、相互祝福未来的成功，共同迎接新春的到来，迎接新一轮的生活。节日里最有代表性和象征性的美食是又大、又圆、又香的烤制薄饼。俄罗斯谚语有云："Без блина не маслена"（"不吃薄饼，就算不上谢肉节"）。"Где блины，там и мы"（"哪有薄饼，哪儿就有我们"）。金灿灿的薄饼表达了经过漫长严冬的人们对阳光和春天的期盼。"масленица"是真正的迎春节，是俄罗斯人的"春节""薄饼节"。

在中国，春节也是告别严冬、迎接春天到来的节日。由上古时代岁首祈年祭祀演变而来，以除旧布新、迎喜接福、拜神祭祖、祈求丰年等活动展开，内容丰富多彩，热闹喜庆，凝聚着中华文明的传统文化精华。从农历二十三祭灶、农历二十四扫尘、除夕年夜饭（团年饭）、守岁，一直到拜年。"масленица"的庆祝活动规模和主题近似中华民族最隆重的传统节日春节。

（2）Пасха（复活节）是按照基督教传统庆祝耶稣复活的宗教节日，也是俄罗斯最重要和最隆重的东正教节日之一。复活节的庆祝活动持续一周，因此也称为"复活节周"。在复活节期间，人们互赠彩蛋。现在许多俄罗斯人在 Пасха 期间去祭奠故去的亲人。他们在亲人的墓前摆放鲜花、节日彩蛋和美酒。

在中国，虽然没有全民的宗教节日，但每年清明节，人们都会去墓地给已故的亲人扫墓，也会在墓前摆放鲜花、水果、菜肴、酒、香等祭奠。

可见，由于历史发展、文化传统等方面的不同，中俄两国在宗教节日方面存在巨大的差异，但这种差异倘若能够在课堂教学中被教师充分利用，积极对比、深入拓展，一定会更便于学生深刻理解两国的文化特点，促进学生透彻理解相关文化知识。

六、本章小结

本章是本书的最后一章，主要回应的是本书研究的第三个问题，即基于《课程标准（2011版）》中文化素养目标的跨文化交际能力培养的课堂教学建议。

在本章中，本书依据心理学、语言学和语言文化学理论提出了俄语跨文化交际能力培养的课堂教学总体思路。我们认为，在俄语课堂教学中文化知识、文化理解和跨文化交际是一个整体，它们共同承担着对学生的文化素养的培养。教师在教学过程中要综合运用各种教学手段、交互方式，使学生更好掌握俄罗斯文化知识，理解俄罗斯文化，最终达到跨文化交际能力的有效培养。在这一过程中，以词的文化意义为载体，以语篇的文化情境为载体，以语言国情的文化知识为载体展开教学，更有益于俄语课堂教学内容的展开，更有利于跨文化交际能力的培养。

在以词的文化意义为载体的教学中，本书依据语言文化学的语言与文化关系和俄罗斯心理语言学——思维与言语理论，从语义入手，通过挖掘词义背后的文化，掌握俄罗斯文化知识。通过教学创设的情景理解文化知识，通过情景教学实现跨文化交际能力的培养。为此本书提出了词语概念意义中文化知识的理解与运用的教学建议，在这里重点分析了词语概念意义中文化知识的形成过程，文化在词义中的反映，学生掌握和理解文化知识的心理过程，以及课堂教学过程的合理途径。

在以语篇的文化情境为载体的教学中，本书依据俄罗斯心理语言学——言语活动理论，从语篇入手，通过分析理解语篇中文化知识和不同人物的语言特点，掌握俄罗斯文化知识。通过课堂教学中的主题情境活动和语篇的背景文化知识——先行组织者模式，使学生理解和体验俄罗斯文化知识。通过各种主题活动达到跨文化交际能力的培养。为此本书提出了课堂教学活动中文化知识的综合理解与运用，以及社会背景下文化知识的理解与运用等教学建议。我们提出，言语实践活动是了解俄罗斯文化知识的重要渠道。俄语课堂教学的语言材料和文化知识应始终体现实践应用性，课堂教学过程应最大限度地模拟社会交际情景，使学生更直观地感受和体验俄罗斯文化知识。同时在教学中要依据先行组织者模式，解决学生对俄罗斯社会背景知识、历史文化知识、概念知识的认识。

在以语言国情的文化知识为载体的教学中，本书依据俄罗斯心理语言学的历史文化观和对比语言学理论，从语言国情的文化知识入手，通过分析、解读与教学内容发生的社会历史背景，理解教学材料中俄罗斯不同时期的历史文化知识。通过中俄两国文化知识的对比，培养学生对中国文化的热爱，从而使学生在了解俄罗斯不同历史时期文化知识和社会知识的同时达到跨文化交际能力的培养目标。

结论与建议

俄语作为中学的一门学科，它承担着对学生进行核心素养培养的任务。俄语教学应该站在社会发展前沿，全面落实《课程标准（2011版）》提出的课程目标，培养学生学会语言，即掌握扎实的语言知识，形成熟练的言语技能；懂文化，即知晓俄罗斯文化，了解俄罗斯民族的思维模式与价值观；善交际，即与俄罗斯人恰当得体的交际等作为俄语教学的最高目标。

本书将跨文化交际能力培养作为研究题目，以《课程标准（2011版）》的培养目标及其子目标——文化素养的内容要求为遵循，依据心理语言学、认知语言学和语言文化学等理论，将中学俄语教师的课堂教学作为研究对象，将中学俄语课堂教学的跨文化交际能力的培养作为研究内容，通过对现行俄语教材中目标语国家文化内容的选择、结构的分布、栏目的设计等考察目标语国家文化在教材中的体现，然后再回到俄语课堂教学实践中去，运用课堂观察和课堂实录等实证研究方法，对教师在教学中就文化内容的把握等进行调查分析，找出目前中学俄语课堂教学在培养学生文化素养以及跨文化交际能力方面存在的问题，在此基础上提出更有效的培养方法。

第一，通过相关理论研究，我们认为，文化素养反映一个人在不同领域处理复杂问题的综合能力，所持的立场和态度，所运用的方式与方法，所把握的方向与原则。文化素养包括三个要素：文化知识、文化理解、跨文化交际。我们认为，文化素养与一个人全面发展的基本要素密切相关，它体现在四个方面：

一是反映在人的认知方面，二是反映在人的情感方面，三是反映在人的道德伦理方面，四是反映在人的人生观、价值观等方面。从俄语学科视角看，文化素养是指学生在俄语学习过程中，对俄罗斯文化内涵的感知、理解和运用，以及"在中俄文化的比较中，加深对中华优秀传统文化的认识和热爱"。俄语作为一门语言，它既是俄罗斯文化的一部分，又是俄罗斯文化的载体，所以，"俄语是俄罗斯政治经济、社会文化、科学技术等信息承载和传播的工具，蕴含着丰富的俄罗斯文化。了解俄语文化内涵有利于理解俄语的交际功能和交际习俗，促进俄语学习。"

第二，本书对跨文化交际、跨文化交际能力进行了文献梳理。我们认为，跨文化交际是由于不同文化差异在交往过程所遇到的种种问题及解决和培养的过程。具体可以从以下三个方面来解释，一是任何个体（群体）的交际行为都受制于自身（本国）的文化因素。因此，跨文化交际包含不同个体和不同群体的不同"文化"与"交际"；二是由于个体（群体）有不同的文化背景，因此，跨文化交际还包含在交际中出现的不同文化的碰撞、摩擦和冲突；三是通过接触，或通过学习了解不同民族文化，从而使不同文化背景的交际双方建立相互理解的意义体系，并使不同文化习俗在交际中得到相互尊重，最终使学习者建立多元的文化意识，使多元文化得到融合。这仍然是跨文化交际包含的意义与内容，即培养学生跨文化交际能力。可以说，跨文化交际能力就是指不同文化背景下交际双方能进行有效交际的能力。在这个能力中包含语言的正确性，即正确运用语言知识，了解目标语国家语言背后的文化含义，了解目标语国家的国情文化，理解交际对方的意图，能够恰当得体运用语言进行成功交际的能力，即语言的恰当得体性。

第三，本书通过对现行中学俄语教材的分析，从初、高中现行教材中俄罗斯文化知识的主题设定、话题栏目呈现和话题纵向结构三个维度对初、高中教材依次进行了分析。总体来看，目前中学俄语教材与《课程标准（2011 版）》内容目标中文化素养分级目标所要求的内容基本吻合。教材中的主题（话题）

选择不仅反映了当下俄罗斯社会政治、经济、科学技术、文化艺术等的最新发展成果，同时在话题的题材选择上也考虑到运用学生易于接受的叙述性的生活题材。话题栏目的分布，以及各栏目的教学要求很清晰、合理，且包含了训练学生听、说、读、写、译技能的单项或综合练习，非常有益于学生对俄罗斯文化知识的理解，有益于跨文化交际能力的培养。话题纵向结构中文化知识的呈现较好体现了循序渐进性，基本能够按照由少及多、由浅入深、由简到繁、由易到难的循序逐步过渡和展开，且话题栏目的教学要求便于教师教学的开展实施以及学生学习的理解接受。与此同时，也存在一些不足，如，教材中文化知识所呈现的数量普遍偏少，每册教材所涉及的俄罗斯文化内容以及文化知识在教材中的体现方式还需要进一步丰富。

第四，作者通过走进中学俄语课堂，借助课堂观察量表，观察记录了课堂教学中教师对俄罗斯语言文化知识的教学处理方式、教学手段的应用、教学情景的设置、教学活动的安排以及师生的互动方式等，并对其中二名教学效果比较好的教师的课堂教学进行了课堂实录，得到了宝贵的一手资料。总体来看，目前我国中学俄语教学中大部分教师对学生跨文化交际能力的培养意识比较淡薄，他们更重视对俄语语音、词汇、语法等语言基本知识进行讲授和操练，较少关注俄罗斯文化知识，更不会对教材中的文化知识进行更为深入的扩展与更为丰富的呈现；很多教师依然采用传统的教学模式进行教学，教学理念落后，教学手段单一，鲜少见到生动有趣且学生积极参与的课堂活动。

第五，通过对中学教材的分析、课堂观察和课堂实录，我们认为，中学俄语教学的跨文化交际能力培养是一个从培养目标到教学实践的系统推进过程。这就要求我们在跨文化交际能力培养的实践中，将整个俄语教学过程作为有机整体，不仅要关注宏观层面，如课程标准的制定、教材中文化内容的编排与设计；而且还要关注中观层面的问题，这其中涉及教师教学理念的转变、现代化教学手段的应用、教学方法的改革、课堂教学活动的设计等一系列环节；最终还要回归到跨文化交际能力培养的主战场——课堂教学。我们认为，在俄语课堂教学中，跨文化交际能力培养可以分为以下三个方面。

首先，加强词汇概念意义中文化知识的理解与运用。在俄语教学中，我们发现，学习者词汇运用的输出量远远低于他们的输入量，其中一个重要原因是学习者对词的概念意义和文化意义不甚明确，由于"不会用"也"不敢用"所导致的。这说明，词汇学习不仅仅是要掌握它的发音、规则变化，更重要的是要掌握词汇的概念意义，要清楚地分辨出俄汉语词汇概念意义的文化差异，了解俄语词汇的文化含义，这样才能保证所输出的语言是恰当的。词汇概念意义中的文化知识是指俄语词汇中反映出的具有俄罗斯民族个性的词的意义范畴，主要是指在语言中所反映出的文化含义或从语言中能考察得到的俄罗斯民族文化因素，这是词汇中最直接反映出来的民族文化元素。在中学俄语教学中，词汇意义中反映出的文化知识主要是词汇中表达概念的部分，也就是词义的主体部分，这部分意义在两种语言中既有相同的，也有不同的。恰恰是中俄词汇意义表达不同的部分，则表现了不同语言之间的民族文化特点。所以，俄语教学要规避对词汇概念的机械讲授，引导学习者对词汇概念的自主认知，最大限度地创设词汇概念学习的直观感知的文化情境。

其次，加强学习者对词汇概念的实践应用。在俄语教学中，文化知识的理解与运用除了教师在课堂上的讲练，还需要通过课堂活动创设大量的情景去实现。通过参与课堂活动，学生可以了解俄罗斯文化，通过活动的角色扮演可以亲身体验俄罗斯文化。所以，课堂上教师创设活动可以使学生学习的俄罗斯文化知识得到综合运用。依据俄罗斯心理语言学"言语活动理论"，俄语课堂教学应始终体现实践性。因为，俄语作为一门以掌握一种语言为目的的学科，其最终目标就是使学生能在社会交际中熟练且恰当得体地运用该种语言，形成跨文化交际的综合能力。因此，俄语教学目的不仅要掌握该种语言的知识体系和听、说、读、写等技能，更重要的是要将渗透在上述知识中的俄罗斯文化知识提炼出来，通过课堂活动的练习，形成该语言熟练的跨文化交际能力。这就决

226

定了俄语课堂教学必须要有大量的言语实践活动。我们认为，言语实践活动是培养跨文化交际能力的有效途径，也是了解俄罗斯文化知识的重要渠道。所以，俄语课堂要最大限度地模拟社会交际情景，使学生更直观地感受俄罗斯文化知识。

最后，社会背景下文化知识的理解与运用。我们认为，在俄语教学中，俄语社会背景知识是指课文中所述的事件发生的社会历史背景，了解并认识事件所发生的社会历史背景，可以帮助学生从宏观的角度去理解课文内容，从而获得的不仅是语言知识与技能，更多的是获得了社会文化知识。由于上述社会语言背景文化知识不是自成体系的体现在教材的课文中，且这部分知识一般也不列入课文中，只有少部分社会文化背景知识列在课文之前或者是以注释的形式列在课文之后。但是不论列入或不列入这些内容，每个课文所述事件都有其发生的社会历史背景，这就需要教师在教学备课时做好准备。依据戴维·奥苏贝尔于 20 世纪 60 年代提出的"先行组织者"，我们提出在俄语教学中广泛使用"先行组织者"模式，一是在课文内容中背景知识运用"先行组织者"，二是在课文内容的概念知识中运用"先行组织者"，三是在中俄文化知识对比中运用"先行组织者"，以帮助学生更深入理解俄罗斯文化，有效培养学生的跨文化交际能力。

综上，在对中学跨文化交际能力培养的研究中，我们通过教材的文本分析、课堂观察和课堂实录等进行了实证检验与分析，我们获得了珍贵的一手资料，不仅验证了我们对中学跨文化交际能力培养状况的研究假设，同时也发现了一些不容忽视的问题，如课堂教学中学生学习的主动性激发和自主性培养，以及教师有效方法的提供和教学情境的设计等，这是长期以来存在的，且是新世纪教学改革以来仍不见成效的顽疾，同时也给我们今后的研究指明了方向。

参考文献

一、中文著作类

[1] DOLL W E JR. 世界课程与教学新理论文库：后现代课程观 [M]. 王红宇，译. 北京：教育科学出版社，2009.

[2] HELENA CURTAIN，CAROL ANN DAHLBERG. 语言与儿童：美国中小学外语课堂教学指南：第 4 版 [M]. 唐睿，等译. 北京：外语教学与研究出版社，2011.

[3] JAMES A. BANKS. 文化多样性与教育：基本原理、课程与教学 [M]. 荀渊，等译. 上海：华东师范大学出版社，2009.

[4] 爱德华·萨丕尔. 语言论（汉译世界学术名著丛书）[M]. 陆卓元，译. 北京：商务印书馆，1985.

[5] 布龙菲尔德. 语言论（汉译世界学术名著丛书）[M]. 袁家骅，赵世开，甘世福，译. 北京：商务印书馆，1980.

[6] 多尔，高夫. 课程愿景 [M]. 张文军，等译. 北京：教育科学出版社，2004.

[7] 刘康. 对话的喧声：巴赫金的文化转型理论 [M]. 北京：北京大学出版社，2011.

[8] 沃尔夫，卡罗尔. 论语言、思维和现实（西方语言学名家译丛）[M]. 高一虹，等译. 北京：商务印书馆，2012.

[9] 佐藤学. 课程与教师（世界课程与教学新理论文库）[M]. 钟启泉，译. 北京：教育科学出版社，2003.

[10] 佐藤正夫. 教学原理 [M]. 钟启泉，译. 北京：教育科学出版社，2001.

[11] 维果茨基.维果茨基教育论著选（外国教育名著丛书）[M].余震球，译.北京：人民教育出版社，2004.

[12] HALLIDAY M A K.口语与书面语 [M].北京：世界图书出版公司北京公司，2012.

[13] 邴正.马克思主义文化哲学 [M].长春：吉林人民出版社，2007.

[14] 陈国明.跨文化交际学 [M].上海：华东师范大学出版社，2009.

[15] 陈嘉映.语言哲学 [M].北京：北京大学出版社，2006.

[16] 陈坚林.现代外语教学研究：理论与方法 [M].上海：上海外语教育出版社，2004.

[17] 陈坚林.现代英语教学：组织与管理 [M].上海：上海外语教育出版社，2000.

[18] 陈向明，朱晓阳，赵旭东.社会科学研究：方法评论 [M].重庆：重庆大学出版社，2006.

[19] 陈向明.质性研究：反思与评论 [M].重庆：重庆大学出版社，2008.

[20] 陈向明.质的研究方法与社会科学研究 [M].北京：教育课程出版社，2000.

[21] 陈旭远.交往教学研究 [M].长春：东北师范大学出版社，2008.

[22] 陈元.法国基础教育 [M].广州：广东教育出版社，2004.

[23] 陈忠华，韩晓玲.语言学与文化人类学的边缘化及其交迭领域 [M].北京：外语教学与研究出版社，2007.

[24] 丛立新.课程论问题 [M].北京：教育科学出版社，2000.

[25] 戴炜栋.高校外语专业教学改革理论与实践：改革、教学、测试 [M].上海：上海外语教育出版社，2003.

[26] 戴晓东.跨文化交际理论（外教社跨文化交际丛书）[M].上海：上海外语教育出版社，2011.

[27] 单中惠.外国素质教育政策研究 [M].济南：山东教育出版社，2004.

[28] 董奇.儿童创造力发展 [M].杭州：浙江教育出版社，1993.

[29] 杜诗春.应用语言学 [M].长沙：湖南教育出版社，1988.

[30] 杜诗春.什么是心理语言学（外语学术普及系列）[M].上海：上海外语教育出版社，2011.

[31] 段联合，桑业明，王立洲．当代中国马克思主义文化观 [M]．北京：中国社会科学出版社，2011.

[32] 方彤．瑞典基础教育 [M]．广州：广东教育出版社，2004.

[33] 冯忠良．教育心理学（应用心理学书系）[M]．北京：人民教育出版社，2000.

[34] 高兵．跨文化心理学研究 [M]．北京：中央民族大学出版社，2010.

[35] 高凤兰．俄罗斯心理语言学：A．A．列昂季耶夫言语活动理论研究 [M]．长春：东北师范大学出版社，2011.

[36] 高凤兰．俄语教育的理论与实践 [M]．长春：东北师范大学，2003.

[37] 高凤兰．俄语学习论 [M]．哈尔滨：黑龙江人民出版社，2008.

[38] 桂诗春．应用语言学 [M]．长沙：湖南教育出版社，1988.

[39] 郭本禹．外国心理学经典人物及其理论 [M]．合肥：安徽人民出版社，2005.

[40] 郝斌．俄语教学与研究论丛．第 16 辑 [M]．哈尔滨：黑龙江大学出版社，2010.

[41] 郝德勇．课程与文化：一个后现代的检视 [M]．北京：教育科学出版社，2002.

[42] 何广铿．英语教学法基础 [M]．广州：暨南大学出版社，2003.

[43] 胡春洞，王才仁．英语教学交际论 [M]．南宁：广西教育出版社，1996.

[44] 胡文仲．跨文化交际学概论 [M]．北京：外语教学与研究出版社，1999.

[45] 黄清．质的课程研究：原理、方法与应用 [M]．广州：广东高等教育出版社，2006.

[46] 黄书光，等．文化差异与价值整合——百年中国基础教育改革进程中的思想激荡 [M]．北京：教育科学出版社，2011.

[47] 贾冠杰．外语教育心理学 [M]．南宁：广西教育出版社，2003.

[48] 贾玉新．跨文化交际学 [M]．上海：上海外语教育出版社，1997.

[49] 姜爱华．马克思交往理论研究 [M]．北京：知识产权出版社，2009.

[50] 蒋晓萍，康兆春，罗赛群，等．跨文化教学之重：外语教学的跨文化诠释 [M]．广州：广东人民出版社，2010.

[51] 巨瑛梅，刘旭东．当代国外教学理论 [M]．北京：教育科学出版社，2004.

[52] 康乃美，涂礼雄，杜嵩泉．中外考试比较 [M]．北京：教育科学出版社，2011.

[53] 李国辰.俄语教学法研究 [M].北京：人民教育出版社，2005.

[54] 李国辰.俄语教学过程优化（语言学论丛）[M].北京：北京大学出版社，2010.

[55] 李庆安，李洪玉，辛自强.英语教学心理学 [M].北京：北京教育出版社，1999.

[56] 曹阳.多元视角下的外语教学方法研究 [M].哈尔滨：哈尔滨工业大学出版社，2017.

二、中文期刊类

[1] Л. С.维果茨基关于高级心理机能的理论 [J].心理学报，1985（1）.

[2] 麻彦坤，叶浩生.差异与互补：皮亚杰与维果茨基认知发展观比较的新思考 [J].心理科学，2004（6）.

[3] 鲍贵.结构主义语言学产生的历史逻辑 [J].外语学刊，2007（4）.

[4] 鲍贵.索绪尔的言语活动论——一个被忽略的命题 [J].外国语言文学，2004（3）.

[5] 蔡晖.言语引动理论的发展及其研究 [J].中国俄语教学（季刊），1999（4）.

[6] 岑运强，陈晶晶.言语活动论——一个更加被重视的命题——兼与鲍贵先生商榷 [J].外国语言文学（季刊），2006（2）.

[7] 陈俊森，樊葳葳.跨文化交际与外语教学 [J].华中理工大学学报，1998（3）.

[8] 陈曙光.钱穆"中国文化最优论" [J].中南大学学报（社会科学版），2007（1）.

[9] 程文.法国国立东方语言文化学院的汉语教学 [J].云南师范大学学报（对外汉语教学与研究版），2008（3）.

[10] 戴冬梅.法国外语教育与社会发展的互动 [J].法国研究，2009（9）.

[11] 邓鲁萍.维果茨基对学前儿童复合思维的研究及其现实意义 [J].外语教育资料，1991(1).

[12] 迪丽达·土司甫汗.可译性与等值性 [J].语言与翻译（汉文），2001（2）.

[13] 丁淑琴.论别尔嘉耶夫的民族文化观 [J].科学·经济·社会，2008（3）.

[14] 杜桂枝.论语言意识 [J].外语学刊，2006（4）.

[15] 杜桂枝.心理学与语言学渊源.外语学刊，2004（6）.

[16] 段玉香.皮亚杰、维果茨基与布鲁纳的儿童教育思想比较 [J].理论研究，2005（5-6）.

[17] 方元.语言实践中文化依附的困惑 [J].教育探索，2003（10）.

[18] 付天军，陈凤然.跨文化言语交际的认知解读 [J].河北师范大学学报（哲学社会科学版），
　　2010（4）.

[19] 高宝虹.外语教学与跨文化交际 [J].四川外国语学院学报，2001（2）.

[20] 高凤兰，贺莉.俄语专业免费教育师范生专业承诺状况的调查与研究 [J].东北师大学报
　　（哲学社会科学版），2011（3）.

[21] 高凤兰，宁悦彤.论俄罗斯心理语言学的言语活动观 [J]，2010（5）.

[22] 高凤兰，曲志坚."创新俄罗斯"背景下的科学与科学教育干部培养计划 [J].外语教育
　　研究，2009（11）.

[23] 高凤兰，曲志坚.俄罗斯高等院校师资状况分析 [J].外国教育研究，2004（11）.

[24] 高凤兰，曲志坚.俄罗斯语言教育目标规划述评 [J].外国教育研究，2008（12）.

[25] 高凤兰，曲志坚.俄罗斯中等职业教育的现状及发展趋势 [J].外国教育研究，2005（9）.

[26] 高凤兰，曲志坚.高等师范院校俄语专业课程结构改革的基本设想 [J].中国俄语教学，
　　2004（1）.

[27] 高凤兰，曲志坚.建立现代化的教育体系——谈现阶段俄罗斯的教育改革 [J]，
　　2003（10）.

[28] 高凤兰，曲志坚.谈俄罗斯连续师范教育发展规划 [J].外国教育研究，2002（11）.

[29] 高凤兰，曲志坚.语法教学的反思及基本理念的构建 [J].中国俄语教学，2009（1）.

[30] 高凤兰，曲志坚.知识结构与综合能力形成的理性思考 [J].中国俄语教学，2005（2）.

[31] 高凤兰.俄罗斯国家统一考试实施状况分析 [J].外国教育研究，2011（4）.

[32] 高凤兰.论维果茨基心理语言学研究的哲学观 [J].东北师大学报（哲学社会科学版），
　　2009（6）.

[33] 高凤兰.苏霍姆林斯基的教育哲学观 [J].外国教育研究，2010（1）.

[34] 高凤霞.跨文化交际中的文化空缺现象探讨 [J].社科纵横，2010（3）.

[35] 高国翠，高凤兰.波铁布尼亚的语言哲学观 [J].外语学刊，2010（5）.

[36] 高国翠，高凤兰.高校专业俄语写作教学的先行组织者设计——以说明文写作为例 [J].
　　中国俄语教学，2009（3）.

[37] 高慧敏 . 俄英汉双语学习的心理语言学基础 [J]. 理论界，2011（9）.

[38] 高慧敏 . 以维果茨基论为视角看俄、英双语教学 [J]. 黑龙江教育学院学报，2006（2）.

[39] 高一虹 . "文化定型"与"跨文化交际悖论" [J]. 外语教学与研究，1995（2）.

[40] 高永晨 . 试论跨文化交际学的研究方法 [J]. 苏州大学学报（哲学社会科学版），1998（2）.

[41] 高玉洁 . 两种儿童认知发展观的比较探究 [J]. 桂林师范高等专科学校学报，2006（2）.

[42] 国智丹 . 分歧中的互补：皮亚杰和维果茨基发展心理学理论的比较研究 [J]. 心理学探新，2005（3）.

[43] 韩高军 . 从英美的经验看中国外语教育政策 [J]. 湖北经济学院学报（人文社会科学版），2008（7）.

[44] 何久香 . 英语教学要培养学生的"跨文化意识" [J]. 湖南教育，2001（3）.

[45] 何自然 . 跨文化交际中的语言"离格"现象刍议 [J]. 外语与外语教学，1993（1）.

[46] 贺莉，高凤兰 . 高校俄语学习者自我效能感与俄语学习策略的相关研究 [J]. 东北师大学报（哲学社会科学版），2010（1）.

[47] 侯丽红 . 语言观的演变和语言研究 [J]. 解放军外国语学院学报，2004（4）.

[48] 侯瑞君 . 外语教学中文化知识内容范畴的界定 [J]. 牡丹江师范学院学报，2010（4）.

[49] 胡超 . 文化思维模式差异对跨文化交际的影响 [J]. 外语教学，1998（2）.

[50] 胡春光，陈洪 . 法国幼小衔接教育制度的内涵与启示 [J]. 学前教育研究，2011（9）.

[51] 胡峰 . 德语教学中跨文化交际的具体目标及培养模式 [J]. 湖北第二师范学院学报，2008（3）.

[52] 胡金生 . 日本对维果茨基的研究初探 [J]. 辽宁师范大学学报（社会科学版），2000（4）.

[53] 胡明扬 . 对外汉语教学中的文化因素 [J]. 语言教学与研究，1993（4）.

[54] 胡文仲 . 跨文化交际学在美国 [J]. 外语研究，1994（1）.

[55] 胡文仲 . 文化差异与外语教学 [J]. 外语教学与研究，1982（4）.

[56] 季芸 . 巴赫金对话理论对建构师生关系的启示 [J]. 杨洲大学学报（高教研究版），2009（4）.

[57] 贾冠杰 . 跨文化交际及其应用 [J]. 解放军外国语学院学报，2000（1）.

[58] 贾旭杰 . 俄罗斯的言语生成模型理论 [J]. 解放军外国语学院学报，2002（3）.

[59] 贾玉新. 美国跨文化交际研究 [J]. 外语学刊，1992（3）.

[60] 姜艳. 外语教学与跨文化交际能力的内在关联研究 [J]. 哈尔滨学院学报，2003（6）.

[61] 姜艳红.20 世纪俄罗斯社会语言学发展历程 [J]. 中国俄语教学，2010（2）.

[62] 金旭. 认知风格及学习策略新论 [J]. 外语学刊，2007（3）.

[63] 李刚. 英语跨文化交际敏感域和交际策略研究 [J]. 外国语，1999（05）.

[64] 李解人. 各国外语教学概况综述 [J]. 齐鲁艺苑（山东艺术学院学报），2001（4）.

[65] 李炯英. 中国跨文化交际学研究 20 年述评 [J]. 解放军外国语学院学报，2002，25（6）.

[66] 李俊玲. 文化教育与跨文化交际意识的培养 [J]. 中等职业教育，2004（18）.

[67] 李琳. 关于巴赫金对话主义的思考 [J]. 解放军外国语学院学报，2005，28（4）.

[68] 李平. 外语教学中深化跨文化教育的意义与实施 [J]. 山东外语教学，2010（4）.

[69] 李其龙，徐斌艳. 德国中小学课程改革动向与启示 [J]. 全球教育展望，2001（4）.

[70] 李巧慧. 巴赫金对话理论与外语教学 [J]. 安阳师范学院学报，2009（6）.

[71] 李树娟，何英. 外语教学与跨文化交际认知和行为能力的培养 [J]. 西南农业大学学报，2012（1）.

[72] 李天辰. 论跨文化交际研究 [J]. 齐鲁学刊，1998（10）.

[73] 李娅玲. 当代发过外语教育政策的发展特征与趋势探析 [J]. 比较教育研究，2011（9）.

[74] 李迎迎. 跨文化交际的语言文化观念理论研究视角 [J]. 天津外国语学院学报，2010（1）.

[75] 李玉彩. 俄罗斯远东侨民为东西方文化相互联系做出的贡献 [J]. 黑河学刊，2003（5）.

[76] 李占国，孙国军. 论口语研究的价值 [J]. 外语研究，1994（3）.

[77] 李中成. 词不能分属语言词和言语词两个类别 [J]. 雁北师范学院学报，2006（4）.

[78] 曹阳."转型期"教师教育合作共同体的理论建构与实践价值 [J]. 学术探索，2015（2）.

[79] 曹阳. 外语课堂教学中词汇概念学习的心理过程研究 [J]. 教育理论与实践，2018（2）.

三、学位论文类

[1] 郭晓川. 文化认同视域下的跨文化交际研究 [D]. 上海：上海外国语大学，2012.

[2] 翟佳瑜. 对外汉语文化教学与跨文化交际能力的培养 [D]. 南宁：广西大学，2012.

[3] 呼建勇 . 文化认知对跨文化交际的影响 [D]. 济南：山东大学，2012.

[4] 黄海金 . 文化点与跨文化交际能力相关性研究 [D]. 北京：北京大学，2012.

[5] 杨洋 . 跨文化交际能力的界定与评价 [D]. 北京：北京语言大学，2009.

[6] 马东虹 . 外语教学中文化因素研究 [D]. 上海：上海外国语大学，2007.

[7] 余娟 . 从语言学习到文化理解 [D]. 武汉：华中师范大学，2011.

[8] 吴平 . 文化模式与对外汉语词语教学 [D]. 北京：中央民族大学，2006.

[9] 朱爱秀 . 对我国跨文化交际研究的重新认识 [D]. 上海：华东师范大学，2004.

[10] 王薇薇 . 语言与跨文化交际 [D]. 北京：首都师范大学，2003.

[11] 刘晶 . 英语跨文化交际教学研究 [D]. 长春：东北师范大学，2006.

[12] 汪火焰 . 基于跨文化交际的大学英语教学模式研究 [D]. 武汉：华中科技大学，2012.

[13] 鲁卫群 . 跨文化教育引论 [D]. 上海：华东师范大学，2003.

[14] 宋莉 . 跨文化交际法中国英语教学模式探析 [D]. 上海：上海外国语大学，2008.

[15] 李广 . 中日小学语文课程价值取向跨文化研究 [D]. 长春：东北师范大学，2008.

[16] 王建华 . 汉英跨文化语用学研究 [D]. 上海：复旦大学，2003.

[17] 周琳琳 . 从跨文化交际的视角看对外汉语教学中的文化冲突 [D]. 西安：陕西师范大学，
2012.

[18] 高晓艳 . 高中生跨文化交际能力的调查与分析 [D]. 上海：华东师范大学，2010.

[19] 姜楠 . 基于跨文化交际能力理论的人教版高中《英语》教材研究 [D]. 济南:山东农业大学，
2012.

[20] 邓兆红 . 高中英语课程标准视野下学生跨文化交际能力实证研究 [D]. 武汉：华中师范
大学，2007.

[21] 罗颖德 . 高中生跨文化交际能力的调查与分析 [D]. 上海：华东师范大学，2006.

[22] 龙珊 . 高中生跨文化交际能力的实证研究 [D]. 南京：南京师范大学，2012.

[23] 欧阳延莉 . 新课标下高中英语教学中跨文化交际能力的调查研究 [D]. 西安：西安外国
语大学，2011.

[24] 汪小娜 . 英语教学中跨文化交际能力的培养 [D]. 沈阳：辽宁师范大学，2006.

[25] 孙欢.论对外汉语教学中跨文化非语言交际能力的培养 [D].南昌：江西师范大学，2010.

[26] 周婕.大学英语教师跨文化交际能力研究 [D].秦皇岛：燕山大学，2009.

[27] 李敏.培养非英语专业学生的跨文化交际能力 [D].青岛：中国海洋大学，2007.

[28] 朱爱秀.对我国跨文化交际研究的重新认识 [D].上海：华东师范大学，2004.

[29] 赵萍.高中英语教学跨文化交际能力培养 [D].沈阳：辽宁师范大学，2009.

[30] 张奕奕.通过实施校本课程培养初中学生英语跨文化交际能力 [D].上海：华东师范大学，2010.

[31] 田荔.论英语教学中跨文化交际能力的培养 [D].济南：山东师范大学，2005.

[32] 刘艳红.跨文化交际与英语口语教学 [D].南京：南京师范大学，2004.

四、外文文献类

[1] А. Г. Асмолов. Психология личности: культурно-историческое понимание развития человека [M]. Москва : Смысл, 2007: 526.

[2] Т. В. Ахутина. Нейролингвистический анализ лексики, семантики и прагматики [M]. Москва: Языки славянской культуры, 2014: 422.

[3] В. Н. Базылев. Театральные чтения [M]. Москва: Экон-Информ, 2019: 271.

[4] Л. С. Выготский. Психология развития человека [M]. Москва: Смысл: Эксмо, 2003: 1134.

[5] Л. С. Выготский. Избранные психологические исследования [M]. Москва: Издательство Академии педагогических наук РСФСР, 1956: 519.

[6] Л. С. Выготский. Развития высших психических функций [M]. Москва: Изд-во Акад. пед. наук, 1960: 500.

[7] Л. С. Выготский. Психология развития ребенка [M]. Москва: ЭКСМО, 2003: 501.

[8] Л. С. Выготский. Мышление и речь [M]. Москва: Лабиринт, 1982, Т. 2.

[9] А. А. Леотьев. Возникновение и первоначальное развитие языка [M]. Москва: Изд-во Акад. наук СССР, 1963: 140.

[10] А. А. Леотьев. Языкознание и психология [M]. Москва: Наука, 1966: 80.

[11] А. А. Леотьев. Психолингвистика [M]. Москва: УРСС, 2004: 349.

[12] А. А. Леотьев. Язык, речь, речевая деятельность [M]. Москва: УРСС, 1969: 216.

[13] И. А. Зимняя. Психология обучения неродному языку [M]. Москва: Рус. яз., 1989: 219.

[14] А. А. Леотьев. Некоторые проблемы обучения русскому языку как иностранному: психолингвистические очерки [M]. Москва: Изд-во Моск. ун-та, 1970: 88.

[15] И. А. Зимняя. Психология учебной деятельности студента при овладении иностранным языком в языковом вузе [M]. Москва: МГПИИЯ, 1980: 192.

[16] А. А. Леотьев. Вопросы психолингвистики и преподавание русского языка как иностранного [M]. Москва: Изд-во Моск. ун-та, 1971: 282.

[17] В. Н. Фомин. Конфигурационный подход в методологии социального познания и практики [M]. Белгород: БГТУ, 2008: 173.

[18] Г. М. Васильева. Русский язык как иностранный: методика обучения [M]. Москва: Владос, 2004: 269.

[19] Н. В. Уфимцев. Языковое сознание и образ мира [M]. Москва: Ин-т языкознания РАН, 2000: 318.

[20] А. Н. Леотьев. Потребности, мотивы и эмоции [M]. Москва: Изд-во Моск. ун-та, 1971: 38.

[21] В. И. Виноградов. Анализ удобрений [M]. Москва: Ленинград: Сельколхозгиз, 1932: 288.

[22] С. И. Виноградов. Культура русской речи: учебник для студентов высших учебных заведений [M]. Москва: Норма, 2008: 549.

[23] Ю. В. Гнаткевич. Проблемы овладения иноязычным словарем: Текст лекций [M]. Киев: КПИ, 1980: 68.

[24] Б. В. Беляев. Очерки по психологии обучения иностранным языкам [M]. Москва: Просвещение, 1965: 227.

[25] В. П. Белянин. Психолингвистические аспекты художественного текста [M]. Москва: Изд-во МГУ, 1988: 123.

[26] В. П. Белянин. Основы психолингвистической диагностики: модели мира в литературе [M]. Москва: Тривола, 2000: 246.

[27] В. П. Белянин. Введение в психиатрическое литературоведение [M]. Москва: Генезис, 1986: 281.

[28] Н. А. Бернштейн. О построение движений [M]. Москва: Медгиз, 1947: 255.

[29] Г. И. Богин. Уровни и компоненты речевой способности человека [M]. Калинин. гос. ун-т. – Калинин, 1975: 106.

[30] Г. И. Богин. Филологическая герменевтика [M]. Калинин: КГУ, 1982: 86.